全国重点旅游院校“十三五”规划教材

中国旅游地理

主　编◎姚雪峰　郭艳萍
副主编◎周立红　韩黄英　刘玉玲
参　编◎王佼佼　李海梅　闫利娜　林　婧

中国旅游出版社

全国重点旅游院校“十三五”规划教材编审委员会

序

我国旅游教育经历了30年的发展，1733所旅游类院校积累了1.2万多种各类旅游教材，涉及的课程达到280多门。通过对多所院校及对学生的调研，我们发现现行旅游教材主要存在以下问题：鱼龙混杂、同质化现象严重；教材不能很好地体现企业及相关行业的岗位需求；理论化突出而实践性不足；篇幅过长；版式设计不够活泼；定价过高；配套教学资源不完善。

为贯彻落实教育部最新教改精神，促进旅游等行业的教育事业发展，为进一步推动旅游高等职业教育国家级规划教材建设工作，发挥旅游类教材建设在提高旅游人才培养质量中的基础性作用，全面提升高等职业教育旅游类教材质量，教材编审委员会特组织编写团队，联合开发立体化教材。全国重点旅游院校“十三五”规划教材计划分批出版，第一批拟出版35种，涵盖了旅游管理大类的大部分专业核心课程。此次所选院校，均为以“旅游”“酒店”等字样命名的院校，保证了队伍的纯粹性。此次教材编审队伍搭建真正实现了专家指导、企业参与、编者共享的格局。专家有以田里教授、谢彦君教授为代表的业界翘楚。曙光酒店集团常务副总裁程浩、华侨城旅游事业部高级副总经理王刚等参与教材的审稿工作。在专家、院校、企业三方的共同努力下，努力打造出一套实用性强的教材。

令人欣慰的是，在新常态下，旅游业迎来了全新的发展机遇，业已进入又快又好发展的黄金期。伴随旅游业发展黄金期的到来，对于旅游相关人才的需求与日俱增，势必为旅游教育的发展开辟广阔前景。2015年10月26日，教育部会同国家旅游局联合发文，颁布了《加快发展现代旅游职业教育的指导意见》，特别强调要“加快构建现代旅游职业教育体系，深化产教融合、校企合作，培养适应旅游产业发展需求的高素质技术技能和管理服务人才”。文件指出，“鼓励校企联合开发专业课程，增加任务驱动型、项目开发型、行动研究型、案例教学型课程数量。组织开展优质课程资源建设，搭建旅游职业教育国家级数字化课程资源共享平台，支持开发一批数字化课程资源包”。本套教材的立体化开发，就是课程资源包的一部分。

教材是体现教学内容和教学要求的知识载体，是进行教学的基本工具，是提高教学质量的重要保证。本套教材改变了过去单一的课本教材模式，配合现代教育教学方式的改革，把课本、教学参考书、学生练习册、电子课件和多媒体教学手段以及网上教学辅导相结合，形成了教材的立体化开发格局。

全国重点旅游院校“十三五”规划教材编审委员会

2016年9月

前　言

“中国旅游地理”是高职院校旅游管理专业学生的专业基础课程。教育部发布的《高等职业教育创新发展行动计划（2015—2018年）》文件提出“创新发展高等职业教育，实现高等职业教育整体实力显著增强、人才培养质量持续提高、服务经济社会发展水平显著提升、高等教育结构优化成效更加明显”的目标，从而推动现代职业教育体系日臻完善，并把明确的任务和项目作为高等职业教育改革发展的工作载体，推动高等职业教育创新发展。为适应高职院校的课程改革，我们编写了此书。

本书编写以“教学做一体”为原则，理论知识本着“求实、求新、求简”的原则，所提供的知识与当前旅游的实际相结合；内容的编排上，既照顾内容的完整性，又删繁就简，突出重点。各单元设计，大多结合旅游企业的实际岗位需要，以任务驱动为主线，围绕任务展开学习，注重学习中学生的主体性，提高学生分析和解决问题的能力。同时，将知识转变为专业性的技能技巧，力求培养和提高学生的实际职业能力。本书分为12个单元，以任务驱动为主体，分为单元任务、知识准备、任务训练、课后作业4大部分，介绍了旅游地理学科理论、旅游地理环境和11个旅游区及34个旅游亚区的特色旅游资源和重要旅游景区景点。

本书的特色体现如下：

一、突出职业性和实用性。在教材内容的选取上结合旅游企业实际工作岗位的需要，设计任务，在完成任务的过程中认识岗位对知识的需求，并且在任务设计上注重可操作性。

二、理论教学以“适度、够用”为原则。针对高职高专学生的特点，以实用有效为宗旨，内容选取难易适中，培养学生主动探究和创新实践精神，给学生终身受用的知识和能力，适应时代对教育的要求。

三、突出旅游地理课程的地理性、区域性特点。引导学生学习代表性的旅游地图，便于学生形成空间概念，熟悉各旅游地的方位关系。各旅游大区特色旅游的概括，可以帮助学生把握中国旅游大区的地域性特点，为以后满足旅游企业岗位需要打下基础。

本书由河北旅游职业学院姚雪峰和山西旅游职业学院郭艳萍担任主编，河北旅游职业学院周立红、刘玉玲和山西职业技术学院韩黄英担任副主编。全书共12个单元，其中，单元一、单元六由姚雪峰编写，单元二、单元七由河北旅游职业学院王佼佼编写，单元三由周立红编写，单元四、单元五由河北旅游职业学院闫利娜编写，单元八、单元九由河北旅游职业学院林婧编写，单元十由郭艳萍编写，单元十一由韩黄英编写，单元十二由姚雪峰、刘玉玲编写，书中旅游线路由河北旅游职业学院李海梅编写。姚雪峰负责全书的统稿和审稿工作。

本书在编写过程中，编者借鉴并参考了大量的资料和学者的书籍，在此表示由衷的谢意！由于时间仓促和水平有限，书中的疏漏与不足敬请专家、读者批评指正，并表示感谢！

编者

2016年9月

目　录

单元一　中国旅游地理概述……1
任务一　认知旅游和地理的关系……1
任务二　认知中国旅游地理……4
［单元练习］……7

单元二　林海雪原、火山熔岩、关东文化游——黑吉辽旅游区……8
任务一　黑吉辽旅游区旅游特色……8
任务二　黑龙江旅游区……13
任务三　吉林旅游区……19
任务四　辽宁旅游区……24
［单元练习］……32

单元三　皇都名城、现代都市、燕赵文化游——京津冀旅游区……33
任务一　京津冀旅游区旅游特色……33
任务二　北京旅游区……36
任务三　天津旅游区……43
任务四　河北旅游区……47
［单元练习］……53

单元四　古都古城、山岳胜迹、中原文化游——晋鲁豫陕旅游区……54
任务一　晋鲁豫陕旅游区旅游特色……54
任务二　陕西旅游区……58
任务三　山西旅游区……66

任务四　河南旅游区 71
任务五　山东旅游区 75
[单元练习] 80

单元五　魅力草原、最美大漠、蒙古游牧文化游——内蒙古旅游区 81
任务一　内蒙古旅游区旅游特色 81
任务二　内蒙古旅游区 85
[单元练习] 89

单元六　大漠绿洲、奇异民情、丝路文化游——宁甘新旅游 90
任务一　宁甘新旅游区旅游特色 90
任务二　宁夏旅游区 93
任务三　甘肃旅游区 98
任务四　新疆旅游区 107
[单元练习] 112

单元七　秀山丽水、名城佳园、吴越文化游——沪苏浙皖赣旅游区 113
任务一　沪苏浙皖赣旅游区旅游特色 113
任务二　上海旅游区 116
任务三　江苏旅游区 121
任务四　浙江旅游区 128
任务五　安徽旅游区 133
任务六　江西旅游区 138
[单元练习] 142

单元八　峡谷巨川、革命圣地、蜀楚文化游——川渝鄂湘旅游区 144
任务一　川渝鄂湘旅游区旅游特色 144
任务二　四川旅游区 148
任务三　重庆旅游区 155
任务四　湖北旅游区 160
任务五　湖南旅游区 166

［单元练习］ 171

单元九　岩溶洞乡、多彩民俗、西南文化游——黔滇桂旅游区 172
任务一　黔滇桂旅游区旅游特色 172
任务二　贵州旅游区 177
任务三　云南旅游区 184
任务四　广西旅游区 194
［单元练习］ 200

单元十　雪域高原、圣山圣湖、藏乡文化游——青藏旅游区 201
任务一　青藏旅游区旅游特色 201
任务二　青海旅游区 205
任务三　西藏旅游区 212
［单元练习］ 219

单元十一　奇山阔海、热带侨乡、岭南文化游——闽粤琼旅游区 220
任务一　闽粤琼旅游区旅游特色 220
任务二　福建旅游区 225
任务三　广东旅游区 232
任务四　海南旅游区 239
［单元练习］ 244

单元十二　港澳台旅游区 245
任务一　港澳台旅游区旅游特色 245
任务二　香港旅游区 248
任务三　澳门旅游区 252
任务四　台湾旅游区 255
［单元练习］ 261

参考文献 262

单元一　中国旅游地理概述

任务一　认知旅游和地理的关系

中国浙江的钱塘江大潮、安徽的黄山、江西的庐山、四川的峨眉山，巴比伦的“空中花园”，约旦的“死海”，古埃及的金字塔及狮身人面像，北非撒哈拉大沙漠的“火神火种”壁画，加勒比海的百慕大群岛和远古玛雅文明遗址……沿地球北纬 30° 线前行，就可以看见这些奇妙的自然景观和许多令人难解的人类遗迹。不同的地域，存在不同的旅游景观，我们所见到的旅游景观都存在于一定的地理空间，并以一定的地理事物作为观赏对象，地理环境的区域差异性形成各自不同的旅游环境和旅游资源，由此可见，旅游与地理密不可分。

◆【任务目标】

中国民居样式和风格多样，分析造成这种景观现象的原因。

◆【任务分析】

分析造成中国民居样式和风格多样的原因，应先分析中国的民居地理分布和风格特点，然后从旅游和地理的关系入手，从而得出结论。

◆【知识准备】

一、旅游地理学

人类旅游活动是人类社会发展到一定历史阶段所产生的一种社会文化现象，是分布于广阔地理环境新兴的物质文化生活的高级消费形式，是人们为寻求精神上的愉快感受而进行的非定居性旅行和在游览过程中所发生的一切关系和现象的总和，同时是以各种不同方式分配空间和利用时间的地理现象。

20 世纪 30 年代，美国地理学家克·麦克默里发表的《游憩活动与土地利用的关系》一文，被公认为第一篇关于旅游地理研究的论文。“二战”后，随着大众旅游的蓬勃发展，地理学界开展了广泛的地理研究。20 世纪 70 年代中期开始形成旅游地理学的学科体系。鲁滨孙（H.Robinson）的《旅游地理学》、马特勒（M.Matley）的《国际旅游地理》、科特梁罗夫（E.A.Kotlyarov）的《休憩与旅游地理》、皮利（G.H.Pirle）的《旅行数据与时空生态学》、阿姆布洛西奇（J.Ambrozich）的《旅游地理学》和史密斯（S.Smith）的《旅游地理学过程、成果和展望》等都是有一定代表性的旅游地理学著作。

地理学是研究地理环境以及人类活动与地理环境相互关系的科学。它具有两个显著的特点：

第一，综合性。地理环境由大气圈、水圈、岩石圈、生物圈等圈层构成，是地球表层各种自然要素、人文要素有机组合而成的复杂系统。地理学兼有自然科学与社会科学的性质。

第二，地域性。地理学不仅研究地理事物的空间分布和空间结构，而且阐明地理事物的空间差异和空间联系，并致力于揭示地理事物的空间运动、空间演变的规律。

旅游地理学是地理学的分支学科，是为了适应大众旅游活动和旅游产业发展需要，把地理学知识和技能应用于旅游领域的一门新兴学科。简言之，旅游地理学就是研究人类旅游活动与地理环境、社会经济之间关系的学科。

二、旅游和地理的关系

美国著名地理学家伊恩·姆·马特勒在《国际旅游地理》一书中说：“旅游几乎没有哪个方面与地理无关，地理也几乎没有哪个部门无助于研究旅游现象。”旅游和地理的关系非常密切。

首先，人类的旅游活动是在一定的地理空间进行的。旅游者从居住地到旅游目的地再返回居住地，都离不开地理空间，是在地理空间位置上的移动。旅游活动的异地性和空间流动性，是其区别于其他休闲活动的最根本特征。

其次，人类的旅游活动都以一定的地理环境中的旅游资源作为观赏对象。各种旅游资源既是地理环境的组成部分，同时它们的形成和存在又受地理环境的影响和制约。自然旅游资源是在自然地理环境背景中产生的，它是地质、地貌、水文、气候、生物等自然地理环境因素相互影响相互作用的结果，如高山冰雪、热带雨林、大漠驼铃、林海雪原等；人文旅游资源也受到一定自然地理环境的影响，并打下一定的区域特征的烙印，如中国的万里长城、埃及的大金字塔、雅典的古代神庙等。

最后，旅游地理环境的差异性形成了各地不同的旅游环境和旅游资源。旅游业是由旅游者、旅游资源和旅游媒介组成的，而旅游资源是旅游目的地吸引旅游者的最重要的因素。旅游地理环境的区域差异性形成了各地特色不同的旅游资源。正是这种差异的存在，唤起了人们的好奇心，促使人们产生旅游的欲望。不同地理环境产生的自然旅游资源和人文旅游资源的差异是人类旅游活动的基本动力。

[任务训练]

表1－1－1　中国特色民居

特色民居	分布地区	民居特点
四合院		
窑洞		
土楼		
蒙古包		
一颗印		
碉房		
竹楼		
原因分析		

[任务评价]

表1－1－2　中国特色民居任务评价

评价指标	评价分值											
	自我评价				组间评价				教师评价			
	A	B	C	D	A	B	C	D	A	B	C	D
分布地区												
民居特点												
原因分析												
团队合作												
总体印象												

A：优秀　B：良好　C：一般　D：欠佳

任务二　认知中国旅游地理

"观国之光"一词来源于中国古代的《易经》。中国是一个有着悠久旅游传统的国家，古代中国的旅游地理论述和研究始终伴随着中国人的旅行。《诗经》最早记载中国人旅游；《货殖列传》是中国最早的旅游经济地理著作；《水经注》是公元6世纪前中国最全面、最系统的地理学著作；《徐霞客游记》是中国古代著名的旅游地理著作。近现代，中国旅游地理学的研究更是不断发展，并取得了丰硕的成果。

◆【任务目标】

以小组为单位，概括中国哈尔滨、北京、三亚、苏州、桂林、兰州、拉萨的旅游景观特色，在此基础上，试分析影响中国多样性的旅游景观的因素。

◆【任务分析】

分析造成中国旅游景观多样性的原因，可以分析中国的自然地理环境和人文地理环境入手，分析中国各地的自然地理环境和人文地理环境的差异，从而得出结论。

对哈尔滨、北京、三亚、苏州、桂林、兰州、拉萨旅游景观特色的概括，也要从分析这些城市的自然地理环境和人文地理环境入手，从而得出结论。

◆【知识准备】

一、地理环境与旅游活动

地理环境由大气圈、水圈、岩石圈、生物圈等圈层构成，是地球表层各种自然要素、人文要素有机组合而成的复杂系统。旅游活动离不开旅游地理环境，它是人类在一定地理环境中的特殊活动，旅游活动受地理环境的制约并在一定程度上影响着地理环境。

自然地理环境是由岩石、地貌、土壤、气候、水文、生物等自然要素有机结合而成的自然综合体，具有复杂性、多样性、地带性的特点。没有任何两个地区的自然地理环境是完全相同的，不同地区的自然地理环境形成不同的旅游景观，许多自然旅游资源只能在特定的地理环境中形成，如岩溶地貌、丹霞地貌、黄土地貌、冰川地貌等。

人文地理环境是人类的社会、文化和生产活动的地域组合，包括人口、民族、聚落、政治、经济、交通、军事、社会等成分。同自然地理环境一样，不同的人文地理环境形成了不同的人文旅游资源，如中国56个民族不同的民俗。

（一）地理环境对旅游活动的影响

地理环境的差异是旅游动机产生的基础；地理环境造就和烘托了旅游资源；地理环境的地域差异，导致旅游资源分布的区域性；地理环境的演变、突变改变着景物的形态，影响区域旅游业的发展。

（二）旅游活动对地理环境的影响

人类的旅游活动深受地理环境的影响和制约，而旅游活动对地理环境也有反作用。人类为了发展旅游，使旅游业取得良好的社会、经济效益，往往在地理环境质量较高的地区，充分利用旅游资源和环境，从事旅游建设和旅游活动，使地理环境向着更有利于人类生存和旅游活动的方向发展。与此同时，在旅游开发过程中，人类有意或无意地破坏了环境与资源，变坏的环境又反过来作用于人类社会，引起旅游活动和环境的变化。

二、中国的地理环境

（一）中国自然地理环境

1．复杂多样的地形地貌

中国地域辽阔，地质构造、地表组成物质及气候水文条件都很复杂，按地貌形态可分为山地、高原、丘陵、盆地、平原五大基本类型。以山地和高原的面积最广，丘陵和平原占的比例都较少。除以上五种基本地貌类型外，由于地势垂直起伏大，海陆位置差异明显引起的外营力的地区差别及地表组成物质不同等，还形成冰川、冰缘、风沙、黄土、喀斯特、火山、海岸等多种特殊地貌。各种地貌类型都有其独特的形态和魅力，复杂多样的地形地貌使中国自然风光多奇景。

2．丰富多彩的气候类型

中国幅员辽阔，气候类型丰富多彩。最北的漠河位于北纬53° 以北，属寒温带；最南的南沙群岛位于南纬3°，属赤道气候。中国高山深谷，丘陵盆地众多，受到地带性和非地带性因素的影响，气候类型多样。例如，青藏高原4500米以上的地区四季常冬，南海诸岛终年皆夏，云南中部四季如春，其余绝大部分四季分明。

3．多种多样的水体环境

中国水域辽阔，是一个高山大河、瀑布湖泊、冰川海滨非常丰富的国家。中国既拥有总面积达17.47万平方公里的内陆水域，又拥有浩瀚的海洋，同时江河湖泊泉兼备。水与山体、水与生物、水与气候、水与建筑物等，通过相互结合、交融渗透，形成数量丰富、观赏价值和欣赏价值较高的水体旅游资源，并为开展各种水上旅游活动提供了广阔的场所。

4．得天独厚的生物资源

中国在复杂多样的地形、气候等自然因素的综合作用下，具有丰富的生物种类和多样的生物群落。中国是世界上生物旅游资源最丰富的国家之一，几乎世界上所有的植物都可在中国找到生存的环境。加之在第四纪冰川期，中国许多地区未被冰川所覆盖，为大陆上的物种和生物群落的保存、发展提供了理想的场所，从而使中国不但生物种类丰富繁多，而且各地不同程度地保存有白垩纪、第三纪以来的许多孑遗物种及其形成的植物群落，动植物旅游资源得天独厚。

复杂的地形地貌、丰富的气候类型、多样的水体环境和得天独厚的生物旅游资源，形成了中国独具特色、丰富多彩的自然旅游资源。

（二）人文地理环境

1．源远流长的发展历史

中国是世界上文明发达最早的国家之一。发现于云南元谋的猿人化石表明，距今170万年前的“元谋人”是中国境内已知最早的原始人类。至今9000～4000年的新石器时代，中国形成了旱地农业经济区、稻作农业经济区和狩猎采集经济区。在距今六七千年的浙江余姚河姆渡和西安半坡遗址，发现了人工栽培的稻谷和粟粒及农耕工具。大约在5000年前，中国人已知道了冶炼铜的技术。殷墟出土的甲骨文，证实中国有将近4000年的有文字可考的历史。3000多年前的商代，开始使用铁器；在制陶方面，有了白陶和彩陶；丝织生产也相当发达，产生了世界上最早的提花丝织技术。到了春秋时期，制钢技术已经出现。源远流长的历史发展到今天，为中国留下了许多具有不同时代特色的历史古迹。

2．灿烂辉煌的中华文化

中国古代文化灿烂辉煌，是世界四大文明古国之一。早在数千年以前，中国就以独具特色的大河文化而闻名。其后，经过炎黄子孙的长期创造和积淀，中华文化更加丰富多彩、博大精深，其成就和影响，举世罕见。灿烂辉煌的中华文化，留下了许多不同时代特色的文化古迹。万里长城、秦陵兵马俑、剑门蜀道、京杭大运河、赵州桥、北京故宫等，都是世界建筑艺术史上的辉煌遗迹；造纸术、印刷术、指南针、火药，是中国科技成果的重要标志；摩崖石刻、古典园林、佛教石窟、陶瓷工艺等，具有鲜明的民族风格。同时，显示中华民族博大精深的文化底蕴和艺术渊源的文化艺术古迹也是中国人文旅游资源的重要组成部分。

3．丰富多彩的民族风情

中国是一个统一的多民族的国家，56个民族由于所处的地理环境不同，在居住、饮食、服饰、生产、交通、婚丧、宗教、节庆，乃至语言文字、文学艺术等方面，形成了各自鲜明独特的习俗。任何一个旅游地区，民族风情在反映当地历史文化的同时，又反映了当地的社会生活，是旅游景区中最重要的文化景观之一，常常以浓郁的地方特色、鲜明的民族风采、形神兼备的表现形式，扩延了旅游内涵，成为旅游活动中最生动的旋律。丰富多彩的民族风情可以让旅游者在亲身感受中，分享快乐、开阔眼界，并获得历史、艺术、宗教等方面的文化知识。

三、中国旅游地理区划

旅游地理区是指自然地理与人文地理环境特征基本相似，自然旅游风光与旅游特征基本相近的地理区域综合体。旅游地理区划是人们因旅游的需求、规划、研究等实际需要，按照不同标准和指标，对一定地域的旅游资源所进行的地理区域划分。旅游地理区划是一个国家或地区旅游发展的一项基础工作，也是旅游工作者的一项基本技能，对国家旅游经济建设和旅游人才培养有积极作用。

中国旅游区划工作，各位学者因教学和科研的需要，先后提出一些方案。本书根据旅游区划的原则，依据旅游资源的特点，在保证行政区划体系的大体完整性情况下，将全国划分为11大旅游区、34个旅游亚区，具体如表1－2－1所示。

表 1–2–1　中国旅游分区

旅游大区	旅游亚区
林海雪原、熔岩海滨、关东文化游 ——黑吉辽旅游区	黑龙江、吉林、辽宁
皇都名城、现代都市、燕赵文化游 ——京津冀旅游区	北京、天津、河北
古都古城、山岳胜迹、中原文化游 ——晋鲁豫陕旅游区	山西、山东、河南、陕西
魅力草原、最美大漠、蒙古游牧文化游 ——内蒙古旅游区	内蒙古
大漠绿洲、奇异民情、丝路文化游 ——宁甘新旅游区	宁夏回族自治区、甘肃、新疆维吾尔自治区
秀山丽水、名城佳园、吴越文化游 ——沪苏浙皖赣旅游区	上海、江苏、浙江、安徽、江西
峡谷巨川、革命圣地、蜀楚文化游 ——川渝鄂湘旅游区	四川、重庆、湖南、湖北
岩溶洞乡、多彩民俗、西南文化游 ——黔滇桂旅游区	贵州、云南、广西壮族自治区
雪域高原、圣山圣湖、藏乡文化游 ——青藏旅游区	青海、西藏自治区
奇山阔海、热带侨乡、岭南文化游 ——闽粤琼旅游区	福建、广东、海南
港澳台旅游区	香港特别行政区、澳门特别行政区、台湾省

[任务评价]

表 1–2–2　任务训练评价

评价指标	评价分值											
	自我评价				组间评价				教师评价			
	A	B	C	D	A	B	C	D	A	B	C	D
景观特点把握												
原因分析												
阐述过程												
团队合作												
总体印象												

A：优秀　B：良好　C：一般　D：欠佳

[单元练习]

1. 你最向往的旅游地是哪里？从中分析旅游地理环境对你选择旅游地的影响。

2. 查找相关资料，了解旅游资源对区域经济、区域社会文化和区域生态环境的影响。

单元二　林海雪原、火山熔岩、关东文化游——黑吉辽旅游区

任务一　黑吉辽旅游区旅游特色

黑吉辽旅游区包括黑龙江省、吉林省和辽宁省。这里有崇山林海，植被丰富，是野生动物的天堂。这里有漫长的海岸线、丰富的海洋动植物资源、沉睡的活火山，以及如仙境般的天池、熔岩。黑吉辽旅游区与俄罗斯和朝鲜接壤。汉族、满族、回族、蒙古族、朝鲜族、达斡尔族、鄂伦春族等生活在白山黑水之间，美丽的东北三省，有着独特的北国风光。

◆【任务目标】

根据本区的旅游特色，推荐本区旅游主题。

◆【任务分析】

要想推荐本区的旅游主题，首先要了解本区的地理环境，掌握本区旅游景观特色，了解本区特色旅游资源的类型、功能及成因。

◆【知识准备】

一、地貌类型丰富，火山熔岩地貌突出

黑吉辽三省地貌类型丰富：有河谷，包括黑龙江、乌苏里江、鸭绿江的河谷；有山地，包括兴安山地、长白山山地、千山山地等；有平原，包括三江平原、松嫩平原、辽河平原。旅游区旅游景点也突出了山和水，著名的景点有长白山、松花湖、镜泊湖等。

黑吉辽旅游区濒临环太平洋火山带，第三纪以来，经历了多期岩浆活动，区内火山数量之多，熔岩规模之大，火山景观之典型，均居全国首位。它们主要出现于东北平原的外围，其中有的近200多年前才喷发形成。本区火山共有5个新生代火山带，11个火山群。本区重点火山熔岩旅游区有五大连池火山群、镜泊湖火山群、科洛火山群、牡丹峰火山群、长白山火山群、龙岗火山群、伊通火山群、诺敏河－毕拉河火山群、绰尔河火山群、哈拉哈河火山群和宽甸火山群。

本旅游区南部有漫长的海岸线，夏季的海滨清爽宜人。本区濒临渤海和黄海，海岸

线曲折，多岛屿。千山山脉以东北—西南走向贯穿半岛，山、海、岛、礁、沙滩、渔港、渔村相互融合，形成了多种特色的海滨风光，是旅游、避暑和疗养胜地。尤其是大连避暑最为有名，众多的海滨浴场，沙软水清，环境幽雅景色诱人。

二、白色旅游资源独树一帜

寒冷而漫长的冬季是本旅游区一大特色，冬季降雪日数多，积雪期长，积雪深，最深可达 50 厘米，白色旅游资源独树一帜，有利于开展冰雪特色旅游项目。

（一）冰雕和冰灯

冰雕，是一种以冰为主要材料来雕刻的艺术形式。同其他材料的雕塑一样，冰雕也分圆雕、浮雕和透雕三种。冰雕是一种雅俗共赏、赋抽象于具象之中、具有极高欣赏价值的艺术。冰灯，融冰雕艺术和灯光艺术为一体，是我国北方冬季民间流传的一种艺术形式。

哈尔滨是中国冰雪艺术的摇篮，哈尔滨冰灯驰名中外。哈尔滨冰灯游园会是中国冰灯艺术的发源地，是世界上形成时间最早、规模最大的室外冰灯艺术展览。冰景是以松花江天然冰、自来水和各种电灯为材料，用砌筑、堆垒、雕刻、喷浇、冷冻和镶嵌等方法，根据特定的主题需要和总体布局安排，在不同的园林空间加工出来的，是融绘画、雕塑、建筑、园林、文学、音乐等多种艺术于一身，并运用光学、力学、声学及电气、机械等科学技术的新兴的造型艺术。

（二）雪雕

又称雪塑，是把用雪制成的雪坯经过雕刻，塑造出的立体造型艺术，与冰灯、冰雕并称冰雪雕塑艺术。 压缩的雪坯有硬度，可以雕刻，加上雪有黏度，又可堆塑，使雪塑既有石雕的粗犷敦厚风格，又有牙雕的细腻圆润特点，形式厚重，空间感强，银白圣洁，富有光泽，雅俗共赏。尽管雪雕的寿命和其他雕塑作品相比十分短暂，但雪雕作品要比石雕、泥雕更有灵气。

（三）雾凇

雾凇俗称树挂，是北方冬季可以见到的一种类似霜降的自然现象，是一种冰雪美景。雾凇现象在我国北方是很普遍的，在南方高山地区也很常见，只要雾中有过冷却水滴就可形成。吉林的雾凇，号称中国四大自然奇观之一，每年都吸引几万中外游客远道而来。

三、天象奇景独一无二

每年夏至这天，是大兴安岭漠河县北极光节。北极光和“白夜”是漠河独有的自然景观，因而人们又称漠河县为中国“不夜城”和“极光城”。漠河是中国唯一北极光最佳观测地，每年的夏至前后 9 天左右时间内容易看到。

漠河北极村位于北纬 53° 线以上，由于纬度较高，在夏季就产生了白昼现象。这些因素结合在一起，就使北极村成为观测神奇极光最佳地点。又由于漠河位于北半球，所以人们通常把在漠河所看到的极光称为北极光。北极光的形状很多，在漠河出现的，综合起来有条状的、带状的、伞状的、扇状的、片状的、葫芦状的、梭状的、圆柱状的、球状的等。北极光的颜色是赤、橙、黄、绿、青、蓝、紫各色相间，色彩分明。由初升到消逝，其间变幻神奇莫测，五颜六色，缤纷绮丽。

四、生态旅游形式多样

本旅游区具有丰富的生物旅游资源，可以开展形式多样的生态旅游。

（一）森林旅游

本区是寒温针叶林和针阔混交林的主要分布区。红松是东北森林的典型树种。东北的大小兴安岭、长白山是全国最大的林区，本区拥有原始森林面积和森林总面积在全国各旅游区中皆居首位。本区原始森林边缘地区在观光游览、康乐度假及科普考察等方面的旅游价值极高。

（二）生物旅游

本区是我国高纬度地区不可多得的野生动植物乐园，这里的黑熊、东北虎、金钱豹、紫貂、梅花鹿、丹顶鹤、人参、猴头蘑、黄芩、灵芝、不老草等动植物驰名中外。人参、貂皮、鹿茸被称为“东北三宝”。本区是我国目前最重要的动植物保护区。主要的自然保护区有扎龙丹顶鹤自然保护区、丰林自然保护区、长白山自然保护区、医巫闾山自然保护区、七星砬子自然保护区等。这些自然保护区不仅能唤醒和提高游客的生态环保意识，同时也为游客提供了更多的观赏对象和旅游地。

（三）湿地旅游

湿地是指海洋和内陆常年有浅层积水或土壤过湿的地段。许多湿地自然环境独特，风光秀丽，是人们旅游、度假、疗养的理想佳地。本区湿地面积居全国首位，相对成片的有乌裕尔河沼泽湿地、三江平原沼泽湿地和松阿察河沼泽湿地。已开发的湿地景区有扎龙自然保护区、三江自然保护区、洪河自然保护区、当奈湿地人居生态村、安邦河湿地公园等。

五、温带海滨风光奇特秀丽

本区濒临渤海和黄海，海岸线曲折，多岛屿。千山山脉以东北—西南走向贯穿半岛，滨海旅游资源集中辽宁，主要有辽南大连、辽东丹东、辽河三角洲营口及盘锦和辽西锦州及葫芦岛 4 个滨海旅游区。山、海、岛、礁、沙滩、渔港、渔村相互融合，形成了多种特色、奇异秀丽的海滨风光，是旅游、避暑和疗养胜地。

六、古代遗迹呈现多元化特色

本区历史古迹丰富，古城遗址众多，如吉林省集安市与辽宁省桓仁县境内汉魏时期的高句丽古建筑、古墓群和壁画，黑龙江宁安市上京龙泉府遗址及留存下来的八宝琉璃井和南大庙、哈尔滨阿城区金代时期的都城——上京会宁府遗址等古迹，辽宁省境内现存的多处近代佛塔和清代关外三陵和沈阳故宫等等。这些多元性文化遗址，既有游牧民族的风格，也反映了中原文化的特色。特别是以清代的古代遗迹保存最完整，而且数量最多，历史价值和旅游价值比较高。

七、民俗风情丰富多彩

本区民族众多，以汉族为主，包括满族、蒙古族、朝鲜族、回族、鄂伦春族、赫哲族等少数民族，其生产方式和生活方式的差异，形成了本区丰富多彩的民族风情。本区最典型的民间艺术是二人转和东北大秧歌。

[知识链接]

东北三怪

东北三怪是“窗户纸糊在外、养个孩子吊起来、大姑娘叼个大烟袋”。因为东北的冬天长达四五个月，糊在屋里容易被水蒸气弄湿，也容易被窗户缝的风吹坏，所以早些年在没有铝合金窗户之前，东北家家都把“窗户纸糊在外”。“养个孩子吊起来”这个习俗是源于东北最早的居民都是满族和蒙古族，这两个民族都是马背上的民族，即游牧民族，所以当大家逐水而走的时候经常把孩子放在摇篮里挂在马背上迁移，就有了现如今东北的第二大怪。早在几十年前的东北，妇女抽烟袋是很平常的，许多没嫁人的姑娘家也叼着烟袋，被世人称为东北的第三怪。这是因为东北的冬天非常冷，当人们在外面劳作的时候，为了驱除寒气，人们往往抽上一袋旱烟，这根本就不关乎男女的问题，而是一种生存的本能。

八、异域风情色彩浓烈

近代由于沙俄和日本的入侵，黑吉辽三省城市风貌留下了异域文化的痕迹。特别是哈尔滨，从城市规划到城市建设都采用俄罗斯的风格，同时吸收当时西方的建筑艺术特色，素来有着“东方小巴黎”“东方莫斯科”的美名；吉林省长春市的伪满洲国皇宫，是中日合璧的产物，是日本帝国主义侵华的物证；大连市中山广场附近的日式底层庭院式住宅区，异域风情浓烈。

[任务训练]

表2－1－1　黑吉辽旅游区旅游主题

名称	推荐理由	根据主题推荐的旅游景区或景点

[任务评价]

表2－1－2　黑吉辽旅游区旅游主题任务评价

评价指标	评价分值											
	自我评价				组间评价				教师评价			
	A	B	C	D	A	B	C	D	A	B	C	D
主题准确、鲜明												
推荐理由合理												
景点把握熟练												
团队合作												
总体印象												

A：优秀　B：良好　C：一般　D：欠佳

任务二　黑龙江旅游区

黑龙江旅游区像一只美丽的天鹅。黑龙江是中国最东北的省份，也是全国纬度最高、气温最低的省份。面积为46万多平方公里，省会哈尔滨。北部、东部以黑龙江、乌苏里江为界，与俄罗斯相望；西部与内蒙古自治区毗邻；南部与吉林省接壤。全省属高寒温带大陆性气候，旅游资源具有古朴、原始、神奇的特色。冰雪旅游、火山熔岩景观、少数民族风情是本区的主要特色旅游。冰雪资源堪称本区景观全国之最，冰雪旅游活动主要有观冰灯、滑雪、滑冰、冰钓等。区内群山连绵，林海绿涛，江河湖泊众多，火山地貌景观奇特，湿地资源丰富，大森林、大湿地、大湖泊、大瀑布、大火山成为本区特色自然旅游资源。同时，北方都市风光、少数民族风情、边界小镇等人文景观也为本区增添了迷人的色彩。

◆【任务目标】

1.学生自行寻找黑龙江旅游区游览图，根据下面旅游行程线路，在图中标注旅游线路。

黑龙江奇山异水7日游：

D1: 北京乘坐火车，前往黑龙江的首府城市——哈尔滨市；

D2: 哈尔滨—齐齐哈尔：太阳岛、冰雪大世界、二龙山旅游风景区；

D3: 齐齐哈尔—漠河：扎龙自然保护区、乌苏里江第一塔、五大连池；

D4: 漠河—黑河：漠河北极村风景旅游区、北极星广场、“松苑”公园；

D5: 黑河—伊春—牡丹江：汤旺林海奇石风景区、镜泊湖景区、黑宝熊乐园；

D6: 牡丹江—哈尔滨：亚布力滑雪场、伏尔加庄园、东北虎林园；

D7: 抵达北京西站，结束愉快的黑龙江之旅。

2. 根据黑龙江旅游区游览图，了解黑龙江旅游区的主要旅游景区景点。

◆【任务分析】

要想了解黑龙江旅游区的主要旅游景区景点，首先要了解黑龙江旅游区的旅游特色，掌握黑龙江旅游景区景点分布情况，熟悉各旅游景区景点的特点。

◆【知识准备】

一、哈尔滨游览区

（一）太阳岛风景名胜区

坐落在哈尔滨市松花江北岸，与繁华的市区隔水相望，是国内唯一一个位于城市中心的江漫滩湿地草原型沿江生态区。太阳岛碧水环绕，景色迷人，具有质朴、粗犷、天然无饰的原野风光特色，是一处由冰雪文化、民俗文化等资源构成的多功能风景区。一年一度的太阳岛国际雪雕艺术博览会，作为哈尔滨国际冰雪节的重要内容早已驰名中外，景区包括天鹅湖、太阳瀑、水阁云天、松鼠岛等景观。

（二）中央大街

位于具有“东方小巴黎”之称的音乐之都哈尔滨市，是目前亚洲最大最长的步行街。中央大街始建于 1898 年，是来哈尔滨旅游观光者必到之地，是哈尔滨的风情地标。中央大街全长 1450 米，宽 21.34 米，其中马路方石路宽 10.8 米。中央大街现有欧式、仿欧式建筑 75 栋，各类保护建筑 36 栋，其中中央大街主街 17 栋。整个步行街区就是全国第一个开放式、公益型建筑艺术博物馆，堪称“汇百年建筑风格聚世界艺术精华”。

（三）冰雪大世界

位于哈尔滨市区松花江北，总占地面积 6 万平方米，用冰量 8 万立方米，用雪量 16 万立方米，建造有九大景区，彰显了作为世界最大的冰雪迪士尼乐园的宏伟气势和国际化特色。其项目主要包括：《林海雪原》冰雪实景演出；“冰雪动漫嘉年华”活动和游客动漫游戏互动体验项目；冰雪欧秀歌舞表演和“酷·哈尔滨”大型冰上杂技表演；发挥园区距市区近的最大优势，开展化学、国际组合冰冰雕大赛 30 余项参与性活动，满足了游客白天游览冰雪大世界的需要。

（四）哈尔滨市建筑艺术馆

位于哈尔滨市道里区透笼街 88 号，是用于展示城市历史文化和建筑艺术的专业展馆，由全国重点文物保护单位索菲亚教堂和市级保护建筑原犹太新会堂两部分组成。圣索菲亚教堂始建于 1907 年，是拜占庭式教堂建筑的典型代表，教堂内的壁画、吊灯、钟楼及穹顶和唱诗台都具有较高的历史文化价值和建筑艺术观赏价值。犹太新会堂始建于 1918 年，为中国最大的犹太会堂建筑，是 19 世纪末到 20 世纪中叶犹太人在哈尔滨居住生活的历史见证。

（五）二龙山旅游风景区

位于哈尔滨东部，距哈尔滨市区 54 公里，有“哈尔滨东花园”之称。这里树木密集，花草丛生，水域面积辽阔，旅游设施齐全，是休闲度假、观光旅游的理想之地。景区占地 25 平方公里，一湖碧水，三面环山，自然风光，美不胜收。这里既有二龙戏珠、长龙卧波、银峰插翠、碧波唱晚等十大丽景，又有宝岛飞虹、湖面飞鱼等奇观。

（六）亚布力滑雪场

位于尚志市境内，距哈尔滨 193 公里。亚布力滑雪旅游度假区分为竞技滑雪区和旅游滑雪区，占地面积 22.55 平方公里。共有 11 根初、中、高级滑雪道，它的高山滑雪道是亚洲最长的，这里是开展竞技滑雪和旅游滑雪的最佳场地，曾于 1996 年成功举行了第三届亚冬会的全部雪上项目，整个滑雪场处于群山环抱之中，林密雪厚，风景壮观。

（七）东北虎林园

坐落在松花江北岸，占地面积 144 万平方米，拥有 700 多只人工饲养繁育的纯种东北虎。东北虎林园有具有科普教育功能的科普陈列馆和供游客参观的野化驯养区、成虎区、育成虎区、种虎区、狮虎区、非洲狮区、虎王区、幼虎区、步行区和观虎台等多处参观景点，可观赏纯种东北虎100只以上，以及白虎、雪虎、白狮、狮虎兽、黑色美洲虎和非洲狮等。东北虎林园是世界上最大的东北虎饲养和繁育基地、国家东北虎种源繁育基地、国家级陆生野生动物疫源疫病监测站。

二、伊春游览区

伊春市位于黑龙江省东北部，是国家的重要木材生产基地。这里因盛产珍贵“红松”，被誉为“红松故乡”“祖国林都”。

（一）汤旺林海奇石风景区

距伊春市中心区120公里，石林平均海拔436.6米，总面积163.57平方公里，分为石林景观区和山水风光游览区。其中以小兴安岭奇石景观区内的地质遗迹形成的各类拟态奇石和繁茂的植被为特色，展示了国家地质公园和国家森林公园特有的风韵，同时它还是中国青少年科学考察探险基地。整个景区内植被繁茂，山色葱翠，覆被率达99.8%以上，分布着小兴安岭1240多种动植物和昆虫鸟类，漫步古树白桦的幽径之间，既可闻百鸟欢歌，赏松柏轻舞，又可嗅杜鹃幽香，观兴安奇石，加之叠瀑溪涧和天然氧吧，是一处绝好的世外桃源。

（二）五营国家森林公园

位于伊春市五营区北5.5公里处，这里古树参天，林海茫茫，有我国规模最大、保存最完整的红松原始森林带。国家森林公园是集观光、度假、探险、科普教育等于一体的森林生态旅游胜地，为国家AAAA级旅游景区。

（三）茅兰沟森林旅游区

位于黑龙江省东北部，小兴安岭北麓，嘉荫县向阳乡辖区，距县城67公里。西、南与乌伊岭前卫农场相接，北与乌云镇接壤，东临黑龙江。整个景区面积近60平方公里，集山奇、水秀、林茂、潭幽、瀑美于一身，是旅游、度假、科考、攀岩不可多得的旅游胜地。茅兰沟是黄河以北、黑龙江以南为数不多，经地壳变迁后形成的集所有山水美景于一体的构造深谷，是小兴安岭目前已发现的唯一一处类型最齐全、发育最典型、造型最丰富的花岗岩峡谷地质遗迹。嘉荫茅兰沟森林旅游区主要景观有野鸽峰、岩鹰、石老妪、茅兰瀑布、黑龙潭、三阶潭、五阶潭、卧虎池等。

（四）上甘岭溪水国家森林公园

位于伊春市上甘岭区，公园总面积4580公顷，为国家AAAA级旅游景区。公园集森林、湿地和溪流于一体，森林覆盖率达96%以上，素有“森林生态博物馆，林都伊春后花园”之美誉。公园划分为“七区六景两园一村”。原始乔木观赏区占地面积476公顷，园内共有植物1390多种，囊括了小兴安岭所有高大乔木、低矮灌木、草本和藤本植物。园中环山甬道5000延长米，观赏区内不仅建有各具特色的木制建筑，还有众多游乐项目，让游客乐在其中。

三、齐齐哈尔游览区

（一）扎龙自然保护区

位于齐齐哈尔市境内（部分地区位于大庆市杜尔伯特蒙古族自治县和林甸县境内），面积21万公顷，主要保护对象为丹顶鹤等珍禽及湿地生态系统。扎龙国家级自然保护区是中国最大、世界闻名的扎龙湿地，为亚洲第一、世界第四，也是世界最大的芦苇湿地，是中国首个国家级自然保护区，被列入中国首批“世界重要湿地名录”。扎龙自然保护区以水禽为主的鸟类共有150多种，尤以鹤类种类多、密度大而著称于世，素有“鹤的故乡”之称。世界上鹤类有15种，中国有9种，在扎龙自然保护区生活的就有6种，即丹顶鹤、白枕鹤、蓑羽鹤、白头鹤（繁殖鸟）、白鹤、灰鹤（旅鸟），加上引进人工饲养的灰冠鹤、沙丘鹤、澳洲鹤、吐绶鹤、蓝鹤、黑冠鹤，鹤类已达12种，是世界上鹤类种类最多、数量最大的自然保护区。

（二）乌苏里江第一塔

坐落在中俄边境乌苏里江畔、黑龙江珍宝岛湿地国家级自然保护区试验区内。塔高55米，建筑面积740平方米。塔体为钢架混凝土结构，外部玻璃幕墙半球造型，高空远看宛如一颗耀眼的明珠镶嵌在乌苏里江江畔，散发着夺目的光辉。乌苏里江第一塔是黑龙江边境新的标志性建筑景观，集森林湿地防火、湿地科普教育、湿地监测、旅游观光、文化休闲娱乐等多种功能于一体，是游客领略虎林边塞风光的绝美视点和最佳高度。

四、牡丹江游览区

（一）镜泊湖景区

位于牡丹江市的西南面，总面积1726平方公里，是我国北方著名的风景区和避暑胜地，被誉为“北方的西湖”。镜泊湖是历经五次火山爆发，由熔岩阻塞河流形成的高山堰塞湖，是世界上少有的高山湖泊。镜泊湖分为北湖、中湖、南湖和上湖四个湖区，由西南向东北走向，蜿蜒曲折呈S状。湖区周围有火山群、熔岩台地等。镜泊湖蜿蜒曲折，湖中大小岛屿星罗棋布。中国三大瀑布之一的吊水楼瀑布就位于镜泊湖景区。吊水楼瀑布、珍珠门、大孤山、小孤山、白石砬子、城墙砬子、道士山和老鸹砬子是镜泊湖中著名的景观。

（二）渤海国上京龙泉府遗址

位于宁安市东京城。渤海国是中国唐代在东北地区以靺鞨族的粟末部为主体建立的地方政权，前后设有“五京”，上京龙泉府为其首府。古城四面环山，三面濒临牡丹江，遗址布局由外城、内城、宫城组成，以唐朝长安城为模式规划设计。城垣和宫城内主体建筑遗址保存基本完整，是研究渤海历史和唐代城市史、建筑史的重要实物资料。

（三）火山口国家森林公园

位于镜泊湖西北约50公里，坐落在张广才岭海拔1000米的深山区，国家级自然保护区，又称“火山口原始森林”，是一个以湖光山色为主的自然风光旅游胜地，是集森林生态环境、森林保健功能、自然景观、人文景观于一体的生态公园。距今10000年前，火山喷发形成了7个直径大小不等的火山口及岩浆流淌形成的地下溶洞群，在原生裸地上形成的阔叶红松林俗称“地下森林”，这里是一片长满红松、紫椴、黄檗、水曲柳、黄花松、鱼鳞松和落叶松等珍贵树种的原始森林，面积达66900多公顷，是一座天然的绿色宝库。

五、黑河市游览区

（一）五大连池风景区

五大连池风景区位于黑河市西南部，距离五大连池市区18公里，总面积为1060平方公里，为世界地质公园、国家AAAAA级旅游。景区内14座新老时期火山喷发年代跨越200多万年，这里拥有世界上保存最完整、分布最集中、品类最齐全、状貌最典型的新老期火山地质地貌，被誉为“天然火山博物馆”和“打开的火山教科书”。五大连池由14座火山锥组成，其中老黑山和火烧山，是我国最新、保存最完整的火山地貌景观。五大连池风景区除了五个串珠状的堰塞湖外，还分布着药泉湖、南北月牙泡、八卦湖、温泊等湖泊。

（二）瑷珲古城

瑷珲古城，现为爱辉镇。位于黑河市爱辉区东南部，黑龙江中上游，与俄罗斯隔江相望。瑷珲是《中俄瑷珲条约》的签订地。最早的瑷珲，建于明朝永乐年间。永乐皇帝为适应对元朝残余势力斗争的需要，在黑龙江左岸，精奇里江与黑龙江汇合处的下游，即今天的俄罗斯境内维笑勒伊村一带，建起瑷珲城。瑷珲古城分内、外城两部分，内城近似方形，周长3465米。外城西、南、北三面植木为廊，南一门，西、北各两门，东临黑龙江。城内建有衙门公署、城隍庙、文庙、大人符、万寿宫等，内城为官员驻地和居民住宅。主要建筑材料为土木结构，魁星阁为砖瓦结构。外城有南大营、北大营、校兵场等。瑷珲古城建有瑷珲历史陈列馆，复建有魁星阁、萨布素公园等景观。

六、鸡西旅游区

鸡西市位于黑龙江省东南部，东、东南与俄罗斯交界，是我国最早看到太阳升起的地方。鸡西市境内有烟波浩渺、气势磅礴的“北国绿宝石”——兴凯湖，有水深流急的乌苏里江，有二战遗址、被称作“东方马其诺防线”的虎头地下军事要塞，有举世闻名的中苏自卫反击战发生地珍宝岛，有祖国最早看到日出的边境山峰之一的神顶峰，有历经百年沧桑的“东方第一庙”——虎头关帝庙，有集自然景观与人文景观为一体的麒麟山、卧龙湖、哈达河、八楞山、凤凰山森林公园、北大荒书法艺术长廊、辽金古城遗址等旅游景区。

兴凯湖位于鸡西市东部，是中俄边界上的浅水湖，为中俄界湖，北1/3的面积为中国，南部属俄罗斯。兴凯湖由大、小两湖组成。大兴凯湖和小兴凯湖虽然离得很近，景观却迥然不同。小兴凯湖温柔恬静，鱼跃鸟飞，帆影点点，湖水静悄悄的，水面平如明镜，是我国内湖。大兴凯湖烟波浩渺，天水一色，横无际涯，气势磅礴，被称为“绿宝石”。

七、漠河游览区

漠河，又称墨河，据说因河水黑如墨而得名。漠河位于我国最北端，由于地理位置独特，有“白夜”和“北极光”两大天然奇特天象，因而有“金鸡冠上之璀璨明珠”的美誉。

（一）漠河北极村风景旅游区

坐落于中国最北部边陲小村里，是我国大陆最北端的临江小镇，与俄罗斯阿穆尔州的伊格娜思依诺村隔江相望，也是漠河乡政府所在地，是全国观赏北极光和白夜胜景的最佳之处，有“北极村”“不夜城”之称。在北极村有北陲哨兵、神州北极等参观景点，自然景观和人文景观于一体，为国家AAAAA级旅游景区。

（二）北极星广场

北极星广场建于2002年6月，由金杯广场、极目广场、妇女儿童乐园、5·6纪念广场几部分组成，占地4.5公顷。每年一度的北极光节、冰雪文化节、国际冰雪汽车越野拉力赛开幕仪式都在这里举行。位于153个台阶之上的北极星雕塑是漠河县的标志性建筑，名为腾飞。左面是一只展翅欲飞的天鹅，右面是一只引吭高歌的金鸡，意为漠河是“金鸡之冠、天鹅之首”，顶端的星位北极星，意为漠河是祖国北陲的一颗璀璨明星。

[任务训练]

以小组的形式，通过教材或其他方式了解黑龙江旅游景点，获得旅游景点信息，选出小组最喜欢的旅游景点。每组选出1名同学代表小组阐述任务完成的过程，讲解选出的旅游景点。

[任务评价]

表2－2－1　黑龙江旅游区任务训练评价

评价指标	评价分值											
	自我评价				组间评价				教师评价			
	A	B	C	D	A	B	C	D	A	B	C	D
景点把握												
阐述过程												
讲解水平												
团队合作												
总体印象												

A：优秀　B：良好　C：一般　D：欠佳

任务三　吉林旅游区

位于中国东北地区的中部。地处北温带，夏季短而凉爽，冬季长而漫长。吉林省简称“吉”，省会为长春，全境东西长650公里，南北宽300公里，总面积18.74万平方公里。南邻辽宁省，西接内蒙古自治区，北与黑龙江省为邻，东南与朝鲜、俄罗斯为邻。地势东南高，西北低。吉林省旅游资源特色突出。长白山旅游、吉林雾凇、朝鲜族民族风情旅游、古国旧都旅游为吉林省的特色旅游。境内一山（长白山）三水（松花江、鸭绿江、图们江），构成了瑰丽的山水景观。延边朝鲜族自治州朝鲜族民俗文化独特，歌舞天成，极具特色。集安的高句丽古国遗址、长春的伪满皇宫也是本区重要的特色古迹旅游景区。

◆【任务目标】

1. 学生自行寻找吉林旅游区游览图，根据下面旅游行程线路，在图中标注旅游线路。

寻梦吉林6日游：

D1: 北京乘坐火车，前往吉林的首府城市—长春市；

D2: 长春：伪满皇宫博物院、净月潭、东北民族民俗博物馆；

D3: 长春—四平—通化—白山：满族博物馆、白鸡峰森林公园、龙湾火龙湖；

D4: 白山—延边：天池、珲春防川风景区、长白山；

D5: 延边—吉林：松花湖、北大湖滑雪场；

D6: 长春返程抵达北京西站，结束愉快的吉林之旅。

2. 根据吉林旅游区游览图，了解吉林旅游区的主要旅游景区景点。

◆【任务分析】

要想了解吉林旅游区的主要旅游景区景点，首先要了解吉林旅游区的旅游特色，掌握吉林旅游景区景点分布情况，熟悉各旅游景区景点的特点。

◆【知识准备】

一、长春游览区

（一）伪满皇宫博物院

位于长春市东北隅的光复北路5号，是建立在伪满皇宫旧址上的宫廷遗址博物馆。伪满皇宫是中国清朝末代皇帝爱新觉罗·溥仪充当伪满洲国皇帝时居住的宫殿，是日本帝国主义武力侵占中国东北，推行法西斯殖民统治的历史见证。现今伪满皇宫博物院已经成为占地20万平方米，集伪满宫廷（核心保护区）、红色旅游、文化休闲区、旅游商服于一体的特色人文景区。现已成为全国优秀的爱国主义教育基地，首批国家AAAAA级旅游景区。

皇宫可分为进行政治活动的外廷（皇宫）和日常生活的内廷（帝宫）两部分，现分别辟为伪满皇宫陈列馆和伪满帝宫陈列馆。外廷是溥仪处理政务的场所，主要建筑有勤民楼、怀远楼、嘉乐殿，勤民楼是溥仪办公的地方。此外还有花园、假山、养鱼池、游泳池、网球场、高尔夫球场、跑马场以及书画库等附属场所。内廷是溥仪及其家属日常生活的区域，其中辑熙楼是溥仪和皇后婉容的居所，同德殿是"福贵人"的居所，另外还设有一些娱乐设施。如今，帝宫的一部分已辟为吉林省博物馆，展出高句丽、渤海、辽、金等在东北建立的封建王朝的史料。

[知识链接]

伪满洲国是1931年"九一八事变"后，日本侵略者利用前清废帝爱新觉罗·溥仪在东北建立的一个傀儡政权——满洲帝国，将长春定为"国都"，改名"新京"，成为日本帝国主义统治东北的政治、军事、经济、文化中心。此傀儡政权"领土"包括现中华人民共和国辽宁、吉林和黑龙江三省全境、内蒙古东部及河北北部，通过这一傀儡政权，日本在中国东北实行了14年之久的殖民统治。因为当时中国南京国民政府不承认这一政权，故其被称为"伪满洲国"。

（二）净月潭

位于长春市东南部，距市中心18公里，被称为"都市中难得的一块净土"。景区内山清水秀，气候宜人，空气清新，一年四季景致不同。净月潭景区森林面积逾100平方公里，潭水面积430公顷，同时它又是我国最大的人工林场，生长已有50多年的人工林就有8000公顷，世界闻名。人工森林形成了包括红松、黑松、樟子松、落叶松在内的30多个树种的特色森林景观，炎炎夏日时节，置身其间，浓荫蔽日，真有说不出的清凉熨帖。冬季景区内积雪深度约30厘米，是天然的滑雪场。此外还有高尔夫球场、水上娱乐等项目。新建成的净月广场，是集观光、休息、健身为一体的场所，有"亚洲第一大人工林海"之称。景区内包括净月潭国家重点风景名胜区、净月潭国家森林公园和吉林省净月潭旅游度假区三部分。

（三）长春世界雕塑公园

位于长春市主干道人民大街南端，占地约92公顷。长春世界雕塑公园是一座以自然山水与人文景观相融为特色，以"友谊 · 和平 · 春天"为主题，以东西方文化艺术相融合为理念的大型现代雕塑艺术主题公园。园内拥有来自世界212个国家和地区的397位雕塑家创造的441件涵盖当今世界多样艺术风格，融合各种艺术流派的精美雕塑作品供游人欣赏。

（四）长影世纪城

位于长春市净月潭风景区西侧，是我国首家电影制片工业与旅游业相结合的电影主题公园，堪称东方好莱坞，其借鉴美国好莱坞环球影城和迪士尼游乐园的精华建造而成。

长影世纪城影视文化主题鲜明突出，它具有丰富的电影文化和民族文化内涵，以影视节目为载体，揭开电影制作的神秘面纱，让观众充分享受电影艺术和优秀的中华民族文化带给人们的高品位的精神愉悦。长影世纪城不仅是影视旅游的胜地，也将成为长影厂的新址，成为北国长春的一张钻石名片。

二、四平—通化—白山游览区

（一）四平伊通满族博物馆

位于伊通满族自治县伊通镇人民大路，是全国唯一的展示满族民俗传世文物、史料和民俗珍品的专业性博物馆，设有七个展厅，包括：历史遗迹部分，以碑刻、拓片、图表、照片等历史资料为主要内容，翔实地记载了满族在伊通的部分繁衍足迹；传世文物部分，以家谱、谱书、谱折、敕书、诰命等珍贵文物为主；礼俗部分，以满族祭祀器具为主；萨满文化部分，以萨满祭祀中的神器为主。迄今为止，馆藏文物已达310种，共3000余件。

（二）龙湾群国家森林公园

坐落在长白山脉的北麓，属长白山系龙岗山脉中段，吉林省辉南县境内，是国家AAAA级旅游景区。龙湾群国家森林公园地形复杂、地貌奇特，公园规划为十大景区——“七湾、一瀑、两顶”，即三角龙湾、大龙湾、二龙湾、小龙湾、东龙湾、南龙湾、旱龙湾、吊水壶瀑布、金龙顶子山和四方顶子山，形成了以森林生态景观为主体，火山口湖群和火山锥体为骨架，流泉、瀑布为脉络的景观群。

三、吉林市游览区

（一）松花湖

位于吉林市东南部，长白山山脉的西侧，距主城区15公里，景区总面积达700平方公里。松花湖是吉林省最大的人工湖，是拦截松花江水建设丰满水电站叠坝成湖形成的。湖岸水洗风沐，漾红溢绿，蓝天碧水，白帆点点，鱼跃平湖，鸟鸣长天。周围森林茂密，植物分布百余科属，约600个种类，野生动物资源也很丰富。全国最大的冰雪运动训练基地——青山滑雪场位于区内。松花湖风景区分十个相对独立的景区，有骆驼峰、凤舞池、五虎岛、卧龙潭、石龙壁、摩天岭、额赫岛等。

（二）雾凇岛

位于吉林市龙潭区乌拉街满族镇，距吉林市35公里的松花江下游。雾凇岛的最佳观赏季节是每年12月下旬到次年2月底，每天最理想的雾凇拍摄时间为10:00—11:30。雾凇岛因雾凇多且美丽而得名。这里树形奇特，沿江的垂柳挂满了洁白晶莹的霜花，江风吹拂银丝闪烁，景色既野又美，是观赏和拍摄雾凇的最佳之地。

（三）北大湖滑雪场

位于吉林市境内，距吉林市区53公里，是我国规模最大、设备最先进、自然资源最好的城区高山滑雪场之一，也是我国重要的冰雪运动训练基地和冰雪旅游中心，为首批国家AAAA级旅游景区之一，滑雪场占地17.5平方公里。北大湖滑雪场三面环山，冬季风力小，气温适宜，积雪深，雪质好，现有高山雪道11条，总长度20公里，面积70余公顷。雪道最大坡度32度，最小坡度7度，滑雪索道7条与之相配套；10公里环形越野雪道1条，冬季现代两项靶场1座，占地7040平方米；跳台2座，空中技巧滑雪台1座；旱地雪橇道1条。

（四）拉法山国家森林公园

位于吉林省东部蛟河市境内，距市中心36公里。拉法山国家森林公园包括六大景区，是一个以自然、生态、森林、人文于一体的森林公园。拉法山有三大自然奇观：

一是山呈三面锥体，无论怎样变换视角，其山形仍然不变。这是国内其他名山罕见的。

二是以洞奇闻名于世。拉法山素有“八十一峰、七十二洞”之说，现已发现各种天然洞穴上百处。拉法山洞穴中还有国内独有的大气泡洞。此洞长22.2米，宽3.4米，高2.5米，海拔高度754米，具有特殊的观赏价值和地质科研价值。

三是多奇石，如拳石、净手石、飞来石、金蟾石、飞鹰石、熊猫石、莲花石、骆驼石、老熊观天石、青蛇探路石等。

四、高句丽王城、王陵及贵族墓葬

主要分布在吉林省集安市境内以及辽宁省桓仁县境内，于2004年7月列入《世界遗产名录》。高句丽王朝距今已有2000多年的历史，列入《世界遗产名录》的项目包括五女山城、国内城、丸都山城、12座王陵、26座贵族墓葬、好太王碑和将军坟1号陪冢。集安保存着世界上最多的高句丽文物古迹，包括山城、陵墓、碑石、上万座古墓和众多的出土文物，构成令世界瞩目的洞沟文化。

五、延边游览区

延边朝鲜族自治州是中国吉林省下辖的一个自治州，地处吉林省东部，中、俄、朝三国交界处，首府为延吉市。延边朝鲜族自治州是东三省沟通海内外的重要窗口，也是东北亚区域经济、人口、地理三个重心的交会点，在连接亚、欧、美海陆运输格局中居于重要的枢纽地位。

朝鲜族以能歌善舞而著称于世，如著名的长鼓舞、刀舞、扇舞、巫舞等。朝鲜族男子喜欢摔跤、踢足球，女子喜欢压跳板和荡秋千，延边朝鲜族自治州素有“歌舞之乡”“足球之乡”的美称。延边境内有起伏的长白山地，图们江畔独特的自然景观、别具一格的“一眼看三国”的防川边境风光、仙景台风景区、悠远的古渤海国遗址，以及浓郁的朝鲜民族风情使其充满了诱人的魅力。

（一）长白山风景区

位于延边族自治州安图县和白山市抚松县境内，是中朝两国的界山、中华十大名山之一、国家AAAAA级旅游景区、关东第一山。长白山是中国东北境内海拔最高、喷口最大的火山体。因其主峰白云峰多白色浮石与积雪而得名，素有“千年积雪为年松，直上人间第一峰”的美誉。长白山主峰白头山2691米，是我国东北最高的山地。长白山是松花江、图们江、鸭绿江的发源地。长白山景区集湖泊、瀑布、温泉、峡谷、地下森林、火山熔岩林、高山大花园、地下河、原始森林、云雾、冰雪等旅游景观为一体，是集生态游、风光游、边境游、民俗游四位一体的旅游胜地。

（二）珲春防川风景区

位于延边朝鲜族自治州珲春市东南部，距市区75公里。风景区位于中、朝、俄三国交界的地带，面积为20平方公里，是中国唯一濒临日本海的景区，也是中国距离日本海和日本最近的地方。防川风景区以其独特的“一眼望三国”以及区内的自然湖泊、森林、珍稀植物、鸟类等闻名。

（三）满天星风景区

满天星风景区位于延边朝鲜族自治州汪清县百草沟镇境内，距州府延吉市和中、朝边境城市图们市约50公里。满天星风景区总面积56.7平方公里，整个景区共分8大景区，36个景点。风景区内的天星湖是省内大型人工湖之一，蜿蜒曲折的湖面长18公里，面积10.5平方公里。景区内植被保护完好，森林覆盖率达到90%，景区在群山环抱之中，层峦叠嶂，林木苍翠，景色宜人，具有“水旷、山幽、林秀、雪佳”的特色。

[任务训练]

以小组的形式，通过教材或其他方式了解吉林旅游景点，获得旅游景点信息，选出小组最喜欢的旅游景点。每组选出1名同学代表小组阐述任务完成的过程，讲解选出的旅游景点。

[任务评价]

表2－3－1　吉林旅游区任务训练评价

评价指标	评价分值											
	自我评价				组间评价				教师评价			
	A	B	C	D	A	B	C	D	A	B	C	D
景点把握												
阐述过程												
讲解水平												
团队合作												
总体印象												

A：优秀　B：良好　C：一般　D：欠佳

任务四　辽宁旅游区

辽宁省简称辽，寓意“辽河流域，永远安宁”，位于中国东北地区的南部，南临渤海、黄海，隔鸭绿江与朝鲜为邻，东南隔海与日本相望，东、北、西三面与吉林、内蒙古、河北等省区接壤，靠近俄罗斯，省会沈阳市。辽宁省是东北三省中唯一的沿海省份，也是我国东北地区进行对外贸易和国际交往的重要通道。辽宁省自然风光奇特秀丽，名胜古迹众多，旅游资源分布广泛。辽宁是清王朝的发祥地，沈阳故宫是中国仅存的两座完整的皇家宫殿群之一；冰雪旅游资源丰富多彩，有滑雪场20多个。温泉旅游资源发展迅速，随着辽阳、营口、大连的温泉资源这几年被相继开发，辽宁一跃成为国内温泉旅游资源发达的省份。滨海旅游资源浪漫多姿，以著名滨海城市大连为龙头的辽宁滨海旅游已成为海内外游客休闲度假的首选。

◆【任务目标】

1. 学生自行寻找辽宁旅游区游览图，根据下面旅游行程线路，在图中标注旅游线路。

辽宁发现之旅 8 日游：

D1: 北京乘坐火车，前往辽宁首府城市——沈阳市：沈阳故宫；

D2: 沈阳—辽阳—抚顺—本溪：清永陵、本溪水洞与地质博物馆；

D3: 本溪—丹东—大连：丹东抗美援朝纪念馆、鸭绿江国家级风景名胜区、河口景区；

D4:：大连：金石滩、大连老虎滩海洋公园、星海广场；

D5：大连—旅顺：蛇岛、旅顺军港、汤岗子温泉；

D6: 旅顺—葫芦岛—锦州：兴城海滨、笔架山风景区、辽沈战役纪念馆；

D7：锦州—盘锦—鞍山：千山风景名胜区、玉佛苑；

D8：鞍山—沈阳—北京：抵达北京，结束愉快的辽宁之旅。

2. 根据辽宁旅游区游览图，了解辽宁旅游区的主要旅游景区景点。

◆【任务分析】

要想了解辽宁旅游区的主要旅游景区景点，首先要了解辽宁旅游区的旅游特色，掌握辽宁旅游景区景点分布情况，熟悉各旅游景区景点的特点。

◆【知识准备】

一、沈阳游览区

沈阳市，辽宁省省会，中国特大城市，东北地区最大的国际大都市，东北地区政治、金融、文化、交通、信息和旅游中心，也是我国最重要的重工业基地之一，素有“东方鲁尔”的美誉。沈阳市是我国历史文化名城之一，从西汉设立侯城，至今已有两千多年的历史，特别是明末清初时期，这里更是“一朝发祥地，两代帝王城”，并有众多的历史文化遗存，如清沈阳故宫和清福陵、清昭陵等。

（一）沈阳故宫

沈阳故宫始建于1625年，是清朝入关前清太祖努尔哈赤、清太宗皇太极建造的皇宫，又称盛京皇宫。现已辟为沈阳故宫博物院，是中国现存完整的两座宫殿建筑群之一。占地6万平方米，全部建筑90余所，300余间。它以独特的历史、地理条件和浓郁的满族特色而迥异于北京故宫。金龙蟠柱的大政殿、崇政殿，排如雁行的十王亭，万字炕口袋房的清宁宫，古朴典雅的文朔阁，以及凤凰楼等高台建筑，在中国宫殿建筑史上绝无仅有。

（二）清“两陵”——福陵、昭陵

清福陵是清太祖努尔哈赤与孝慈高皇后叶赫纳喇氏的陵墓。位于沈阳旧城东北10公里处，俗称东陵，是清朝命名的第一座皇陵。福陵现存古建筑32座（组），古建筑以神道为中轴线对称分布，由南向北依次为下马碑、石牌坊、大红门、神道、石像生、一百单八磴、神功圣德碑碑亭、方城。方城之内有隆恩门、隆恩殿、大明楼、宝城和宝顶。

清昭陵位于沈阳（盛京）古城北约5公里，因此也称“北陵”，是清朝第二代开国君主太宗皇太极以及孝端文皇后博尔济吉特氏的陵墓，占地面积16万平方米，是清初“关外三陵”中规模最大、气势最宏伟的一座。陵寝建筑的平面布局遵循“前朝后寝”的陵寝原则自南向北由前、中、后三个部分组成，其主体建筑都建在中轴线上，两侧对称排列，系仿自明朝皇陵而又具有满族陵寝的特点，是清代皇家陵寝和现代园林合一的游览胜地。

二、抚顺游览区

抚顺位于辽宁省东部，为中国北方重要的工业基地。所谓抚顺，就是“抚绥边疆，顺导夷民”之意。抚顺是一座历史悠久的古城，是清朝的发祥地。世界文化遗产、清朝关外三陵之首——永陵，伫立在启运山下。抚顺是满族的发祥地，我国目前唯一展示满族民族发展历史的综合性游览区——中华满族风情园就位于辽宁省抚顺市新宾满族自治县赫图阿拉城东侧。

（一）清永陵

清王朝的祖陵，顺治十六年（1659年）尊为永陵。在陵内埋葬着努尔哈赤的六世祖、曾祖、祖父、父亲及他的伯父和叔父，辈分位居清朝关外三陵之首，也是我国现存规模较大，体系完整的古代帝王陵寝建筑群。清永陵不仅以神奇的风水、丰富的内涵、重要的价值闻名于世，而且在建筑形制、布局、造型、工艺上都有自己的建筑特点和艺术特色。

（二）赫图阿拉城

位于新宾满族自治县永陵镇，是一座拥有400余年的历史古城，始建于明万历三十一年(1603年)。明万历四十四年(1616年)正月初一努尔哈赤于此“黄衣称朕”，建立了大金政权，史称后金。后金天聪八年(1634年)，被皇太极尊称为“天眷兴京”。赫图阿拉城是辽宁省重点文物保护单位、国家AAAA级旅游景区。

（三）煤矿博物馆

坐落于抚顺西露天矿参观台原址。博物馆景区分为抚顺煤矿博物馆、露天矿大型设备陈列广场、大型毛泽东塑像、西露天矿矿坑几大部分。其中抚顺煤矿博物馆主体建筑面积6630平方米，突出百年、煤都、领袖、独有、珍贵、领先六大特色，整个展馆分为物华天宝、百年回眸、熔铸辉煌、亲切关怀、矿山脊梁、美好未来、乌金墨玉、煤海之珠八大部分。从自然、历史、人文等方面介绍了煤、抚顺煤矿的衍生过程，抚顺煤矿整整百年起伏跌宕的难忘岁月和新世纪以来抚矿集团的恢宏进程。

（四）雷锋纪念馆

位于抚顺望花区雷锋路东段61号，原雷锋生前所在部队驻地附近，占地面积99900平方米。新馆展览面积3680平方米，分为两层。一层采用高科技动态场景与艺术品插画等手段相结合，翔实、生动地再现了雷锋的成长历程和新形势下雷锋精神的五方面内涵。二层展示了全国学雷锋活动的源起和发展脉络以及全国学雷锋活动成果。陈列展品丰富，展出雷锋大量生平史料，亮点突出，是全国爱国主义教育基地。

（五）猴石森林公园

位于新宾满族自治县西南部，因园内一块酷似“金猴拜月”的天然巨石而得名。其地貌属长白山系龙岗余脉的延伸部分，受第四季冰川的作用形成了起伏连绵挺拔峻峭的冰川地貌景观，原始森林和天然奇峰异石为猴石森林公园主要景观。景区内有林海行舟、骆驼回头、天成弥勒大佛和我国目前最长最窄的夹扁石等40多处崖石及人文景观，集雄、奇、险、秀、幽于一山，为国家AAAA级旅游景区。

（六）红河峡谷漂流景区

位于抚顺市清原满族自治县红河谷国家森林公园内，以其原始性、刺激性、参与性、大众性等几大独有特征，被誉为“中国北方第一漂”。红河峡谷漂流位于红河谷国家森林公园内，地处长白山余脉的原始林区，经河水多年切割而形成的“U”字形峡谷，素有“东北小三峡”之称。峡谷内河水丰盈清澈，两岸森林茂盛。沿途有迎客壁、鸡冠岩、老艄、龙门跳、上山虎、双龙艄、神龟送客、双乳峰等天然景点，为国家AAAA级景区。

三、本溪游览区

（一）本溪水洞

本溪水洞风景名胜区位于辽宁省本溪市东郊，是目前发现的世界第一长的地下充水溶洞。被誉为“北国一宝”“天下奇观”“亚洲一流”“世界罕见”。

本溪水洞风景名胜区以水洞为中心，包括温泉寺、庙后山、关门山、汤沟和铁刹山五处重要景点，是集山、水、洞、湖、林等自然景观和寺庙、古人类遗址等人文景观于一体的风景名胜区。水洞地下暗河全长2800米，面积3.6万平方米，空间40余万立方米。最开阔处高38米、宽50米，洞内水流终年不竭。河道曲折蜿蜒，“三峡”“九湾”清澈见底，故名“九曲银河”。银河两岸石笋林立，千姿百态、光怪陆离，沿河百余处景点各具特色。洞内空气畅通，常年恒温 10℃，四季如春。洞外长廊、湖泊、亭台、水榭构成一幅美丽的画卷。

（二）五女山山城

位于本溪市桓仁县县城东北 8.5 公里的五女山上，是史料中记载的高句丽第一代王城“纥升骨城”的部分遗址。五女山山城依山势而建，呈不规则的楔形，南北长 1540 米，东西宽 350 ~ 550 米，分山腰的外城和山顶的内城两部分。山城东、西、北三面都是百尺峭壁，南面是险峻的陡坡，地形易守难攻。目前城内主要发现了 3 处大型建筑遗址以及城墙、哨所、兵营、蓄水池等遗址。五女山山城作为高句丽的早期都城，在东北地区历史以及高句丽民族历史研究中，有十分重要的历史价值。

（三）关门山国家森林公园

关门山位于本溪市南部，自古就有“东北黄山”“东北桂林”之美誉，因双峰对峙，一阔一窄，一大一小，其状如门，故称关门山。公园景色有五美：山美，山峰奇峭，拔地而起，峰顶松姿绰约，怪石林立，宛若天造地设的巨型盆景。水美，关门山水库碧波荡漾，两岸青山倒映，摇桨划船，其乐无穷。树美，关门山树木繁多，千枝竞秀，尤以枫林秋色而闻名。花美，天女木兰花和山杜鹃漫山遍野，芬芳宜人。云美，云、山、美、雾浑然一体，分外妖娆，近年轻雾缭绕，扑朔迷离；远处云蒸霞蔚，纤云弄巧；山峰若隐若现，妩媚含羞。

四、丹东游览区

（一）鸭绿江风景名胜区

位于鸭绿江中下游丹东市境内，东起浑江口，西至大东港，与朝鲜碧潼、清水、义州、新义州隔江相望。鸭绿江风景名胜区由绿江景区、水丰景区、太平湾景区、虎山景区、大桥景区、江口景区组成，全长 210 公里，面积 420 平方公里，绚丽多彩的自然景观和丰富的人文景观使其独具特色。

（二）凤凰山国家风景名胜区

位于丹东凤城市郊，距市中心仅 3 公里，南与朝鲜妙香山相望，北与本溪水洞呼应，是国家级风景名胜区、国家 AAAA 级旅游景区。凤凰山自古就有“辽东第一山”的美誉。凤凰山最高峰为攒云峰，海拔 836 米，现已建成西山景区、东山景区。凤凰山是以自然景观为主，历史文化古迹、边塞田园风光、风俗民情为辅的山岳型风景名胜区，融“泰山之雄伟，华山之险峻，庐山之幽静，黄山之奇特，峨眉之秀美”为一体，素以“雄伟险峻，泉洞清幽，花木奇异，四季景秀”的自然美著称于世。

五、鞍山游览区

（一）千山风景名胜区

在鞍山市东南，古称积翠山，因山峰近千，又名千华山、千顶山、千朵莲花山，素有“东北明珠”之誉。它与长白山、医巫闾山并称为“东北三大名山”。千山南临渤海，北接长白，群峰拔地，以峰秀、石俏、谷幽、庙古、佛高、松奇、花盛而著称，奇峰、怪石、苍松、梨花是千山的四大自然景观。著名山峰就有仙人台、五佛顶、莲花、狮子、卧象、金刚等110座；怪石嶙峋，卧龙石、寿星石、巨人石若鸟兽人形，合心石、夹扁石、钟鼓石似天工巧成，特别是击之能发出木鱼声的木鱼石更是称奇天下；松柏苍翠，林木茂盛，百年以上古松万余株，“松涛涨壑千岩响”“连云松海拍天浪”；繁花似锦，梨花尤盛，每逢梨花盛开的5月，千山万壑一片雪白，香气袭人。千山历史文化悠久，名胜古迹繁多，由于佛道两教共居一山而形成“古刹隐山林，道观筑谷间”，九宫、八观、五大禅林、十二茅庵闻名遐迩。

（二）玉佛苑

坐落于玉佛山风景名胜区的核心景区内，占地面积27万平方米，因供奉世界最大玉佛而享誉海内外，是集宫殿、庙宇园林建筑风格为一体的巧筑奇构。以玉佛阁为主体，由钟楼、鼓楼、三洞式山门、玉带桥、荷花池、花果岛等组成，主体玉佛阁气势恢宏、金碧辉煌，殿内的“释迦牟尼－渡海观音”玉佛重260.76吨，七色一体，色彩斑斓，雕琢细腻，光泽瑰丽。

（三）汤岗子温泉旅游度假区

位于鞍山市南郊12公里处，被誉为“亚洲著名温泉”和“亚洲第一泥”，汤岗子温泉每天涌出的泉水约有1000吨，水温高达72℃，泉水无色无味，清澄透明，富含20种元素，如钾、钠、镁、硫、铝、氯、氡等。其中，最具医疗价值的是微弱放射性惰性气体之一的氡。这些泉水，饮用可起到健胃、增进食欲的疗效；沐浴，可令皮肤润滑，头发发亮，关节活络，周身通泰，特别是对关节炎有特殊的疗效。

六、旅顺旅游区

（一）蛇岛

位于旅顺口区西北部的渤海中，距陆地最近处7海里。主峰海拔216.9米，四面多悬崖峭壁，岩石裸露，唯东南角有一片卵石滩。岛上坡陡沟深，土层深厚，结构疏松，天然岩缝和岩洞较多，成为蝮蛇栖息的良好环境。遍岛植物繁盛，达200余种。在林丛、石穴、山梁、阴谷等处，活动着1.8万余条单一品种的蝮蛇，学名黑眉蝮蛇，是我国宝贵的野生动物资源，在医药和科学研究上具有重要价值。

（二）潜艇博物馆

位于旅顺军港风景秀丽的黄金山海岸，是亚洲最大、中国第一的潜艇博物馆。馆内主要有：033型国产退役潜艇一艘；8500平方米的潜艇文化展示大楼，内设360°、270°大型潜艇巡航模拟馆两个；展示中国潜艇发展史、世界潜艇发展史的潜艇文化展厅和科普馆正在建设推进中。

（三）白玉山

矗立在旅顺港畔的白玉山是旅顺的象征，海拔 130 多米，此山原来叫西官山，清代开始经营旅顺港，李鸿章来旅顺视察，他说“有黄金（指对面黄金山）必有白玉”，从此改称白玉山。山顶有白玉山塔和高达 110 米的电视塔及海军兵器馆。白玉山有南北两条公路盘山而绕，在山的东坡，有一条 499 级的水泥台阶直达山顶，沿途有凉亭供游人休息，南麓有空中索道直达山顶。登上白玉山顶，美丽的旅顺港及新老市区全貌尽收眼底。白玉山的正南方是著名的旅顺军港，威武战舰待命港内。港口的左侧是著名的黄金山，右侧是老虎尾半岛。东南方为白银山，西南是辽东半岛的天然屏障老铁山。回首西望，太阳沟胜利塔上的红星、友谊塔上的白鸽，还有茂盛的龙柏松，都令人赏心悦目。

七、大连市游览区

（一）大连老虎滩海洋公园

位于大连市区南部，是一座集游览、娱乐、休闲、科普和购物于一体的现代化海洋主题公园。老虎滩海洋公园占地 118 万平方米，海岸线长 4 公里，是中国目前最大、内容最丰富、世界一流的现代化海滨游乐场所。老虎滩海洋公园有 5 个场馆：极地海洋动物馆（常说的老虎滩极地馆或老虎滩海洋馆）、欢乐剧场、海兽馆、珊瑚馆、鸟语林。老虎滩海洋公园里面的极地海洋动物馆从规模和档次上都是较高的，是大连唯一的国家 AAAAA 级旅游景点，也是白鲸、海豚表演项目最精彩的场馆。

1. 极地海洋动物馆

是我国的国家极地科普教育基地，同时经吉尼斯认证，它又是世界上目前建筑规模最大，展示极地动物品种最全、数量最多的极地馆。展示有海洋动物 11 类 100 多只，鱼类 200 余种 5000 多尾。极地海洋动物馆是一个浓缩的极地世界，走进极地海洋动物馆就像走进了极地。

2. 珊瑚馆

在极地海洋动物馆的地下，有一座亚洲最大的珊瑚馆，以展示珊瑚礁生物为主，是一座海洋生物馆。这座珊瑚馆通过声、光、影像等现代化高科技手段，完美地还原了海底世界的神奇与美丽，并使游客在不知不觉中接触到有关海洋的专业知识。

（二）金石滩国际旅游度假区

位于大连市区的东部，距老市区 58 公里。金石滩国际旅游度假区是国家重点风景名胜区，国家 AAAAA 级旅游景区，国家地质公园。金石滩国际旅游度假区三面环海，海岸线延绵 30 多公里，凝聚了 3 亿～ 9 亿年地质奇观，被称为“凝固的动物世界”“天然地质博物馆”，有“神力雕塑公园”之美誉。金石滩国际旅游度假区有四个旅游中心（绿色中心、蓝色中心、银色中心和彩色中心），是中国北方理想的海滨旅游度假胜地。

（三）星海广场

位于大连南部海滨风景区，是亚洲最大的城市广场，是大连市的城市标志之一。星海广场总占地面积 176 万平方米，是世界最大城市公用广场，外圈周长 2.5 公里，是北京天安门广场面积的 4 倍。广场中央设有全国最大的汉白玉华表，高 19.97 米，直径 1.997 米，以此纪念香港回归祖国，华表底座和柱身共饰有 9 条巨龙，寓意九州华夏儿女都是龙的传人。

（四）圣亚海洋世界

位于星海广场西侧、星海公园内，首批国家 AAAA 级旅游景区。圣亚海洋世界是由中国、新西兰联合投资近 1 亿元人民币建成的海底通道式水族馆，拥有至今仍是亚洲最长的海底通道。圣亚海洋世界以提供海洋生物和水下海景观赏为主，为世人开辟了一条通向海底之路，以丰富的展示手段和生动的水生环境造景，再现了海底的美丽与神奇，使人们在轻松愉悦的心情中，真正贴近海洋，了解关心海洋。

（五）大连俄罗斯风情街

地处大连市胜利桥西北，又称为团结街，保留了 38 栋原远东白俄罗斯时的建筑，已有百年历史，是中国第一条具有俄罗斯 19 ～ 20 世纪建筑风格的街道。该街以欧式风格建筑为主，经营俄罗斯餐厅、夜总会、酒吧、旅游工艺品、纪念品店等，另外还有用蜡像塑造的 20 世纪 30 年代白俄罗斯远东总督等行政官员当时在大连地区办公、生产等情境，以及运用俄式风情马车等娱乐设施，开展特色旅游活动。

八、锦州市游览区

（一）笔架山风景区

位于锦州市太和区滨海大街，以笔架山岛和“天桥”为主要景点，分为岛上游览、海上观光、岸边娱乐、沙滩海浴和度假休养五个区域。总面积 8 平方公里，其中陆地面积 4.72 平方公里，海域面积 3.28 平方公里。从海岸到笔架山岛有一条长 1620 米，高出海滩的砂石路，人曰“天桥”，天桥平坦径直，把海岸和山岛连在一起，像一条蛟龙随着潮涨潮落而时隐时现，神奇绝妙，堪称“天下一绝”。

（二）医巫闾山

古称于微闾、无虑山，地处今锦州市境内，为国家级自然保护区。自隋开始，此山便成为“北镇”的“五大镇山”，它以悠久、博深的历史文化和秀丽、奇特的自然风光而享誉国内外。闾山分北部、中部、南部、东部四个主要游览区，主要景点有北镇庙、圣水桥、鱼池、观音阁、四角亭、旷观亭、蓬莱仙境、莲花石、望海寺、万年松、名山、老爷阁、风井、桃花洞、白云关、游目天表等。

九、葫芦岛市游览区

（一）菊花岛

位于兴城市东南，又名觉华岛，是辽东湾最大的岛屿，与古城、温泉并称“兴城三宝”，是兴城市不可或缺的城、泉、山、海、岛五大景观之一。菊花岛山石秀美、古树参天，南有张家山岛和杨家山岛，北有磨盘山，一大三小相映成趣。名胜古迹众多，素有“北方佛岛”之称。著名的景点有辽代大龙宫寺、明代大悲阁、海云寺、石佛寺、八角井、唐王洞等。

（二）兴城海滨

在兴城市城东南 8 公里处，是一个水质洁净、坡缓沙细、长约 1500 米天然的半月形海湾，为国家级风景名胜区。海滨浴场绵延 14 公里，沙细滩缓，潮稳波清，建有 4 个海滨浴场。兴城海滨浴场内无暗礁，岸边沙滩细软洁白，晶莹如玉，海水深浅适宜，清澈见底，海岸地势开阔，绿树掩映，是我国北方优质的海滨浴场。

（三）兴城古城

位于兴城市老城区中心。兴城古城始建于明宣德三年（1428 年），明天启三年（1623 年）经明右副都御史袁崇焕复修。古城略呈正方形，城墙周长 3274 米，高 8.88 米，底宽 6.5 米，顶宽 5 米。墙顶外沿筑垛口，内修女儿墙。城墙基础砌青色条石，外砌大块青砖，内垒巨型块石，中间夹夯黄土。城墙四面正中各设有城门一座，城的正中心是钟鼓楼，重檐高耸，气势巍峨。在钟鼓楼与南城门之间，是著名的明代商业街。古城内东南隅，有一座已有 560 年历史的文庙，为奉祀孔子所建。各城门上修筑高耸的箭楼，各门内侧沿城墙修有蹬道，四角高筑炮台，突出于城角。城内还有祖氏石坊、城隍庙、将军府、周家住宅等。

（四）九门口长城

位于绥中县境内，九门口古名“一片石关”，号称“京东首关”，始建于明洪武十四年（1381 年）。九门口长城全长 1704 米，因其城桥下有九个泄水城门而得名。其南端起于危峰绝壁间，与自山海关方向而来的长城相接，依山势起伏盘旋升腾，九道水门横跨两山之间，建筑结构独特，防御设施密集，形成“城在水上走，水在城下流”之势，享有“水上长城”的美誉。

十、盘锦旅游区

盘锦旅游区的主要旅游点是红海滩风景区。红海滩风景区位于辽宁省盘锦市大洼县，渤海湾东北部，辽河三角洲湿地内，属于湿地生态旅游景区，是国家 AAAA 级景区。它以全球保存最完好、规模最大的湿地资源为背景，以举世罕见的红海滩、世界最大的芦苇荡为依托，是自然环境与人文景观的完美结合，是集游览、观光、休闲、度假为一体的综合型绿色生态旅游景区，包括红海滩、月牙湾湿地、苇海观鹤三个景点。

[任务训练]

以小组的形式，通过教材或其他方式了解吉林旅游景点，获得旅游景点信息，选出小组最喜欢的旅游景点。每组选出 1 名同学代表小组阐述任务完成的过程，讲解选出的旅游景点。

［任务评价］

表2－4－1　辽宁旅游区任务训练评价

评价指标	评价分值											
	自我评价				组间评价				教师评价			
	A	B	C	D	A	B	C	D	A	B	C	D
景点把握												
推荐理由												
阐述过程												
讲解水平												
团队合作												
总体印象												

A：优秀　B：良好　C：一般　D：欠佳

［单元练习］

模拟训练

模拟场景：2016年8月2日，风云旅行社前台接待员小李接待了一位从事教师职业的40岁左右的中年男子，客人想在暑假期间去黑吉辽旅游区旅游，让小李推荐值得游玩的地方。

角色：小组成员分别扮演前台接待员、游客。

要求：作为风云旅行社前台接待员小李，规范完成对这位从事教师职业的40岁左右的中年男子暑假期间去黑吉辽旅游区旅游的接待任务。

根据情景表演，按照以下要求，做好组间互评，听取老师的建议。

表2－4－2　模拟训练评价

评价项目	评价内容	组间互评				教师建议			
		A	B	C	D	A	B	C	D
旅行社前台接待人员仪容仪表	着装整洁大方得体，仪容仪表规范								
旅行社前台接待人员礼仪规范	服务礼貌用语规范，规范运用态势语言								
接待人员对旅游景点介绍	推荐最佳旅游线路、经典景点								
	选择最佳介绍方法								
	突出核心介绍内容								
通用能力	与顾客之间的有效沟通								
	语言表达能力、应变能力								
努力方向：									

A：优秀　B：良好　C：一般　D：欠佳

单元三　皇都名城、现代都市、燕赵文化游
——京津冀旅游区

任务一　京津冀旅游区旅游特色

本旅游区包括北京、天津、河北一省二市，处于华北平原北部，地理位置优越，东临渤海，西依太行山，南接中原，北连内蒙古高原，首都北京是本旅游区所依托的中心城市。本旅游区自然资源类型齐全多样，历史文化悠久，人文旅游资源荟萃，皇都名城、燕赵文化特色鲜明，现代都市经济繁荣，交通发达，是全国政治、经济、文化和国际交往中心，在我国旅游业中居于重要位置。

◆【任务目标】

根据本区的旅游特色，推荐本区旅游主题。

◆【任务分析】

要想推荐本区的旅游主题，首先要了解本区的地理环境，掌握本区旅游景观特色，了解本区特色旅游资源的类型、功能及成因。

◆【知识准备】

一、地貌类型复杂齐全

本区地貌复杂多样、类型齐全，是全国唯一兼有高原、山地、丘陵、平原、盆地、河流、湖泊、海滨基本地貌类型的地区。本区依山临海，平原广阔，在高原向平原过渡的地带，丘陵山地起伏垂直变化明显。从西北向东南，宛如三级阶梯，构成了排列有序的坝上高原、山地、平原三大地貌。丰富的地貌类型使本区的自然旅游资源具有较高的游览、观赏价值。

二、自然景观特色鲜明

本区拥有丰富多彩、特色鲜明的自然旅游资源，北部的坝上高原平均海拔1200～1500米，地势高耸、起伏和缓，尤以皇家猎苑——木兰围场著称。居华北平原北部的燕山山脉及西部的太行山脉，形成该地区环绕的山地屏障，在山地与山麓平原的相接处，地形变化

多样，小气候条件好，植被茂密，自然景观层次丰富。山有山的气势，水有水的婀娜，流经该区的海河、滦河形成各具特色的两河风光，白洋淀等湖泊如珍珠散落于该区，北京玉泉等名泉泉水淙淙、林木茂密、环境清幽，秦皇岛的北戴河、南戴河、昌黎黄金海岸都已成为我国著名的避暑度假胜地。

三、京畿要地古都新韵

本区历史悠久、文化灿烂，孕育了无数的历史名胜和文物古迹，也造就了众多的历史文化名城。我国129座历史文化名城中有7座位于本地区。早在69万年前，北京猿人在这里繁衍生息，周口店北京人遗址是世界上最具代表性、资料最丰富、最完整的古人类遗址。京畿系指北京为核心的天津、河北一带，北京具有700多年的都城历史。人类建筑史上的伟大奇迹——长城在本地区留存众多，其中八达岭长城、慕田峪长城、金山岭长城、山海关长城是国内外游客向往之地。古都北京的建筑规模宏大、气势雄伟、布局严谨，故宫是我国规模最大、保存最完整的古代宫殿建筑群。此外承德避暑山庄、明清皇家陵寝等世界文化遗产，也都令人叹为观止。从远古时期的古人类遗存到晚清政府的灭亡，中国历史上各个时期的发展片段在本区都有所反映。

四、燕赵文化一枝独秀

本区独特的地理环境下孕育形成的燕赵文化，无论从武术到地方戏曲，从民间艺术到风情民俗，都体现了其粗犷、豪放、激越、慷慨的雄风侠骨。金、元杂剧先盛行于此而后传入吴越之地，涌现出关汉卿、王实甫等戏剧家，形成独具燕赵风韵的戏剧——评剧、河北梆子。除独具魅力的戏剧外，燕赵大地还是中华武术的摇篮和发祥地之一，自春秋战国以来，这里尚武成风，名将辈出。战国时期的乐毅、廉颇，东汉后期的刘备、张飞、赵云，宋太祖赵匡胤，都是这一地域人士。精英荟萃的沧州武术、博大精深的永年杨氏太极拳在中华武术中占有重要地位。此外，本地区民间艺术丰富多彩，吴桥杂技、唐山皮影、昌黎地秧歌、徐水狮子舞、沧州木板大鼓等民间艺术享誉中外。现代，北京作为祖国心脏，都市风貌繁盛可喜，亚运村、鸟巢、水立方、三里屯、秀水街、中关村广场等都是首都新貌的体现。天津作为北方综合工、商业城市，沿海对外开放城市和自由贸易试验区，现代大都市风貌明显。河北石家庄、唐山、邯郸等一批区域中心城市也具有一定的现代大都市风貌。

五、旅游商品备受青睐

本区深厚的历史文化底蕴，独特的地理地貌，形成了丰富多彩的旅游商品，拥有众多的土特产品。有著名的传统特色工艺品，如北京景泰蓝、天津杨柳青年画、泥人张彩塑、河北内画壶、唐山瓷器等深受游客喜爱；有种类众多的风物特产，如河北鸭梨、沧州金丝小枣等享誉中外；此外还有风味独特的美食佳肴，如北京烤鸭、北京涮羊肉、天津狗不理包子、承德塞外宫廷菜等，丰富多彩的旅游商品使该区旅游锦上添花。

[任务训练]

表3－1－1　京津冀旅游区旅游主题

名称	推荐理由	根据主题推荐的旅游景区或景点

[任务评价]

表3－1－2　京津冀旅游区旅游主题任务评价

评价指标	评价分值											
	自我评价				组间评价				教师评价			
	A	B	C	D	A	B	C	D	A	B	C	D
主题准确、鲜明												
推荐理由合理												
景点把握熟练												
团队合作												
总体印象												

A：优秀　B：良好　C：一般　D：欠佳

任务二 北京旅游区

北京市简称京，是中华人民共和国的首都，中国四个直辖市之一，全国政治、文化中心和国际交流的枢纽。北京西拥太行，北枕燕山，东临渤海，西南敞向华北平原，是连接我国东北、西北和中原地区的枢纽，是南北往来的交通要冲。从地图上看，北京像一朵鲜花盛开在祖国的心脏，向世人展示着其悠久的历史及灿烂的文化。北京是一座3000余年的历史古都，是中国著名的六大古都之一，总面积1.64万平方公里。北京是首批国家历史文化名城和世界上拥有世界文化遗产数量最多的城市，3000多年的历史孕育了故宫、天坛、八达岭长城、颐和园等众多名胜古迹。2015年7月31日，国际奥委会主席巴赫宣布北京携手张家口获得2022年冬季奥林匹克运动会的举办权。北京由此成为全球首个既举办过夏季奥运会又即将举办冬季奥运会的城市，使北京这座现代文明的东方古都更成为举世瞩目的焦点，为北京旅游开创了新的发展空间。北京以其独特的风格与内涵，向国内外游客展示着自身的独特魅力。

◆【任务目标】

1. 学生自行寻找北京旅游区游览图，根据下面旅游行程线路，在图中标注旅游线路。

北京古城新韵之旅5日游：

D1: 颐和园、圆明园；

D2: 故宫、天坛、天安门广场；

D3: 雍和宫、鸟巢、水立方；

D4: 八达岭长城；

D5: 明十三陵。

2. 根据北京旅游区游览图，了解北京旅游区的主要旅游景区景点。

◆【任务分析】

要想了解北京旅游区的主要旅游景区景点，首先要了解北京旅游区的旅游特色，掌握北京旅游景区景点分布情况，熟悉各旅游景区景点的特点。

◆【知识准备】

一、城区历史古迹游览区

城区历史古迹旅游区，是指位于北京市中心城区之内的以悠久历史和文化底蕴等作为旅游吸引物的旅游景区。

（一）故宫

故宫，又名紫禁城，位于北京市中心，是明清两代（1368～1911年）的皇宫，现为“故宫博物院”。故宫是世界上现存最大、最完整的古代宫殿建筑群。故宫始建于明永乐四年（1406年），于明永乐十八年（1420年）建成，距今已有600多年的历史，曾经有明、清两个朝代24位皇帝在这里执政。故宫宫殿建筑规划严整、气势雄伟、豪华壮丽，是中国古代建筑艺术的精华。

故宫规模宏大，占地72万平方米，建筑面积约15万平方米，四面环绕着高10米、长3400米的宫墙，城墙上开有4门，南有午门，北有神武门，东有东华门，西有西华门。城墙四角还耸立着4座角楼，角楼有3层屋檐、72个屋脊，墙外有一条宽52米的护城河。依照中国古代星象学说位于中天，乃天帝所居，天人对应，是以皇帝的居所又称紫禁城。故宫总体布局严谨，秩序井然，寸砖片瓦皆遵循着封建等级礼制，映现出帝王至高无上的权威。

为了突出帝王至高无上的权威，故宫有一条从午门、三大殿、后三宫直达御花园的贯穿宫城南北的中轴线。在这条中轴线上，故宫的建筑依据其布局与功用分为“外朝”与“内廷”两大部分，以乾清门为界，乾清门以南为外朝，以北为内廷。故宫外朝、内廷的建筑风格迥然不同。外朝以太和殿、中和殿、保和殿三大殿为中心，其中三大殿中的太和殿俗称“金銮殿”，是封建皇帝行使权力、举行盛典的地方。太和殿红墙黄瓦、朱楹金扉，在阳光下金碧辉煌，是故宫最壮观的建筑，也是中国最大的木构殿宇。中和殿是皇帝去太和殿大典之前休息，并接受执事官员朝拜的地方。保和殿于明清两代用途不同，明代大典前皇帝常在此更衣，册立皇后、太子时，皇帝在此殿受贺。清代每年除夕、正月十五，皇帝在此赐宴外藩、王公及一二品大臣。这里也是科举考试举行殿试的地方。此外两翼东有文华殿、西有武英殿等建筑。内廷以乾清宫、交泰殿、坤宁宫后三宫为中心，两翼为东六宫和西六宫，后有御花园，是封建帝王与后妃居住、游玩之所，御花园内以钦安殿为中心，点缀着高耸的松柏、珍贵的花木、山石和亭阁，富有皇家庭院的气魄。

故宫是我国最大的国家博物院，也是我国最大的古代文化艺术博物馆，藏有大量珍贵文物，据统计共有文物100余万件，占全国文物总数的1/6。故宫于1987年被联合国教科文组织列入《世界遗产名录》，现为国家AAAAA级旅游景区。

（二）天坛

天坛地处原北京外城的东南部，始建于明朝永乐十八年（1420年），占地272万平方米，整个面积比紫禁城（故宫）还大些，是我国现存最大的一处坛庙建筑，是明、清两朝皇帝“祭天”“祈谷”的场所。天坛有两重垣墙，分为内坛、外坛两部分，坛墙北呈圆形，南为方形，象征“天圆地方”。主要建筑有祈年殿、皇穹宇、圜丘坛，它们依次排列在南北向的一条中轴线上，全部殿宇、坛基都朝南且呈圆形，以象征天，构成一幅完整的富有美感的布局。

圜丘坛位于天坛的南部，是皇帝于冬至日举行祭天大典的地方，圜丘坛是一座由汉白玉雕栏围护的雕砌的三层石造露天圆台，坛面铺艾叶青石，汉白玉栏板、栏柱雕成，两道外方里圆的围墙象征着“天圆地方”。圜丘坛的整个结构是对数学的巧妙运用，坛面、台阶、栏杆的石制构件，都取九或九的倍数，即阳数，用以象征天，还暗含“九五之尊”的寓意。坛中心的圆形石板，叫天心石，站在上面高喊或发出敲击声，周围即起回音，自己听起来声音很大，好似一呼百应。

祈年殿是皇帝祈求五谷丰登的场所。祈年殿为圆形，高38米，直径32.7米，三重蓝琉璃瓦圆形屋檐，镏金攒尖宝顶，因为天是蓝色，以此象征天。祈年殿由28根楠木大柱支撑，柱子环转排列，中间4根龙井柱，支撑上层屋檐，象征一年四季春、夏、秋、冬；中间12根金柱支撑第二层屋檐，象征一年十二月；外围12根檐柱支撑第三层屋檐，象征一天十二时辰。中层和外层相加共24根，象征一年二十四节气。三层总共28根象征天上二十八宿。再加上柱顶端的八根童柱，总共36根大柱象征三十六天罡。宝顶下的雷公柱则象征皇帝的“一统天下”。

天坛集明、清建筑之大成，是中国古建珍品，也是物化了的古代哲学思想，是全国重点文物保护单位，并于1998年被联合国教科文组织列入《世界遗产名录》，现为国家AAAAA级旅游景区。

（三）现代中国的象征——天安门

天安门位于北京城的传统的中轴线上，始建于明永乐十五年（1417年）。原名承天门，以示皇帝“承天启运，受命于天”。清顺治八年（1651年）重建后，改称天安门，既包含了皇帝是替天行使权力理应万世至尊的意旨，又寓有“外安内和，长治久安”的含义。天安门总高33.7米，最下面是汉白玉石的须弥座，座上为高10多米的红色墩台，以每块重达43千克的大砖砌成。墩台上的城楼大殿东西宽九间、南北深五间，用九、五之数，是取帝王为“九五之尊”，至高无上的含义。明清的皇帝们一般都在天安门颁布重要诏令，称为“金凤颁诏”。此外皇帝大婚、将领出征时祭旗、御驾亲征时祭路、刑部在秋天提审要犯（“秋审”）、殿试公布“三甲”（“金殿传胪”）等重大仪式也都在此举行。1949年10月1日，毛主席率领党、政、军和各民主党派、群众团体的负责人登上天安门城楼，向全世界宣告中华人民共和国成立，天安门城楼也就成为亿万中国人民心目中的圣地。天安门已经成为现代中国的象征，并被设计入国徽。

（四）颐和园

颐和园位于北京西北郊的海淀区，距北京城区15公里，占地约290万平方米，是我国四大名园（另三座为承德避暑山庄、苏州拙政园、苏州留园）之一。颐和园原是清朝帝王的行宫和花园，乾隆十五年（1750年），乾隆皇帝动用448万两白银在这里将“瓮山泊”改建为清漪园。咸丰十年（1860年），清漪园被英法联军焚毁。光绪十四年（1888年），慈禧太后以筹措海军经费的名义动用600万两白银，由样式雷的第七代传人雷廷昌主持重建，改称颐和园，作消夏游乐地。光绪二十六年（1900年），颐和园又遭“八国联军”破坏，许多珍宝被劫掠一空。光绪二十九年（1903年）修复。

颐和园集传统造园艺术之大成，万寿山、昆明湖构成其基本框架，借景周围的山水环境，饱含中国皇家园林的恢宏富丽气势，又充满自然之趣，高度体现了“虽由人作，宛自天开”的造园准则。颐和园亭台、长廊、殿堂、庙宇和小桥等人工景观与自然山峦和开阔的湖面相互和谐、艺术地融为一体，园中有景点建筑物百余座、大小院落20余处，共有亭、台、楼、阁、廊、榭等不同形式的建筑3000多间，古树名木1600余株。整个园林艺术构思巧妙，是集中国园林建筑艺术之大成的杰作，在中外园林艺术史上地位显著。园中主要景点大致分为三个区域：以庄重威严的仁寿殿为代表的政治活动区，是清朝末期慈禧与光绪从事内政、外交政治活动的主要场所；以乐寿堂、玉澜堂、宜芸馆等庭院为代表的生活区，是慈禧、光绪及后妃居住的地方；以万寿山和昆明湖等组成的风景游览区，是供帝后们休闲娱乐的场所。游览区融山水、建筑、花木于一体，佛香阁是全园的建筑中心，居山面水、金碧高耸；昆明湖旖旎动人，浩渺烟波中神山仙岛鼎足而立；十七孔桥宛若飞虹跨向绿水中央。后山后湖、松涛阵阵，买卖宫市、酒旗临风。宫阙巍峨、山水辉映，更以西山、玉泉群峰为借景，其构思之巧妙、建筑之精湛，集中国园林艺术之大成，有“皇家园林博物馆之称”。1998年11月，颐和园被联合国教科文组织列入《世界遗产名录》。2007年5月8日，颐和园经国家旅游局正式批准为国家AAAAA级旅游景区。

（五）圆明园遗址公园

圆明园是清朝帝王用150余年时间修建的一座大型皇家宫苑。

历史上的圆明园由圆明园、长春园、绮春园（万春园）三园组成，三园毗邻，通称圆明园。有园林风景百余处，建筑面积逾16万平方米，雍正、乾隆、嘉庆、道光、咸丰五位皇帝，都曾常年居住在圆明园悠游享乐，并于此举行朝会，处理政事。它与紫禁城（故宫）同为全国的政治中心，被清帝称为“御园”，当时悬挂匾额的主要园林建筑约600座，实为古今中外皇家园林之冠，被誉为“园中之园”。 咸丰十年（1860年），圆明园遭到英法联军的洗劫和焚毁，此事件成为中国近代史上一页屈辱史。此后又长期遭到官僚、军阀、官商的巧取豪夺，一代名园就此成为一片废墟。

（六）雍和宫

雍和宫位于北京市区东北安定门区内，是北京市规模最大、保存最完好的藏传佛教（黄教）寺院。雍和宫南北长约400米，占地约6万平方米。殿宇雄伟、楼阁巍峨，既有金碧辉煌的宫殿建筑，又有庄严肃穆的古刹气氛。

雍和宫初建于清康熙三十三年（1694年），曾是康熙皇帝四子胤禛的亲王府，雍正继位后，将其中一半改为黄教上院，一半作为皇帝行宫，后行宫遭火焚毁。雍正三年（1725年），把上院改为行宫，赐名雍和宫。乾隆皇帝诞生于此，乾隆九年（1744年）雍和宫正式改为喇嘛庙，成为清政府管理全国喇嘛教事务的中心。

雍和宫规模宏大，整个寺庙分为东、中、西三路，具有将汉、满、蒙古、藏等的民族建筑风格融为一体的独特艺术风格。中路位于南北中轴线上，由5座高大雄伟的建筑组成，自南而北依次为牌楼院、昭泰门、天王殿、正殿、永佑殿、法轮殿、万福阁，每进院落两侧又有东西配殿、四学殿、药师殿、翼楼等附属建筑。著名的雍和宫木雕三绝包括：一是位于法轮殿内的五百罗汉山，高近 5 米，全部由紫檀木精细雕镂而成，遍布山中的五百罗汉用金、银、铜、铁、锡五种金属制成，或坐或立，或动或静，真是姿态百出、惟妙惟肖。二是位于全宫最高的建筑万福阁之内的弥勒佛巨像，高 18 米，加上埋在地下的 8 米，通高 26 米，这尊巨佛是用一棵名贵的白檀树的主干雕成的，佛像方脸浓眉、袒胸露腹，全身贴满金箔，头戴嵌宝金冠。三是位于万佛阁前东配殿照佛楼内的金丝楠木佛龛，采用透雕手法，共有 99 条云龙，条条栩栩如生。

雍和宫保存有大量的佛教文物和资料，有藏传佛教博物馆之称，达赖、班禅都曾来这里讲经说法，是全国重点文物保护单位。

（七）白云观

位于北京西城区西便门外，是北京市最著名的道教庙宇，也是道教全真派的祖庭。白云观的建筑基本按照中国传统的中轴线对称布局，在中轴线上，依次分布着照壁、牌楼、山门、窝风桥、财神殿、玉皇殿、邱祖殿和三清四御殿等十几座殿宇，配殿、廊庑分列中轴两旁。明版《正统道藏》、唐石雕老子坐像及元大书法家赵孟頫的《松雪道德经》石刻和《阴符经》附刻为白云观“三宝”。

（八）香山公园

位于北京西郊，地势险峻，苍翠连绵，是一座具有山林特色的皇家园林。景区内主峰香炉峰俗称“鬼见愁”，海拔 557 米，顶有一块巨大的乳峰石，形状像香炉，晨昏之际，云雾缭绕，远远望去，犹如炉中香烟袅袅上升，故名香炉山，简称香山。主要景点有明清两代建筑风格的寺院——碧云寺、国内仅存的木质贴金——五百罗汉堂、迎接六世班禅的行宫——宗镜大昭之庙、颇具江南特色的古雅庭院——见心斋、毛泽东和中共中央进驻北平最早居住和办公的地方——双清别墅、孙中山先生灵柩暂厝地——碧云寺金刚宝座塔、碧云寺孙中山纪念堂及孙中山衣冠冢。香山红叶最是闻名，每逢霜秋，遍山黄栌，如火如荼，瑰丽无比。

二、都市新景观游览区

都市新景观旅游区是指位于北京市城区内的以都市景观、都市文化氛围等作为旅游吸引物的旅游景区。

（一）国家体育场——“鸟巢”

国家体育场（俗称“鸟巢”），位于北京奥林匹克公园中心区南部，是 2008 年第 29 届北京奥林匹克运动会的主体育场。奥运会期间承担举行奥运会、残奥会开闭幕式、田径比赛及足球比赛决赛，能容纳观众 10 万人。奥运会后成为北京市民广泛参与体育活动及享受体育娱乐的大型专业场所，并成为具有地标性的体育建筑和奥运遗产。

国家体育场由 2001 年普利兹克奖获得者赫尔佐格、德梅隆与中国建筑师李兴刚合作完成，形态如同孕育生命的“巢”。“鸟巢”外形结构主要由巨大的门式钢架组成，共有 24 根桁架柱，顶面呈鞍形。南北长 333 米，东西宽 296 米，最高点高度为 69 米。“鸟巢”设计中充分体现了人文关怀，碗状座席环抱着赛场的收拢结构，上下层之间错落有致，无论观众坐在哪个位置，和赛场中心点的距离都在 140 米左右。

许多建筑专家都认为，“鸟巢”不仅为 2008 年奥林匹克运动会竖立了一座独特的历史性的标志性建筑，而且在世界建筑发展史上也具有开创性意义。

（二）国家游泳中心——“水立方”

国家游泳中心（又被称为“水立方”）位于北京奥林匹克公园 B 区西侧，是北京为 2008 年夏季奥运会修建的主游泳馆，2008 年北京奥运会标志性建筑物之一。其与国家体育场分列于北京城市中轴线北端的两侧，共同形成相对完整的北京历史文化名城形象。

“水立方”的设计理念，融建筑设计与结构设计于一体，设计新颖，结构独特，与国家体育场比较协调。2008 年奥运会期间，国家游泳中心承担游泳、跳水、花样游泳等比赛，可容纳观众座席 17000 座，其中永久观众座席为 6000 座，奥运会期间增设临时性座位 11000 个。现已成为具有国际先进水平的，集游泳、运动、健身、休闲于一体的体育中心。

三、京郊环城游旅游区

京郊环城游旅游区，是指位于北京市中心城区之外（即北京的郊县、郊区）的，以自然风光和人文景观等旅游资源作为旅游吸引物的旅游景区。

（一）八达岭长城

八达岭长城位于北京市延庆区军都山中，自古以来就是通往山西、内蒙古、河北张家口的交通要道，史称天下九塞之一，是万里长城的精华，在明长城中，独具代表性。该段长城地势险峻，居高临下，是明代重要的军事关隘和首都北京的重要屏障。

八达岭层峦叠嶂，多险峰峻岭，历来是兵家必争之地。该段长城城关坚固，集巍峨险峻、秀丽苍翠于一体，成为护卫居庸关的前哨。八达岭长城可供游览地段达 3741 米，其中南段 1176 米、北段 2565 米，共有敌台 16 座。其城墙高大坚固，墙体平均高 7.8 米，基部全用重达半吨以上的花岗岩条石砌成，墙基厚约 6.4 米；墙上部由大城砖砌成，墙内夯泥土碎石，墙顶铺方砖，宽 5.8 米，可容五马并骑或十人同行。八达岭长城于 1987 年被联合国教科文组织列入《世界遗产名录》，现为国家 AAAAA 级景区。

（二）明十三陵

明十三陵坐落于北京西北郊昌平区境内的燕山山麓的天寿山，总面积 120 余平方公里，距离北京约 50 公里。明十三陵是明朝迁都北京后 13 位皇帝的墓葬群，埋葬了从明朝第三位皇帝成祖文皇帝朱棣到最后一位皇帝崇祯朱由检，其间 230 多年，先后葬入 13 位皇帝、23 位皇后、2 位太子、30 余名妃嫔、1 位太监，是世界上保存完整、埋葬皇帝最多的墓葬群。

十三陵地处东、西、北三面环山的小盆地之中，陵区周围群山环抱，中部为平原，陵前有小河曲折蜿蜒，山明水秀，景色宜人。十三座陵寝成扇面形分列于长陵左右，既是一个统一的整体，各陵又自成一个独立的单位，陵墓规格大同小异。其中最著名的是地面建筑宏伟的长陵和已发掘地宫的定陵。长陵位于天寿山主峰南麓，是明朝第三位皇帝成祖文皇帝朱棣（年号永乐）和皇后徐氏的合葬陵寝，在十三陵中建筑规模最大，营建时间最早，地面建筑保存最为完好，其平面布局呈前方后圆形状，主要建筑有祾恩门、祾恩殿、明楼、宝城等，楠木建筑的祾恩门和祾恩殿是明代陵寝中仅存的殿门建筑，规制宏阔，堪称我国古代建筑的瑰宝。定陵是明代第十三帝神宗显皇帝朱翊钧（年号万历）的陵墓，是目前十三陵中唯一被开发的地下宫殿，地下宫殿共出土各类随葬文物 3000 多件，其中有 4 件国宝：金冠、凤冠、夜明珠和明三彩。

明十三陵作为中国古代帝陵的杰出代表，展示了中国传统文化的丰富内涵。2003 年，明十三陵被联合国教科文组织列入《世界遗产名录》。

[任务训练]

以小组的形式，通过教材或其他方式了解北京旅游景点，获得旅游景点信息，选出小组最喜欢的旅游景点。每组选出 1 名同学代表小组阐述任务完成的过程，讲解选出的旅游景点。

[任务评价]

表3－2－1　北京旅游区任务训练评价

评价指标	评价分值											
	自我评价				组间评价				教师评价			
	A	B	C	D	A	B	C	D	A	B	C	D
景点把握												
阐述过程												
讲解水平												
团队合作												
总体印象												

A：优秀　B：良好　C：一般　D：欠佳

任务三　天津旅游区

从地图上看，天津像一只颇有绅士风度的企鹅行走在华北平原的东北部。天津简称“津”，别名津沽、津门等。中华人民共和国直辖市、国家中心城市、特大城市、环渤海地区经济中心、首批沿海开放城市。“天津”这个名称最早出现在明朝永乐初年，意为天子经过的渡口，永乐二年（1404 年），天津筑城设卫，称“天津卫”。历经 600 余年，特别是近代百年，造就天津中西合璧、古今兼容的独特城市风貌，“近代百年看天津”，成为世人共识，素有“渤海明珠”之称。1989 年评选出的“津门十景”分别是“天塔旋云”“蓟北雄关”“三盘暮雨”“古刹晨钟”“海门古塞”“沽水流霞”“故里寻踪”“双城醉月”“龙潭浮翠”“中环彩练”，这些景观成为天津旅游景观的代表。

◆【任务目标】

1. 学生自行寻找天津旅游区游览图，根据下面旅游行程线路，在图中标注旅游线路。

天津都市休闲之旅 3 日游：

D1: 天津市：水上公园、古文化街、意式风情街；

D2: 蓟县：盘山、独乐寺；

D3: 蓟县：黄崖关长城。

2. 根据天津旅游区游览图，了解天津旅游区的主要旅游景区景点。

◆【任务分析】

要想了解天津旅游区的主要旅游景区景点，首先要了解天津旅游区的旅游特色，掌握天津旅游景区景点分布情况，熟悉各旅游景区景点的特点。

◆【知识准备】

一、天津市区游览区

（一）周恩来邓颖超纪念馆

位于天津水上公园北侧，占地面积 70000 平方米，建筑面积 13000 平方米，是一座园林式的伟人纪念馆。1976 年，周恩来逝世后，为了缅怀他的光辉业绩，中共天津市委、市人民政府报请中共中央批准，在他青年时代读书和从事社会活动的南开学校东楼建立了周恩来同志青年时代在津革命活动纪念馆，1978 年 3 月 5 日正式开放。1995 年，联合国教科文组织向该馆颁发了“国际科学与和平特别贡献奖”。1998 年 2 月 28 日，在周恩来诞辰 100 周年纪念日前夕周恩来邓颖超纪念馆隆重开馆。原周恩来青年时代在津革命活动纪念馆建制撤销，并入周恩来邓颖超纪念馆，原址移交南开中学。周恩来邓颖超纪念馆现为全国爱国主义教育示范基地、全国廉政教育基地和国家一级博物馆。

（二）水上公园

天津水上公园原称青龙潭，位于市区西南部，始建于1950年，面积为125公顷，1951年7月1日正式对游客开放，有北方小西子之称，是天津最大的公园，因其由东、西、南三大湖与11个岛屿组成，所以取名水上公园。1989年，在天津市“津门十景”的荐评活动中，水上公园以其极具天津个性与特色，极具永久的存在价值而引人入胜，极具优美意境，有景可看、有史可叙、有情可抒，极具环境和谐美等特色被天津市市民评为“津门十景”之一。

（三）古文化街旅游区

位于天津南开区东门外，海河西岸，北起老铁桥大街，南至水阁大街。南北街口各有牌坊一座，上书“津门故里”和“沽上艺苑”，全长680米，宽5米，系商业步行街。天津古文化街整体建筑为仿清民间式建筑风格，建筑风貌、店铺装修、匾额楹联以及所经营的商品都带有浓郁的艺术气息。除了天后宫，这里拥有距今600年天津最大的道教殿堂——玉皇阁，最具天津特色的四合院群落——通庆里，和中西合璧式的天津八大家之一的刘家大院。天后宫（妈祖庙）位于全街的中心。天后宫建于1326年，每年农历三月二十三日娘娘生日时，这里都会举行“皇会”，表演高跷、龙灯、旱船、狮子舞等，百戏云集，热闹非常。天后宫现已成为天津民俗博物馆，介绍天津的历史变革，陈列着各种民俗风情实物。

（四）天津意式风情街

位于天津市河北区，原意大利租界，由河北区五经路、河北区博爱道、河北区胜利路、河北区建国道这四条河北区的道路合围起来的四方形地区统称为意大利风情区，这里意大利风格的小洋楼成群，目前保存完整的欧洲建筑近200栋。在意大利老租界里，还有梁启超的饮冰室、曹禺故居、李叔同故居、袁世凯及冯国璋的府邸等。白天游人不多，很适合参观拍照。天津意式风情街以体现浓郁的意大利风情为宗旨，将风情区建设成为集旅游、商贸、休闲、娱乐和文博为一体的综合性多功能区。

（五）天津欢乐谷主题公园

天津欢乐谷主题公园占地面积35万平方米，坐落于天津市东丽湖湖畔。全园分为六大主题区：演艺中心、欢乐时光、海洋之心、维京海港、圣诞村、飞跃加勒比。全园拥有56项水陆两栖、老少皆宜的游乐设施，每日近90场艺术盛宴，以多元欢乐塑造一座全年欢乐之都、一个充满激情与浪漫的繁华都市开心地。

[知识链接]

津门三绝之一——“狗不理”包子

全国闻名的传统风味小吃——“狗不理”包子，其来历得追溯到100多年前的清朝同治年间。当年，有一个叫高贵有的孩子，14岁时从老家来到天津，当了刘家蒸食铺的小伙计。这家铺子专卖什锦蒸食和肉包，高贵有在店里专管做包子，因为他幼年性格很强，父母给他起了个“狗不理”的小名。他人小心灵，做出来的包子好吃，卖得很快，受到人们的称赞。他十六七岁时，利用所积攒的钱，在附近开起了包子铺，人家喊惯了他的小名“狗不理”，久而久之，就把他经营的包子叫“狗不理”包子了。当他20多岁时，慈禧太后吃了袁世凯送的“狗不理”包子，也派专人到天津去买，从此“狗不理”包子的名声就更大了。

二、蓟县游览区

（一）独乐寺旅游景区

俗称大佛寺，位于天津蓟县城内西大街，始建于唐贞观十年（636年），辽统和二年（984年）重建，是中国仅存的三大辽代寺院之一，为国务院1961年首批公布的全国重点文物保护单位。全寺建筑分为东、中、西三部分：东部、西部分别为僧房和行宫，中部是寺庙的主要建筑物，由山门、观音阁、东西配殿等组成。独乐寺的山门和观音阁为辽代建筑，其他都是明、清所建。山门上悬挂的“独乐寺”匾额相传是明朝官吏严嵩所题，山门屋顶为五脊四坡形，是我国现存最早的庑殿顶山门，檐出深远而曲缓，檐角如飞翼，表现出了中国建筑特有的艺术效果。独乐寺的主体建筑观音阁，是一座三层木结构的楼阁，因为第二层是暗室，且上无檐与第三层分隔，所以在外观上像是两层建筑，阁上的“观音之阁”匾额是唐朝著名诗人李白所题写的。阁高23米，是我国现存双层楼阁建筑中最高的一座。观音阁内，一尊塑于辽代、高16米的泥塑观音菩萨矗立中央，因其头上塑有十个小观音头像，故又称为“十一面观音”。只见观音面容丰润慈祥，仪态端庄，造型匀称，姿态优美，实为古代雕塑艺术的精华。

（二）盘山风景区

盘山风景区位于天津蓟县城西北12公里处，古名盘龙山，因它蜿蜒盘踞，“形无定向势如龙”，故名盘龙山。相传东汉末年，名士田畴不受献帝封赏，隐居于此山，因此人称田盘山，简称盘山。

盘山风景区以山深谷邃、怪石奇松、清泉秀木、寺庙古塔著称，犹如十里锦屏，巍然屹立于京东，被誉为“京东第一山”。盘山山势雄伟险峻，峰峦秀丽清幽，主峰挂月峰海拔864米，上锐下削，形似竹笋，峰巅有塔，名定光佛舍利塔。盘山尤以“上盘之松，中盘之石，下盘之水”著称，峰石各抱地势，竞相峥嵘。挂月峰如银钩挂在半空，九化峰像九朵莲花盛开，真可谓峰峰相依，峰峰各异。

盘山既是风景佳境，又是佛教圣地。盘山寺庙肇始魏晋，兴盛于唐，到明清两代，这里建起寺庙72座、宝塔13座，行宫、楼台比比皆是，景况空前，成为香火极旺的佛家圣地。

（三）黄崖关长城风景区

位于天津市蓟县最北端30公里处的东山上，初建于北齐，明代重修，为国家AAAA

级景区。黄崖关长城东有悬崖为屏，西以峭壁为依，楼台林立，关隘扼守水陆要冲，是比较完备的古代军事防御体系。景区包括黄崖关和太平寨，关城塞堡、敌台水关应有尽有，长城布局巧妙，集雄险奇秀于一身。

[任务训练]

以小组的形式，通过教材或其他方式了解天津旅游景点，获得旅游景点信息，选出小组最喜欢的旅游景点。每组选出 1 名同学代表小组阐述任务完成的过程，讲解选出的旅游景点。

[任务评价]

表3－3－1　天津旅游区任务训练评价

评价指标	评价分值											
	自我评价				组间评价				教师评价			
	A	B	C	D	A	B	C	D	A	B	C	D
景点把握												
阐述过程												
讲解水平												
团队合作												
总体印象												

A：优秀　B：良好　C：一般　D：欠佳

任务四　河北旅游区

河北，部分地区古属冀州，故简称冀，向来为京畿重地，河北在战国时期大部分属于赵国和燕国，所以又被称为燕赵之地。河北省辖 11 个地级市，省会石家庄。河北省位于华北平原北部，漳河以北，东临渤海、内环京津，东南部、南部衔山东、河南两省，西倚太行山与山西省为邻，西北与内蒙古自治区交界，东北部与辽宁接壤。全省地势由西北向东南倾斜，西北部为山区、丘陵和高原，其间分布有盆地和谷地，中部和东南部为广阔的平原。地貌复杂多样，高原、山地、丘陵、盆地、平原类型齐全，齐全的地形地貌和温和宜人的气候，造就了河北独特的自然风光。河北省是中国重要的旅游资源大省，文物古迹众多。早在 5000 多年前，中华民族的三大始祖黄帝、炎帝和蚩尤就是在河北由征战到融合，开创了中华文明史。元、明、清三朝定都北京，河北成了拱卫京师的畿辅之地。河北现有世界文化遗产3处，历史文化名城5座。主要景点有秦皇岛海滨、华北明珠白洋淀、燕山峻岭、坝上森林草原、承德避暑山庄和外八庙，以及清代帝王陵寝群清东陵和清西陵、金山岭长城等。

◆【任务目标】

1. 学生自行寻找河北旅游区游览图，根据下面旅游行程线路，在图中标注旅游线路。

燕赵文化之旅 6 日游：

D1: 承德：游览世界文化遗产避暑山庄、外八庙；

D2: 承德：木兰围场；

D3: 秦皇岛：北戴河、山海关、老龙头；

D4: 保定：野三坡、白洋淀景区；

D5: 石家庄：西柏坡；

D6: 邯郸，返程，结束愉快的河北之旅。

2. 根据河北旅游区游览图，了解河北旅游区的主要旅游景区景点。

◆【任务分析】

要想了解河北旅游区的主要旅游景区景点，首先要了解河北旅游区的旅游特色，掌握河北旅游景区景点分布情况，熟悉各旅游景区景点的特点。

◆【知识准备】

一、冀北游览区

本区是河北重点旅游区之一。它以皇家文化、自然风光为特色，包括避暑山庄、外八庙、木兰围场、宣化古城、崇礼万龙滑雪场等。

（一）承德游览区

1. 避暑山庄

避暑山庄又名承德离宫或热河行宫，位于承德市中心北部，武烈河西岸一带狭长的谷地上，是清代皇帝夏天避暑和处理政务的场所。它始建于康熙四十二年（1703 年），竣工于乾隆五十七年（1792 年），历经清朝三代帝王营建。它没有紫禁城宫殿之华丽感，青砖素瓦，装修古朴淡雅，不施彩绘，显得格外清爽、古朴、淡雅而恬静。避暑山庄以朴素淡雅的山村野趣为格调，取自然山水之本色，吸收江南塞北之风光，成为中国现存规模最大的古代帝王宫苑。

避暑山庄的建筑布局大体可分为宫殿区和苑景区两大部分，苑景区又可分为湖区、平原区和山区三部分。山庄内有康熙乾隆钦定的 72 景。拥有殿、堂、楼、馆、亭、榭、阁、轩、斋、寺等建筑 100 余处，其最大特色是山中有园，园中有山。避暑山庄兴建后，清帝每年都有大量时间在此处理军政要事，接见外国使节和边疆少数民族政教首领。这里发生的一系列重要事件、重要遗迹和重要文物，成为中国多民族统一国家最后形成的历史见证。

避暑山庄是我国最富有艺术特色的皇家园林，具有高度的艺术成就，是中国古典园林的一颗灿烂明珠。避暑山庄于 1994 年被联合国教科文组织列入《世界遗产名录》，现为国家 AAAAA 级景区。

2. 外八庙

外八庙是指清朝在承德避暑山庄周围依照西藏、新疆、蒙古喇嘛教寺庙的形式修建的十二座喇嘛教寺庙群。由于当年有八座寺庙由清政府理藩院管理，于北京喇嘛印务处注册，并在北京设有常驻喇嘛的“办事处”，并且这些寺庙都在古北口外，故统称“外八庙”（即口外八庙之意）。久而久之，“外八庙”便成为这 12 座寺庙的代称。这 12 座寺庙在避暑山庄以北的山丘地带有 8 座，自西而东依次是罗汉堂、广安寺、殊像寺、普陀宗乘之庙、须弥福寿之庙、普宁寺、普佑寺、广缘寺。避暑山庄以东的武烈河东岸有 4 座，自北而南依次是安远庙、普乐寺、溥仁寺、溥善寺。

在外八庙可以感受西藏布达拉宫的气势和扎什伦布寺的雄奇，领略山西五台山殊像寺的风采，欣睹新疆伊犁固尔扎庙的身影，还可以看到世界最大的木制佛像千手千眼观世音菩萨。这些寺庙是汉、蒙古、藏文化交融的典范。

承德外八庙建筑雄伟，规模宏大，反映出清代前期建筑技术和建筑艺术的成就。1994 年“外八庙”同避暑山庄一起被列入《世界遗产名录》，现与避暑山庄一起为国家 AAAAA 级景区。

3. 木兰围场

位于河北省东北部（承德市围场满族蒙古族自治县）的木兰围场，是清代皇家猎苑，这里自古以来就是一处水草丰美、禽兽繁衍的草原。“千里松林”曾是辽帝狩猎之地，“木兰围场”又是清代皇帝举行“木兰秋狝”之所。清朝前半叶，皇帝每年都要率王公大臣、八旗精兵来这里射猎和旅游，史称“木兰秋狝”。

现在，这里还保留着东庙宫、乾隆打虎洞和石刻、古长城说碑等十几处清代皇帝行围狩猎和北巡围场的文物古迹，以及点将台、将军泡子、十二座连营等古战场遗址。围场不仅是著名的狩猎名苑，更是一个四季分明、气候宜人、风景优美的旅游胜地。

（二）张家口游览区

1. 宣化古城游览区

宣化，位于张家口市东南。始建于唐僖宗文德元年（888 年），明洪武二十七年（1394 年）动工展筑，清康熙三十二年（1693 年）改置宣化府，取宣扬教化之意，宣化由此得名，因其为京城以西第一座府城，故称“京西第一府”。宣化古城旅游区有京西第一钟楼——清远楼、京西第一鼓楼——镇朔楼、京西第一墓——下八里张世卿墓、京西第一砖雕——宣化五龙壁砖雕、京西第一石塔——柏林寺石塔，以及拱极楼、察哈尔省民主政府旧址等。

2. 崇礼万龙滑雪场

万龙滑雪场位于张家口的崇礼县红花梁区域内，据北京市 249 公里，距张家口市 50 公里，是第一个以滑雪为特色的国家 AAAA 级景区。万龙滑雪场最高处海拔 2000 多米，雪质好，雪场内各项设施十分齐全，开发了 20 多条雪道，是目前华北地区规模最大，硬件设施最好的滑雪场。

二、冀东游览区

本区以秦皇岛为中心。秦皇岛因中国第一个皇帝秦始皇东巡至此，入海求仙而闻名。其是我国规模较大、设施比较齐全的海滨避暑胜地。

（一）中国夏都——北戴河

北戴河地处秦皇岛市西部，受海洋气候的影响，夏无酷暑，冬无严寒，城市森林覆盖率 54%，常年保持一级大气质量。这里气候宜人，在长达 22.5 公里的海岸线上，沙软潮平，背靠树木葱郁的联峰山，自然环境优美，是我国北方理想的避暑胜地。

清光绪二十四年（1898 年），清政府将北戴河区海滨开辟为“各国人士避暑地”，到 1938 年，这里被建成了一个带有殖民地色彩的避暑佳地。新中国成立后，北戴河又新建了不少休养所、疗养院、海滨泳场、饭店、宾馆，规模比过去更大了，成了中国规模较大、设施比较齐全的海滨避暑胜地。

（二）山海关

又称“榆关”， 也作渝关，又名临闾关，是秦皇岛市的一个辖区，位于秦皇岛市东北 15 公里。明朝洪武十四年（1381 年），中山王徐达奉命修永平、界岭等关，因其北倚燕山，南连渤海，故得名山海关。

山海关城池，周长约 4 公里，整个城池与长城相连，以城为关。城高 14 米，厚 7 米。山海关是明长城的东北关隘之一，全城有 4 座主要城门，并有多种古代的防御建筑，是一座防御体系比较完整的城关，在 1990 年以前被认为明长城东端起点，有“天下第一关”之称。以威武雄壮的“天下第一关”箭楼为主体，辅以靖边楼、临闾楼、牧营楼、威远堂、瓮城、东罗城、长城博物馆等建筑，向游客展示着中国古代城防建筑风格。2001 年，国务院将山海关列为国家历史文化名城旅游景区，“老龙头”“孟姜女庙”“角山”“天下第一关”等风景区对中外游客开放，闻名国内外。

（三）老龙头

位于秦皇岛市山海关区城南 5 公里的渤海之滨，是明长城的东部起点，也是万里长城唯一集山、海、关、城于一体的海陆军事防御体系。

明朝时的长城东起老龙头，西至嘉峪关，全长 6000 多公里，蜿蜒如一条巨龙入渤海，明代蓟镇总兵戚继光在此所建入海石城犹如龙首探入大海，弄涛舞浪，因而命名“老龙头”。老龙头由入海石城、靖卤台、南海口关和澄海楼组成。老龙头最为著名的建筑当数有“长城连海水连天，人上飞楼百尺巅”之称的澄海楼，它高踞老龙头之上，为明代所建，清康熙、乾隆年间重修，楼分两层，砖木结构，歇山重檐瓦顶。老龙头不仅是伸入大海、建造十分机巧的军事设施，而且是万至长城中唯一兼有关、山、海、色等诸多景观的绝佳之处。登上老龙头极目远眺，海天一色，巨浪奔涌，气吞海岳，使人心襟大开，豪情满怀。

三、冀中南游览区

本区以保定、邯郸为重心。作为清代直隶省省会的保定，是直隶省的政治、军事、文化中心，历史悠久，文物荟萃，风景独特。邯郸是河北省最古老的城市，也是我国古代著名的城邑。其自然风光也毫不逊色，绵延起伏的太行山、水势浩渺的京娘湖，这一山一水给这座千年古城添了不少灵秀之气。独特的自然环境和悠久的历史，使邯郸市拥有丰富的文化遗产和优美的自然景观。

（一）保定游览区

1. 白洋淀

位于保定境内，是中国海河平原上最大的湖泊，旧称白羊淀，又称西淀。现有大小淀泊 143 个，其中以白洋淀较大，总称白洋淀。白洋淀水域面积 336 平方公里，是华北平原最大的淡水湖，素有华北明珠之称，亦有“北国江南、北地西湖”之誉。

白洋淀由堤防围护，淀内壕沟纵横，河淀相通，田园交错，水村掩映。淀上波光荡漾，水鸟啁啾，芦苇婆娑，荷香暗送，构成了一幅生态美景。白洋淀水产资源丰富，是有名的淡水鱼场，盛产鲑鱼、鲤鱼、青鱼、虾、河蟹等 40 多种鱼虾，加之水生植物遍布，以大面积的芦苇荡和千亩连片的荷花淀而闻名，野鸭大雁栖息，这里的人们可以捕捞鱼虾、采挖莲藕，亦可猎取各类水禽，一年四季，一片繁忙，故被人称为“日进斗金，四季皆秋”的聚宝盆。白洋淀因电影《小兵张嘎》而驰名中外，抗日战争时期水上游击队——雁翎队的故事脍炙人口。

2. 野三坡

位于河北省西北部，保定市涞水县境内，是我国北方著名的旅游胜地。这里自然风光奇特，以“雄、险、奇、幽”的自然景观和古老的历史文物著称，享有世外桃源之美誉。

这里生态环境原始自然，历史文物稀有珍贵，浓缩了太行之情、燕山之华，汇聚了五岳神秀，再现了14亿年来地质演化过程，传承着中华古老文明。野三坡是融雄山、碧水、春花、秋叶、瀑布、冰川、奇峡、怪泉、摩崖石刻、长城古堡、名树古禅、高山草甸、空中花园于一体的独特自然风景区。

野三坡的地址遗迹具有典型性、稀有性、系统性，是华北板内造山带的典型代表。此外，野三坡还有完整的地址遗迹，浸入岩、火山岩、沉积岩、变质岩各类岩石遗迹齐全，异常发育的构造节理、断层、褶皱等构造遗迹突出，山地夷平面、河流阶地各种地貌遗迹丰富多彩，是一部生动的地质教科书，一座天然地质博物馆。

（二）石家庄游览区

1．西柏坡

位于石家庄市平山县中部，总面积为16440平方米，曾是中共中央所在地。党中央和毛主席在此指挥了震惊中外的辽沈、淮海、平津三大战役，召开了具有伟大历史意义的七届二中全会和全国土地会议，解放全中国，故有“新中国从这里走来”“中国命运定于此村”的美誉。为我国革命圣地之一，是国家重点文物保护单位，又是AAAAA级景区。

2．正定

位于河北省西南部，古称常山、真定，历史上曾与北京、保定并称“北方三雄镇”，为国家历史文化名城。文物古迹众多，2010年现存隋唐以来建筑38处，素有“三山不见，九桥不流”“九楼四塔八大寺，二十四座金牌坊”的美誉。始建于隋开皇六年（586年）的隆兴寺是中国著名的十大名寺之一，被梁思成先生称为“京外第一名刹”，寺内铜铸千手千眼观音是我国现存最高的铜铸立式大佛；摩尼殿歇山式抱厦，是世界古建筑孤例；龙藏寺碑被誉为“隋碑第一”；倒座观音被鲁迅先生惊叹为“东方美神”。开元寺钟楼是中国现存的唯一唐代钟楼。天宁寺凌霄塔、开元寺须弥塔、临济寺澄灵塔、广惠寺多宝塔等造型奇特，建筑精美，具有极高的建筑学、美学价值，被誉为“古建艺术宝库”“佛教文化博物馆”。

3．苍岩山

位于井陉县东南部，总面积63平方公里，最高处为玉皇顶，为全国重点风景区。苍岩山奇峰异石林立，青松翠柏常青，历史文化悠久，宛如一颗璀璨的明珠，镶嵌在太行山中，享有“五岳奇秀揽一山，太行奇峰唯苍岩”之誉。景区以壮观的山势、地貌和山间众多的名寺古刹为主，峭壁石崖，崖壁陡峭，而且岩壁都是赤红色，别具特色。山间的古刹和寺院园林主要有福庆寺、卧佛寺、龙岩寺、公主坟、菩萨顶、玉皇顶等。

4．嶂石岩

位于石家庄西南的赞皇县境内，是太行山森林公园精华所在。景区面积约120平方公里，全旅游区的地貌为“嶂石岩地貌”，和丹霞地貌、张家界地貌并称为中国三大旅游砂岩地貌。嶂石岩景观主要为“丹崖、碧岭、奇峰、幽谷”，其景观特色大致可概括为“三栈牵九套，四屏藏八景”。三栈即三条古道；九套即连接三条古道的九条山谷；四屏乃整体看似四道屏障一样而又相对独立的四个分景区（九女峰、圆通寺、纸糊套、冻凌背），其中回音壁为世界上最大的天然回音壁。

（三）邯郸游览区

位于河北省南端的邯郸市，西依太行山脉，东接华北平原，与晋、鲁、豫三省接壤。邯郸是国家历史文化名城，这里拥有：距今已有7500多年历史，我国新石器早期文化遗址之一的磁山文化遗址；始建于北齐，并保存了自北齐至元、明各代大小造像4300余尊的南北响堂山石窟；赵国宫城赵王城遗址；传为赵王观看军事操练之处的武灵丛台；安葬着为国捐躯的100多位革命烈士的重要革命纪念地——晋冀鲁豫烈士陵园。此外还有照眉池、回车巷、京娘湖等游览胜地。

在漫长的文化发展过程中，邯郸成为中国成语典故之乡，许多历史典故诸如“邯郸学步”“黄粱美梦”“胡服骑射”“毛遂自荐”等都发生在这里。在《史记》中还记载有“完璧归赵”“渑池相会”“将相和”等故事。

【知识链接】

民族融合的结晶——胡服骑射

赵武灵王是战国时赵国的一位奋发有为的国君，他为了抵御北方胡人的侵略，实行了“胡服骑射”的军事改革。改革的中心内容是穿胡人的服装，学习胡人骑马射箭的作战方法。其服上褶下，有貂、蝉为饰的武冠，金钩为饰的具带，足上穿靴，便以骑射。为此，他力排众议，带头穿胡服，习骑马，练射箭，亲自训练士兵，使赵国军事力量日益强大，进而能西退胡人，北灭中山国，成为“战国七雄”之一。胡服骑射是赵文化的代表，其基本内涵为开放、进取、包容，展现出赵国在逐鹿中原时所表现出的改革创新精神，具有中原华夏文化和北方草原文化构成的二重性，集中反映了北方地区诸民族冲突与融合的过程。

【任务训练】

以小组的形式，通过教材或其他方式了解河北旅游景点，获得旅游景点信息，以“穿越历史游河北”为旅游主题，推荐旅游景点。每组选出1名同学代表小组阐述任务完成的过程，讲解推荐的旅游景点及推荐的理由。

[任务评价]

表3－4－1　河北旅游区任务训练评价

评价指标	评价分值											
	自我评价				组间评价				教师评价			
	A	B	C	D	A	B	C	D	A	B	C	D
景点把握												
推荐理由												
阐述过程												
讲解水平												
团队合作												
总体印象												

A：优秀　B：良好　C：一般　D：欠佳

[单元练习]

模拟训练

模拟场景：北京的地接导游小张，要接待由西南高校来北京旅游的学生团15人，他们想了解北京的文化，畅享北京的人文旅游资源，并且对长城特别感兴趣。

角色：小组成员分别扮演导游、游客、司机。

要求：以模拟导游的形式，完成小张在旅游车上进行的本次特色旅游的概括介绍任务。

根据情景表演，按照以下要求，做好组间互评，听取老师的建议。

表3－4－2　情景模拟评价

内容			评价							
学习目标		评价内容	组间互评				教师建议			
			A	B	C	D	A	B	C	D
专业知识	应知应会	掌握本区旅游特色								
专业能力	完成北京市特色旅游景点的介绍	1. 能根据本区旅游资源的特点，熟练介绍本区旅游景点								
		2. 推荐最佳游览线路								
通用能力	语言组织能力									
	语言表达能力									
	组织协调合作能力									
	应变能力									
	服务意识									

A：优秀　B：良好　C：一般　D：欠佳

单元四　古都古城、山岳胜迹、中原文化游
——晋鲁豫陕旅游区

任务一　晋鲁豫陕旅游区旅游特色

本旅游区包括陕西（陕）、山西（晋）、河南（豫）和山东（鲁）四省，地处我国华北地区，黄河贯穿全境，属于黄河的中下游地区。本区有着孕育中华民族摇篮的黄河，是悠久灿烂的华夏文明的发祥地，历史悠久，是我国历代政治、经济、文化的中心地区。本区地理位置适中，属暖温带大陆季风气候，由于地处我国地势的第二、第三阶梯，地貌形态丰富，包含高原、山地、丘陵、盆地、平原等。本区旅游资源种类丰富，悠久的中原文化、众多的古城古都、丰富的文物古迹、雄伟的风景名山等，分布相对集中，旅游资源价值高，是我国主要的旅游区域。

◆【任务目标】

根据本区的旅游特色，推荐本区旅游主题。

◆【任务分析】

要想推荐本区的旅游主题，首先要了解本区的地理环境，掌握本区旅游景观特色，了解本区特色旅游资源的类型、功能及成因。

◆【知识准备】

一、地貌形态丰富，类型齐全

本区地处我国地势的第二、第三阶梯，地域辽阔，山川秀丽，地貌形态丰富，包括黄淮平原、关中平原、山东丘陵、秦巴山地、豫西山地、黄土高原等，类型齐全，涵盖了平原、丘陵、山地、盆地、高原五种地貌。

黄淮平原位于中国河南省东部、山东省西部，黄河以南，淮河以北，属于华北平原的南部，主要由黄河、淮河下游泥沙冲积而成。这里是我国人类祖先早期活动的主要地区，有众多的古都遗址和古城景观，如洛阳、开封、商丘等。

关中平原又称渭河平原，位于陕西省中部，号称“八百里秦川”，经渭河及其支流泾河、洛河等冲积而成。这里地势平坦、土壤肥沃，兼有山川之利，有“秦中自古帝王都”美称，

留下了众多的古建筑及皇陵古迹等，是我国著名的人文旅游胜地。

山东丘陵位于黄河以南、大运河以东的山东半岛上，是我国的三大丘陵之一。中部的胶莱平原将山东丘陵分为鲁中南丘陵和鲁东丘陵。鲁中南丘陵的海拔高度多在千米以上，包括泰山、鲁山、沂山、蒙山等雄伟山体，其中泰山因山势巍峨雄浑而被尊称为“五岳之首”，历代帝王多在此封禅祭祀，又是一座历史文化名山。鲁东丘陵的海拔高度不高，但大多山姿秀丽，崂山是典型代表，海拔仅 1132 米，但山石奇特，云遮霞映，清泉流淌，风光无限，被人赞为“泰山虽云高，不及东海崂”。

秦巴山地位于关中以南，两山夹一川的地势结构十分突出，两山由秦岭和大巴山组成，中间夹有汉中盆地和安康盆地。秦岭被尊为华夏龙脉，主峰太白山高 3767 米，在陕西省宝鸡市境内。这座博大精深的山脉养育出两条具有非凡意义的河流：秦岭北部是渭河，黄河最大的一级支流；南部是汉江，长江最大的一级支流。秦岭山地的秀美山水风光自古就享有盛誉，千百年的开发陆续形成了华山、骊山、太白山等众多的风景秀丽的山岳游览地。陈仓道、子午道等古栈道遗迹也成为秦岭交通要塞的历史见证，同时留下了众多历史上兵家征战的军事遗迹，具有极高的历史研究价值。汉中位于陕西省西南部，有“汉家发祥地，中华聚宝盆”的美誉，地理位置十分险要，是历代的兵家必争之地。

豫西山地地处黄河以南，渭河平原及秦巴山地以东，淮河平原以西，汉江流域以北，囊括伏牛山脉、熊耳山脉、外方山脉、邙山等，形成了许多风光秀丽的旅游山地。中岳嵩山风景迷人、山体秀丽，山中名刹少林寺是禅宗的祖庭，也是中原武术的发祥地。伏牛山是秦岭东段的支脉，豫西著名的山岳风景区，为淮河与汉江的分水岭，尧山、白云山也是其重要的旅游景区。邙山位于故都洛阳以南，山水相映，自古被称为风水宝地，历代皇帝贵族死后多葬于此，有“生在苏杭，死葬北邙”之说。

黄土高原位于我国西北部，是世界上最大的黄土高原。本区主要由山西高原和陕北高原构成，范围为西起陕西的白于山、子午岭，东到太行山，陕西凤翔、铜川、韩城一线以北地区，基本上包括了陕西的大部分和山西的全部。这里分布着典型的黄土景观，地表破碎，千沟万壑，在游人面前呈现的是一幅神奇、幽旷的自然画卷。

二、黄河横穿全境，水体风光秀美

本区最重要的自然旅游资源就是中国的母亲河——黄河，黄河在本区依次流经陕晋豫鲁四省。从晋陕交界处的大峡谷，郑州的风光绮丽的黄河旅游区，最后流经山东入海，形成了许多著名的黄河水体风光，如陕西和山西交界处的壶口瀑布、三门峡等是著名的黄河游览区。

本区除黄河外，还有发源于河南桐柏山的淮河，山东境内有部分京杭大运河。本区的湖泊多为人工水库，高山出平湖，截断峡谷，湖光美丽，大多成为著名的风景区。

三、四季分明，动植物资源丰富

本区除陕西秦岭以南外，都属于温带季风气候，少部分地区为中温带，大部分地区为暖温带半湿润、暖温带湿润气候类型。这里四季分明，春季短促，干旱多风，夏天炎热，秋季天高气爽，冬天寒冷，旅游淡旺季明显，秋季是旅游的黄金季节。

这种气候下自然植被以阔叶林为主，主要树种有松、栎等。自然植被仅在太行山、吕梁山、秦岭等某些地段尚有分布，在山地丘陵，多为白羊草、荆条、酸枣等次生草灌，植被生长普遍不够茂盛。冬天自然景观萧条、景色不够明媚秀丽，但也有粗犷、豪放之风采。本区有许多珍贵的动植物资源，建立了许多自然保护区，如保护褐马鸡的芦芽山自然保护区、保护大熊猫的佛坪自然保护区、保护朱鹮的洋县自然保护区及保护自然历史遗址的太白山自然保护区等。

四、名山名峰众多，风景奇丽

本区山地、丘陵分布比较广泛，有众多名山，其中五岳名山就占了 4 个，包括山东的东岳泰山、陕西的西岳华山、山西的北岳恒山、河南的中岳嵩山。还有佛教名山五台山、道教名山崂山、避暑胜地鸡公山、骊山等。这些名山不仅自然风光绮丽多姿，而且人文旅游景观极为丰富。

五、古文化发祥地，文物古迹星罗棋布

本区位于黄河中下游地区，历史上自然条件优越，气候适宜，靠近大河，为亚洲大陆早期人类文明最发达的地区之一，是华夏祖先最早生存繁衍的地区之一。中国早期的奴隶社会是从这里发展起来的，中国早期封建王朝也多在此建都，在相当长的历史时期内，黄河中下游地区是我国政治、经济、文化中心。自夏以来的奴隶社会，虽各种原因，都城几经迁徙，但都没有离开此区，西安、洛阳、开封、安阳、太原、临淄、商丘、曲阜等城市，先后做过各国都城，所以古都遗址、帝王陵墓、名寺古塔、石窟比比皆是。本区是我国古文化遗址分布最密集，种类最多的地区。

本区属于中原文化旅游区，中原文化是中华文化的重要源头和核心组成部分。中原文化以河南省为核心，以广大的黄河中下游地区为腹地，逐层向外辐射，影响延及海外。中国历史上先后有 20 多个朝代定都于中原地区，河南省占据中国八大古都的一半，包括洛阳、开封、安阳和郑州。中原地区以特殊的地理环境、历史地位和人文精神，使中原文化在漫长的中国历史中长期居于正统主流地位，中原文化一定程度上代表着中国传统文化。

六、宗教建筑千姿百态，文化艺术博大精深

本区是我国佛教、道教的发祥地，宗教建筑比比皆是，而且艺术价值、宗教价值都极高，是重要的人文旅游资源。河南洛阳的白马寺是我国第一座官方出资兴建的佛教寺院，被称为“祖庭”。自北魏起，一直延续到晚唐，开凿时间长达 400 多年的洛阳龙门石窟和

大同云冈石窟是我国四大石窟的两个，也是珍贵的石窟艺术珍品。隋唐时期是佛教在我国成熟并发展的时代，留下了以西安慈恩寺、陕西扶风法门寺、河南少林寺、山西五台山佛光寺为代表的宗教建筑。元明清各代，佛教的建筑数量仍不断增加，形态也千姿百态。

本区的文化艺术形式多种多样，历史悠久，如戏剧、书法、绘画、雕塑等都具有极深的艺术造诣，每个省都有自己传统的剧种。历代书法名家的手迹遍布区内各大名山、大川、建筑物上，最著名的是泰山石刻和西安碑林，堪称书法艺术的宝库。河南安阳汉画、山西永乐宫元代壁画是古代绘画水平再现的杰出典范。古陵墓、石窟、寺庙中的雕塑作品，历经千年风雨，仍旧光彩照人，具有极高的考古研究价值。

七、民俗风情绚丽多彩，旅游商品丰富

本区因深厚的文化底蕴而形成了多样的民俗文化和众多的旅游商品。山西的三晋文化、陕西的三秦文化、河南的河洛文化以及山东的齐鲁文化，都是中华文化的重要组成部分，这些在各地的建筑、民俗、服饰、饮食等方面展现了各地的独特性。陕西的户县农民画、陕北剪纸、凤翔木板年画、面花、仿秦兵马俑、凤翔彩绘泥塑，河南的禹州钧瓷、南阳玉雕、洛阳唐三彩、滑县点锡壶、济源天坛砚，山西的太谷饼、龟龄集、推光漆器、平遥牛肉、大同铜火锅、沁州黄小米、杏花村的汾酒和山西的老陈醋，山东的鲁菜、鲁砚、潍坊风筝、青岛啤酒、崂山矿泉、烟台苹果等都是著名的旅游产品，体现着本区的地方民俗特色。

［任务训练］

表4－1－1　晋鲁豫陕旅游区旅游主题

名称	推荐理由	根据主题推荐的旅游景区或景点

［任务评价］

表4－1－2　晋鲁豫陕旅游区旅游主题任务评价

评价指标	评价分值											
	自我评价				组间评价				教师评价			
	A	B	C	D	A	B	C	D	A	B	C	D
主题准确、鲜明												
推荐理由合理												
景点把握熟练												
团队合作												
总体印象												

A：优秀　B：良好　C：一般　D：欠佳

任务二　陕西旅游区

陕西省简称“陕”或“秦”，位于中国内陆的腹地，地处黄河中游。全省面积21万平方公里，南北长、东西窄，古称为雍州、梁州之地（陕北、关中属雍州，陕南为梁州），又称三秦。陕西省历史悠久、古老而神秘，是中华民族的摇篮和中华文明的发祥地，周、秦、汉、唐等13个王朝在此建都，也是世界著名的丝绸之路的起点。陕西旅游区包括陕北、关中和陕南三个游览区。陕北游览区主要包括延安、榆林等陕北高原地区，这里的文化景观时代反差大，自传说中的黄帝到现代中国革命年代，近5000年，以文物古迹、革命旧址为主要资源特色，黄帝陵、延安宝塔等为代表性的景点。关中游览区主要包括宝鸡、西安、咸阳、铜川和渭南等渭河平原和秦岭山地地区，以名山、古迹、古物景观为主要旅游特色，以华山、秦始皇陵、大小雁塔、骊山及华清池等为代表性景点。陕南游览区主要包括汉中、安康、商洛等汉中盆地和大巴山地地区，以古镇古迹、名山、自然风光为主要旅游资源，以武侯祠、张良庙、南湖、老君山、牛背梁国家森林公园等代表性景点。

◆【任务目标】

1. 学生自行寻找陕西旅游区游览图，根据下面旅游行程线路，在图中标注旅游线路。

陕西全景5日游：

D1: 西安—临潼—西安：华清池、秦始皇兵马俑；

D2: 西安—黄帝陵—壶口：黄帝陵、轩辕庙、壶口瀑布；

D3: 壶口—延安—西安：宝塔山、延安革命纪念馆、枣园革命旧址、王家坪；

D4: 西安—华山—西安：华山；

D5: 西安：明城墙、大雁塔、钟鼓楼。

2. 根据陕西旅游区游览图，了解陕西旅游区的主要旅游景区景点。

◆【任务分析】

要想了解陕西旅游区的主要旅游景区景点，首先要了解陕西旅游区的旅游特色，掌握陕西旅游景区景点分布情况，熟悉各旅游景区景点的特点。

◆【知识准备】

一、陕北游览区

本区位于北山山脉以北，陕北南部是黄土高原地区，北部是毛乌素沙漠地区。陕北是中国现代革命圣地。毛泽东等老一辈无产阶级革命家在这里留下了大批宝贵的革命文物和丰富的精神财富——陕北革命精神。全市境内的革命文物达140多处，其中最为重要的是延安市区内的凤凰山旧址、杨家岭旧址、枣园旧址、王家坪旧址、子长县瓦窑堡（原中共中央政治局会议旧址）等国家级保护文物。

（一）延安游览区

延安市位于陕北南半部，古称延州，历来是陕北地区政治、经济、文化和军事中心。城区处于宝塔山、清凉山、凤凰山三山鼎峙，延河、汾川河二水交汇之处的位置，成为兵家必争之地，有“塞上咽喉”“军事重镇”之称，被誉为“三秦锁钥，五路襟喉”，是国务院首批公布的全国24个历史文化名城之一。旅游以“三黄一圣”（黄帝陵庙、黄河壶口瀑布、黄土风情文化、革命圣地）享誉中外。

1．宝塔山

宝塔山是延安市的标志性建筑，是历史名城延安的标志，是革命圣地的象征。宝塔山，古称丰林山，宋时改名为嘉岭山，位于延安城东南方，海拔1135.5米，为周围群山之冠。宝塔山是融自然景观与人文景观为一体、历史文物与革命旧址合二为一的著名风景名胜区。宝塔建于唐代，高44米，共9层，登上塔顶，全城风貌可尽收眼底。宝塔山自然景观十分迷人，山上遍布各种名贵乔灌木，林木茂盛，空气清新。人文景观除延安宝塔外，尚有宋代摩崖石刻、明代大铁钟、清代“重修嘉岭书院记”石碑、范公井、烽火台、古城墙及望寇台等文物古迹，还有日本工农党校旧址，古今名人诗词碑刻等景观。

2．王家湾毛主席旧居

位于延安市安塞县王家湾乡王家湾村。1947年4月13日—6月8日，中共中央机关和毛泽东、周恩来、任弼时转战陕北期间，在此居住。旧址为1排5孔坐北面南的土窑洞。东起2孔窑洞由房东居住，其余3孔窑洞为套洞，任弼时住第3孔窑洞。毛泽东在此撰写了《关于西北战场的作战方针》和《蒋介石政府已处在全民的包围中》等文章。在此期间，中共中央先后就中央城市工作部的任务，开辟国民党统治区第二战场，开展反内战、反迫害、反饥饿的群众运动等问题作出重要指示，还领导西北野战军取得了羊马河战役和蟠龙战役的胜利。

3．南泥湾

位于延安城东南45公里处。南泥湾是中国共产党军垦事业的发祥地，是南泥湾精神的诞生地。境内有毛主席旧居、炮校、九龙泉、南泥湾大生产展览馆等景点供中外人士参观学习。1941年3月，八路军三五九旅在旅长王震的率领下在南泥湾开展了著名的大生产运动，使其成为著名的红色旅游之地。

4．黄帝陵

黄帝陵，是中华民族始祖黄帝轩辕氏的陵墓，相传黄帝得道升天，故此陵墓为衣冠冢。位于黄陵县城北桥山，号称“天下第一陵”。桥山山上古柏参天，山环水抱，景色宜人，桥山夜月、沮水秋风、南谷黄花、北岩净雪、龙湾晓雾、凤岭春烟、汉武仙台、轩辕古庙曾有“桥山黄陵八景”之称。黄帝陵由陵道和神道两部分组成，总长455米，宽5米，其中陵道长260米，神道长195米，全用花岗岩条石铺筑。陵道采用形断而意连、曲不离直的手法构建，共277个台阶。黄帝陵，陵高3.6米，周长48米，四周砌有1米多高的花墙。陵前大石碑上刻有“桥山龙驭”4个大字，相传黄帝即由此乘龙升天。陵前有祭亭，红柱绿瓦，四角飞檐，亭中石碑刻“黄帝陵”3字，系1958年郭沫若所书。

5．壶口瀑布

东濒山西省临汾市吉县壶口镇，西临陕西省延安市宜川县壶口乡，为两省共有旅游景区。黄河是中华民族的母亲河，黄河壶口瀑布是镶嵌在九曲黄河之上的一颗璀璨的明珠，是北方最富有特色的大型瀑布奇景，是中国仅次于贵州省黄果树瀑布的第二大瀑布。瀑布宽达50米，深约50米，最大瀑面3万平方米。滚滚黄河水至此，300余米宽的洪流从陕西一侧观看壶口瀑布骤然被两岸所束缚，上宽下窄，在50米的落差中翻腾倾涌，声势如同在巨大无比的壶中倾出，故名“壶口瀑布”。黄河壶口瀑布以其巨大的力量，泻入河谷，冲入深槽，顿时，涛声轰鸣，水雾升空，惊天动地，气吞山河，显示出“黄河之水天上来，奔流到海不复回”的宏伟气概。壶口瀑布呈现出“水底冒烟”“霓虹戏水”“晴空洒雨”“旱天鸣雷”“山飞海立”等奇特幻景。

（二）榆林游览区

榆林市位于陕西省的最北部，在陕北黄土高原和毛乌素沙地南缘的交界处，也是黄土高原和内蒙古高原的过渡区，是国家级历史文化名城。榆林市及周边地区文物古迹星罗棋布，有大大小小的古遗址、古城堡、古庙建筑100多处。名胜古迹有西北最大的道场所在地——佳县白云山、我国最大的沙漠淡水湖——神木红碱淖、陕西最大的摩崖石刻群——红石峡、高原要塞——镇北台，以及李自成行宫、易马城等。

1．毛乌素沙漠

位于榆林地区和内蒙古自治区鄂尔多斯市之间，面积达4.22万平方公里，万里长城从东到西穿过沙漠南缘。毛乌素，蒙古语意为“坏水”，地名起源于陕北靖边县海则滩乡毛乌素村。据考证，古时候这片地区水草肥美，风光宜人，是很好的牧场。后来由于气候变迁和战乱，地面植被丧失殆尽，就地起沙，形成后来的沙漠（沙地）。

2．红石峡

位于榆林市城北3公里处，当地人也称其为“雄石峡”，因为山上都是红色石头，所以得名红石峡。红石峡谷长约350米，峡谷东崖高约11.5米，西崖高13米，东西对峙，峭拔雄伟。峡谷内山奇水秀，石窟古刹林立，还有陕西省最大的摩崖石刻群。河谷两岸崖壁上有琳琅满目的摩崖石刻和洞窟，南北山崖之间是榆溪河水，普渡桥连接两岸，有真、草、隶、篆等历代石刻160余幅，号称“塞上碑林”。红石峡中最早的遗迹就是宋元时代开凿的寺庙和石窟，但是现在除了部分洞窟内的彩绘与雕刻外，其余的已经不复存在了。

3．红碱淖景区

位于神木县境内，是全国最大的沙漠淡水湖，具有独特的自然景观，国家AAAA级景区。红碱淖水域辽阔，烟波浩渺，蓝天白云，碧水黄沙，交相辉映，景色壮观。环湖四周自然生态良好，环境幽雅，红碱淖湿地是全球最大的珍稀濒危鸟类——遗鸥繁殖与栖息地，每年4～8月，有占全球总量90%、多达20000只的遗鸥在这里繁衍生息，规模壮观，另外还有白天鹅、鸬鹚、白鹭、金雕、鱼鹰、鸳鸯等53种受国家保护的各类珍禽。碱淖还有非常丰富的渔业资源，有鲤鱼、草鱼、鲫鱼、鲢鱼等淡水野生鱼类。

二、关中游览区

位于陕西中部，总面积5.55万平方公里，包括西安、铜川、宝鸡、咸阳、渭南五个省辖地级市。关中土地肥沃，气候温和，水利发达，物产富饶，自然条件十分优越，历代统治者都把占据关中、立足长安视为图强争霸、兴业固权之根本。从公元前11世纪起，先后有西周、秦、西汉、前赵、前秦、后秦、西魏、北周、隋、唐等10个王朝在西安及其附近建都，历时1000余年，有近百个帝王在这里度过了他们的宫廷生活。历代帝王在西安建都之多，历史之久，为中国城池之最，在世界名城中亦属罕见。关中是黄河文化的摇篮和中心，有数十万年前的蓝田人和大荔人文化，有仰韶文化的典型代表半坡文化，有西安、咸阳等著名的古都古城，有著名寺庙草堂寺，险峻的西岳华山、神奇的太白山更增加了这片土地无穷的魅力。

【知识链接】

草堂烟雾

著名的“关中八景”之一。草堂寺位于秦岭主峰山北麓的户县秦镇草堂营村。相传始建于晋代。寺内有姚秦三藏法师鸠摩罗什舍利塔，高2.33米，八面12层，全部使用西域玉石相拼而成。玉色灿烂莹润，每层玉色不同，故此塔又称“八宝玉石塔”。塔前有二柏一井，人称“二柏一眼井，爬柏龙雀树”。传说当年井中央有石一块，每见一蛇卧石上，辄有白雾冲天而上缭绕于帝都长安，因而被称“烟雾井”，形成“草堂烟雾”。

（一）西安游览区

西安位于陕西省关中平原中部，古称长安，是我国七大古都之一。灿烂悠久的历史，给西安留下了极其丰富而珍贵的名胜古迹和历史文物，古建筑、古遗址、古墓葬、古文物比比皆是，著名的有蓝田猿人遗址、半坡村遗址、大雁塔、骊山华清池、秦始皇陵等游览胜地。

1．钟鼓楼

钟鼓楼为西安市象征性建筑。钟楼坐落在西安市内四条大街的十字中心，初建于明洪武年间，昔日楼上悬铁钟报时，故名钟楼。钟楼呈正方形，由基座和楼体两部分组成。基座由青砖砌筑，高8.6米，宽35.5米，四门正中各有高大券门相通。楼体为重檐复层四角攒尖顶木质结构，边长23米，高26米，每层半拱装饰，形式优美。

鼓楼位于西大街，与钟楼是同一时代的建筑物，因上悬巨鼓报时而得名。鼓楼呈长方形，通高33米，长52.6米，宽38米，楼体结构与钟楼相当。

2. 西安碑林

碑林位于西安市城南隅三学街，旧址为宋代文庙，是一座园林式的大院，创建于宋元祐五年（1090 年），历经元、明、清，碑石逐渐增多，形成“碑石之林”，是收藏我国古代碑石时间最早、名碑最多的艺术宝库。碑林建有 7 个陈列室及游廊、碑亭，藏有碑石珍品 2300 多件，以碑石精华荟萃而闻名中外，是中国最大的石碑宝库，具有极高的史学和艺术价值。第一室陈列的《开成石经》，是一个大型的“石质书库”，刻了 13 部儒家经典全文。共有 114 石，228 面，总计 60 多万字，是我国现存唯一完整的石经，也是世界最大、最重的一部经典。在众多的碑刻中，荟萃了各代书法家以不同的字体和书法流派书写的碑文，其中唐代著名书法家的作品占很大比重。碑林还收藏有唐代石雕精品“昭陵六骏”等文物。

3. 大、小雁塔

大雁塔坐落在西安市和平门外 4 公里处的慈恩寺内。原名慈恩寺塔，是楼阁式砖塔，塔身呈方形锥体，具有中国传统建筑艺术的风格。塔高 64 米，共 7 层，塔身用砖砌成，内有楼梯盘旋而上。唐代以来，每逢正月十四、十五、十六三日，大慈恩寺内有传统的庙会，俗称“雁塔庙会”，极为繁华兴盛。这里也是文人墨客荟萃之地，举子及第后均登塔题名，“雁塔题名”遂成为士子们仰慕向往之事，塔的前边留有唐代至清代千余年间的陕西举人题名刻石。大雁塔每层四面各有一个拱券门洞，凭栏远眺，长安风貌尽收眼底。

小雁塔位于西安南门外荐福寺内，其建造晚于大雁塔半个世纪，为正方形密檐式砖塔，挺拔秀丽，同大雁塔交相辉映，成为古长安保留至今的显著标志。塔原有 15 层，塔顶毁于地震，现为 13 层，高 40 多米，底层每边 11 余米。塔的首层高大，往上逐渐缩小，塔身修长而带曲线，极为精致美观。

4. 骊山

骊山位于西安临潼区城南，西距西安市 25 公里，海拔 800 米，东西长约 5 公里，南北宽约 3 公里，系秦岭山脉一个支峰，最高峰仁宗庙海拔 1256 米。古时山上松柏满坡，林涛滚滚，从远处看去，郁郁葱葱，活像一匹奔腾青骏的骊马立于渭河平原，美如锦绣，所以人们叫它骊山。山上有两峰，称东绣岭和西绣岭，均满披青松翠柏，郁郁苍苍。每当夕阳西下，云霞满天，苍山绣岭涂上万道红霞，景色妩媚动人，酷似一匹“火焰驹”，被誉为关中八景之一——“骊山晚照”。山腰有兵谏亭，是 1936 年 12 月 12 日西安事变时蒋介石被捕处。西绣岭第一峰上的烽火台，历史上“烽火戏诸侯，一笑失天下”的典故就发生在这里。华清池今已建成游览区和疗养所。

5. 秦始皇兵马俑博物馆

秦始皇兵马俑博物馆建设于兵马俑坑原址之上，位于西安市临潼区东 7.5 公里的骊山北麓，西距西安 37.5 公里。秦始皇是中国历史上第一个多民族的中央集权国家的皇帝，秦始皇陵也是中国历史上第一个皇帝陵园。

秦始皇陵兵马俑坑是秦始皇陵的陪葬坑，位于陵园东侧 1500 米处。秦始皇兵马俑陪葬坑坐西向东，三坑呈“品”字形排列。俑坑布局合理，结构奇特，在深5米左右的坑底，每隔3米架起一道东西向的承重墙，兵马俑排列在墙间空当的过洞中。其中共出土了约7000个秦代陶俑及大量的战马、战车和武器，代表了秦代雕塑艺术的最高成就。兵马俑陪葬坑均为土木混合结构的地穴式坑道建筑，像是一组模拟军事队列、旨在拱卫地下皇城的“御林军”。秦始皇兵马俑陪葬坑，是世界最大的地下军事博物馆，秦始皇陵兵马俑是可以同埃及金字塔和古希腊雕塑相媲美的世界人类文化的宝贵财富。

（二）华山

华山位于西安东120公里的华阴市南，北濒黄河，南依秦岭，奇峰突兀、巍峨壮丽，以“险、奇、峻、绝、幽”而名冠天下。旅游区内著名的景点有玉泉院、青柯坪、回心石、千尺幢、百尺峡、老君犁沟、长空栈道，以及东、西、南、北峰。东峰观日出已成为旅游者所喜爱的观光游览活动。华山还是道教圣地，为“第四洞天”，山上现存道观20余座，包括玉泉院、东道院、镇岳宫等。

（三）咸阳游览区

位于关中平原中部，渭河北岸，九嵕山之南，因山南水北俱为阳，故名咸阳。咸阳东南邻省会西安市，西与宝鸡市，东北与渭南市、铜川市交界，西北与甘肃省接壤，是我国中原地区通往大西北的要冲，中国历史文化名城。咸阳主要旅游景点有乾陵、沙河古桥风情园、咸阳博物馆、渭滨公园、茂陵博物馆、杨贵妃墓、昭陵、郑国渠、北杜铁塔、彬县大佛寺石窟、开元古塔、彬县大佛寺、甘泉宫遗址、黄土民俗村、乾县铁佛古寺等。甘泉宫遗址为秦汉遗址，西汉时期，规模仅次于长安未央宫；乾陵是中国历史上第一座夫妇皇帝唐高宗李治和女皇武则天的合葬墓，气势如山，名扬天下。乾县铁佛古寺历史悠久，位于乾县城北清凉山下，先后建成占地面积总建筑面积26000余平方米，30余亩，构筑古朴，雄伟壮观，典雅大方。

（四）法门寺

法门寺位于宝鸡市扶风县城北10公里处的法门镇，东距西安市120公里，西距宝鸡市96公里。始建于东汉末年桓灵年间，距今有1700多年历史，有“关中塔庙始祖”之称。

1987年4月3日发现法门寺唐代地宫，在地下沉睡1000多年的唐代文化宝藏得以面世，震惊中外。其中地宫出土的佛指舍利（1个金骨和3个影骨），是世界上目前发现的有文献记载和碑文证实的释迦牟尼佛真身舍利，是佛教世界的最高圣物；地宫中发现的13件宫廷秘色瓷，是世界上目前发现的年代最早，并有碑文证实的秘色瓷器；地宫中出土的双轮十二环大锡杖，长1.96米，是目前世界上发现的年代最早、体形最大、等级最高、制作最精美的佛教法器；地宫出土的一整套宫廷茶具，是目前世界上发现的年代最早、等级最高、配套最完整的宫廷茶具；盛装第四枚佛指舍利的八重宝函，是世界上发现的制作最精美、层数最多、等级最高的舍利宝函；安奉第三枚佛祖真身舍利的鎏金银宝函，上面錾刻金刚界45尊造像曼荼罗，是目前世界上发现最早的密宗曼荼罗坛场。

目前，法门寺文化景区已成为陕西西线旅游的龙头单位和世界佛教朝拜中心、佛教文化研究中心以及海内外人士向往的旅游胜地。

三、陕南游览区

陕南位于秦岭山脉以南，地貌特征为“两山夹一川”。陕南有西部中心城市“汉家发祥地，中华聚宝盆”的汉中，中部中心城市“上雍古城”的安康，东部中心城市“商鞅封邑”的商洛。商洛文物古迹、自然景观和人文景观丰富多彩，商洛道（亦称商於古道）是秦驰道的主干道之一，为“秦楚咽喉”，是长安通往东南诸地和中原地区的交通要道。旅游景点有老君山、金丝峡、仙娥湖和天洞、佛爷洞、月亮洞、玉虚洞等溶洞；安康市山川秀丽，资源丰富，历史悠久，有“巴山药乡”之称。全市有国家级森林公园 5 个（南宫山国家森林公园、鬼谷岭国家森林公园、千家坪国家森林公园 、天华山国家森林公园、上坝河国家森林公园），国家级自然保护区 2 个（天华山自然保护区、化龙山自然保护区）。汉中简称“汉”，美誉“汉家发祥地，中华聚宝盆”，位于陕西省西南部，地处北暖温带和亚热带气候的过渡带，北依秦岭，南屏巴山，汉水横贯全境，形成汉中盆地。汉中两汉三国文化底蕴厚重，自然风光独特秀丽，有“秦巴天府”之称，悠久而丰富的历史为汉中留下了诸多名胜古迹：被誉为世界交通史、文化史上“奇迹”与“瑰宝”的褒斜栈道、石门及其摩崖石刻、汉刘邦的拜将台及其为汉王时的宫殿遗址古汉台，以及众多的历史名人墓地、祠堂等。牛背梁国家森林公园位于商洛市柞水县营盘镇朱家湾村，是国家级自然保护区，面积达 16520 公顷，生长有国家 1 级保护动物羚牛。茂密的原始森林、清幽的潭溪瀑布、独特的峡谷风光、罕见的石林景观，以及秦岭冷杉、杜鹃林带、高山草甸和第四纪冰川遗迹所构成的特有的高山景观造就了这座融景观多样性与独特性于一园的国家级森林公园。这里栖息着被国家保护的 20 目 53 种野生动物，主要有羚牛、豹、金雕、黑熊、金猫、香獐、鬣羚、斑冠、长尾雉、红腹角雉、勺鸡、大鲵等。

[知识链接]

褒斜古栈道

褒斜栈道又名褒斜道，因南口名“褒谷”（位于汉中市城北），北口名“斜谷”（在眉县），沿谷成道而得名。它是我国古代横跨秦岭，连接关中、巴蜀凿石架木而成的栈道，又叫阁道，以奇险和秀丽而闻名。隧道内壁和石门南褒河两岸崖上，留下汉魏以来历代著名官员和文人名士的提名和留诗，通称“石门石刻”。

[任务训练]

以小组为单位，通过教材或其他方式了解华山，获得旅游景点信息，进行华山的模拟导游训练。

[任务评价]

表4－2－1　陕西旅游区任务训练评价

内容			评价							
学习目标		评价内容	小组评价				教师评价			
			A	B	C	D	A	B	C	D
专业知识	应知应会	掌握华山旅游特点								
专业能力	完成北京市特色旅游景点的介绍	1. 能根据华山景区特色，熟练介绍华山自然和人文旅游景点								
		2. 推荐最佳游览线路								
通用能力	语言组织能力									
	语言表达能力									
	组织协调合作能力									
	应变能力									
	创新能力									
	服务意识									

A：优秀　B：良好　C：一般　D：欠佳

任务三　山西旅游区

山西省因位于太行山西侧而得名，又因春秋时地属晋国领地，故简称“晋”。山西省地处黄河中游，黄土高原中部，境内有山地、丘陵、高原、盆地、台地等多种地貌类型。东西两侧有太行山、吕梁山，南北两侧是中条山、恒山，黄河流经西南省境。山西是中华民族的发祥地之一，是厚重的黄河文化的主要代表之一，拥有丰富的历史文化遗产。早在旧石器时代这里就已有了人类繁衍生息，“精卫填海”“女娲补天”的传说就发生于此。传说中的中华民族的始祖黄帝、蚩尤、炎帝（人文三祖）都曾把山西作为活动的主要地区，中国史前三大伟人尧、舜、禹，都曾在山西境内建都立业，中国历史上第一个奴隶制国家政权夏朝也建立在山西南部。迄今为止山西有文字记载的历史达3000年之久，历史上无论在政治、军事、经济、文化等各个方面，都起着举足轻重的作用。山西是全国唯一一个拥有五岳、五镇和四大佛教名山的省份，最著名的有五岳之一的北岳恒山、四大佛教名山之首的五台山等，山色不同，神态各异，分别以险峻、幽雅、秀美而出奇制胜。流经山西19个县的黄河，是山西、陕西两省的天然分界线，峡谷两岸秀峰林立，形态万千，风陵渡一带的黄河宽达数十里，为黄河最宽处。这些名山大川犹如一幅幅美不胜收的画卷，形成多处风光宝地，成为山西取之不竭、用之不尽的旅游资源。

◆【任务目标】

1.学生自行寻找山西旅游区游览图，根据下面旅游行程线路，在图中标注旅游线路。

晋善晋美之旅5日游：

D1: 太原：晋祠、双塔寺；

D2: 太原—大同：云冈石窟、九龙壁、应县木塔；

D3: 大同—沂州：五台山；

D4: 沂州—晋中—长治：平遥古城、乔家大院；

D5: 长治—临汾：壶口瀑布、尧庙、洪洞大槐树寻根祭祖园。

2.根据山西旅游区游览图，了解山西旅游区的主要旅游景区景点。

◆【任务分析】

要想了解山西旅游区的主要旅游景区景点，首先要了解山西旅游区的旅游特色，掌握山西旅游景区景点分布情况，熟悉各旅游景区景点的特点。

◆【知识准备】

一、太原游览区

太原是山西省的省会，西、北、东三面环山，中、南部为河谷平原，全市整个地形北高南低呈簸箕形。太原是我国中部地区重要的能源基地、老工业基地和历史文化名城，是山西省的政治、经济、文化、教育、科技、交通、信息中心。太原自古就有“锦绣太原城”之誉，在2500年的历史长河中，太原曾经是唐尧故地、战国名城、太原故国、中原北门、九边重镇、晋商故里……只要来过太原的人，都会深深地陶醉在它悠久的历史和灿烂的文化之中。

（一）晋祠

晋祠位于太原市西南悬瓮山麓的晋水之滨，初名唐叔虞祠，是为纪念北魏周武王次子叔虞而建。叔虞的儿子燮父继位后，因境内有晋水流淌，故将国号由唐改为晋，这也是山西简称“晋”的由来，郦道元《水经注》记载“际山枕水，有唐叔虞祠”，即今晋祠。

晋祠山环水绕，古木参天，在如画的美景中，建有近百座殿、堂、楼、阁、亭、台、桥、榭。在苍郁的树木掩映之下，清澈见底的泉水蜿蜒穿流于祠庙殿宇之间，历史文物与自然风景荟萃，是集中国古代祭祀建筑、园林、雕塑、壁画、碑刻艺术为一体的珍贵的历史文化遗产。祠内周柏唐槐、圣母殿内宋代的彩塑、难老泉被誉为“晋祠三绝”， 此三绝以圣母殿为中心，彩塑位于殿内，周柏在东侧，枝干斜探向殿之所在，难老泉在西侧，上置小亭一座，檐角隐隐与圣母殿相向，具有很高的历史价值、科学价值和艺术价值，是华夏文化的一颗璀璨明珠。

（二）双塔寺（永祚寺）

双塔寺位于太原城区东南郝庄村南，本名“永祚寺”，始建于明万历年间，古往今来，永祚寺的双塔为世人所瞩目，被誉为“晋阳奇观”，是太原市的标志性建筑。寺院因地势而拓建，故居高临下而坐南朝北。寺院由前院、后院、塔院三部分组成，著名的双塔就建在塔院内。双塔均为砖石结构，共13层，高50余米，由明代高僧佛灯主持修建。两塔相距60米，雕饰清丽，轮廓分明，塔的外壁和内壁间有盘旋式阶梯，可以直达11层，站在塔顶远眺，太原全景一览无余。

二、大同游览区

大同北邻内蒙古，东望河北，距北京380公里，为首都之屏障、全晋北方之门户，是历代兵家必争之地，被誉为“北方锁钥”，为我国当代最大的煤炭能源基地、国家级历史文化名城。大同在历史上一直是北方中国的中心城市，素有“三代京华，两朝重镇”之称。大同享有“佛国龙城”之美誉。

（一）云冈石窟

云冈石窟位于大同市西郊武周山，石窟依山开凿，东西绵延约1公里，气势恢宏，内容丰富，是北魏王朝建都平城（今大同）期间留下的一座历史丰碑。现存主要洞窟45个，大小窟龛252个，造像51000余尊，是我国规模最大的古代石窟群之一，代表了公元5～6世纪中国杰出的佛教石窟艺术。

云冈石窟历史久远，规模宏大，内容丰富，雕刻精细，被誉为中国美术史上的奇迹。

云冈石窟 2001 年被联合国教科文组织列入《世界遗产名录》。

（二）九龙壁

位于大同市区东街路南，建于明代洪武末年，是明太祖朱元璋第十三子代王朱桂府前的照壁。壁高 8 米，厚 2.02 米，长 45.5 米。壁上均匀协调地分布着 9 条飞龙，两侧为日月图案。壁面由 426 块特制五彩琉璃构件拼砌而成。9 条飞龙气势磅礴，飞腾之势跃然壁上。龙的间隙由山石、水草图案填充，互相映照、烘托。壁顶覆盖琉璃瓦，顶下由琉璃斗拱支撑。壁底为须弥座，高 2.09 米，敦实富丽，上雕 41 组二龙戏珠图案。腰部由 75 块琉璃砖组成浮雕，有牛、马、羊、狗、鹿、兔等多种动物形象，生动活泼，多彩多姿。

（三）华严寺

位于大同市西部。华严寺殿宇嵯峨，气势雄伟壮观，是辽金时期我国华严宗重要寺庙之一。寺院分上下两寺，各开山门，自成格局。上寺以金建大雄宝殿为主，分为两院，有山门、过殿、观音阁、地藏阁及两厢廊庑，高低错落，井然有序。大雄宝殿在华严寺内北隅，殿身东向，大殿面阔九间，进深五间，矗立在 4 米余高的台上，是现存辽金时期最大的佛殿之一。华严下寺位于上寺的东南侧，以薄伽教藏殿为中心，有辽代塑像、石经幢、楼阁式藏经柜和天宫楼阁等，其薄伽教藏殿内的辽代塑像和天宫楼阁均为国宝。此寺主要殿宇皆面向东方，这与契丹族信鬼拜日、以东为上的宗教信仰和居住习俗有关。

三、恒山—五台山游览区

（一）恒山

恒山位于浑源县城南 10 公里，距大同市 62 公里，曾名常山、恒宗、元岳、紫岳、大茂山。恒山又称北岳，山脉祖于阴山，横跨塞外，东连太行，西跨雁门，南障三晋，北瞰云代，东西绵延五百里，其中，倒马关、紫荆关、平型关、雁门关、宁武关虎踞为险，是塞外高原通向冀中平原之咽喉要冲，自古是兵家必争之地。主峰天峰岭在浑源县城南，海拔 2016.8 米，被称为“人天北柱”“绝塞名山”。恒山号称 108 峰，东西绵延 150 公里，横跨山西、河北两省。莽莽苍苍，横亘塞上，巍峨耸峙，气势雄伟。天峰岭与翠屏峰，是恒山主峰的东西两峰，两峰对望，断崖绿带，层次分明，美如画卷。

（二）五台山

位于山西省东北部，忻州市五台县和繁峙县之间，西南距省会太原市 230 公里。与浙江普陀山、安徽九华山、四川峨眉山共称“中国佛教四大名山”。五台山由五峰组成，曾经有 360 座寺庙，现存寺庙 90 余处。五台山据传是文殊菩萨的道场，东西南北中五大高峰据说代表着文殊菩萨的五种智慧：大圆镜智、妙观察智、平等性智、成所作智和法界体性智。文殊菩萨在诸大菩萨中智慧辩才第一，故专司佛的智慧，有“大智文殊”的尊号，被推为众菩萨之首。

五台山五座主峰，东台望海峰可看云海日出，西台挂月峰可赏明月娇色，南台锦绣峰可观花的海洋，北台叶斗峰可览群山层叠，中台翠岩峰可见巨石如星。2009年联合国教科文组织将五台山列入《世界遗产名录》，2007年五台山被国家旅游局批准为首批国家AAAAA级旅游景区。

四、晋中游览区

（一）平遥古城

位于山西省中部，与四川阆中、云南丽江、安徽歙县并称为“保存最为完好的四大古城”，也是我国唯一一座以整座古城申报世界文化遗产获得成功的古县城。平遥古城始建于西周宣王时期（前827年～前782年），距今已有2800多年的历史，明代洪武三年（1370年）扩建，更新城楼，增设敌台。康熙四十三年（1704年）因皇帝西巡路经平遥，而筑了四面大城楼，使城池更加壮观。平遥古城目前基本保存了明清时期的县城原型，有“龟城”之称，现存有6座城门瓮城、4座角楼和72座敌楼。街道格局为“土”字形，建筑布局则遵从八卦的方位，体现了明清时的城市规划理念和形制分布。城内外有各类遗址、古建筑300多处，有保存完整的明清民宅近4000座，街道商铺都体现历史原貌，被称作研究中国古代城市的活样本。

（二）乔家大院

位于祁县乔家堡村，始建于1756年，整个院落呈双“喜”字形，分为6个大院，内套20个小院，313间房屋，建筑面积4175平方米，三面临街，四周是高达10余米的全封闭青砖墙，大门为城门式洞式，是一座具有北方汉族传统民居建筑风格的古宅。乔家大院体现了中国清代民居建筑的独特风格，具有相当高的观赏、科研和历史价值，是一座无与伦比的艺术宝库，被称为“北方民居建筑的一颗明珠”。

（三）渠家大院

位于晋中市，整座院落，外观为城堡格局，墙头为垛口式女儿墙，内分8个大院、19个四合小院，共240间房屋，占地面积5317平方米。院落之间，有牌楼、过厅相接，形成院套院、门连门的美妙格局。其中石雕栏杆院、五进式穿堂院、牌楼院、戏台院，堪称渠家大院的四大建筑特色。屋内屋外彩绘华丽，堆金沥粉。木、石、砖雕俯仰可见，题材广泛，寓意祥和，刀法精良，有着极高的文化价值、艺术价值。

（四）绵山风景名胜区

跨介休、灵石、沁源三市县地界，最高海拔2560米，是太岳山的一条支脉。绵山风景名胜区人文景观包括龙头寺、龙脊岭、李姑岩、蜂房泉、大罗宫、天桥、一斗泉、朱家凹、云峰寺、正果寺、介公岭，自然景观包括栖贤谷、古藤谷、水涛沟。绵山风景名胜区文物古迹、佛寺神庙、革命遗址集于一体，是山西省重点风景名胜区，国家AAAAA级旅游景区。

[任务训练]

以小组的形式，通过教材或其他方式了解山西旅游景点，获得旅游景点信息，设计山西旅游主题。每组选出 1 名同学代表小组阐述任务完成的过程，并讲解旅游主题中的主要旅游景点。

[任务评价]

表4－3－1　山西旅游区任务训练评价

评价指标	评价分值											
	自我评价				组间评价				教师评价			
	A	B	C	D	A	B	C	D	A	B	C	D
主题设计												
阐述过程												
讲解水平												
团队合作												
总体印象												

A：优秀　B：良好　C：一般　D：欠佳

任务四　河南旅游区

河南，位于中国中东部，黄河中下游，简称“豫”， 因大部分地区位于黄河以南，故称河南。远古时期，黄河中下游地区河流纵横，森林茂密，野象众多，河南又被形象地描述为人牵象之地，这就是象形字“豫”的根源，也是河南简称“豫”的由来。现今河南大部分地区属九州中的豫州，故有“中原”“中州”之称。河南自北向南分别与河北、山东、安徽、湖北、陕西、山西 6 省接壤，东与江苏相邻，呈承东启西、望北向南之势。河南是华夏历史文明传承区，从夏代到北宋，先后有 20 个朝代建都或迁都于此，长期是全国政治、经济、文化中心，从中国历史上第一个王朝夏朝在商丘建都起，河南孕育了洛阳、开封、商丘、安阳、郑州、南阳等闻名海内外的古都，河南是中华文明和中华民族的重要发源地，中原河洛、三商文化源远流长，汉字文化、姓氏文化、诗词文化等博大精深；省内文物古迹、风景名胜众多，少林寺、龙门石窟、清明上河园、商丘古城、云台山等闻名海内外。

◆【任务目标】

1. 学生自行寻找河南旅游区游览图，根据下面旅游行程线路，在图中标注旅游线路。

河南深度 4 日游：

D1: 郑州—洛阳：少林寺、龙门石窟；

D2: 洛阳：嵩山、白马寺、白云山；

D2: 洛阳—安阳：殷墟、太行大峡谷、天宁寺；

D4: 安阳—开封：大相国寺、清明上河园、开封府。

2. 根据河南旅游区游览图，了解河南旅游区的主要旅游景区景点。

◆【任务分析】

要想了解河南旅游区的主要旅游景区景点，首先要了解河南旅游区的旅游特色，掌握河南旅游景区景点分布情况，熟悉各旅游景区景点的特点。

◆【知识准备】

一、洛阳游览区

洛阳是中华文明的发祥地之一，千年帝都的河洛文化源远流长。洛阳佛教文化的渊源，可以追溯到东汉，距今已有 1900 多年的历史。魏晋南北朝时期，洛阳有佛寺 1000 多座，到隋唐时期，洛阳佛教文化更加发达，因此洛阳成为中国佛教的发源地和北方佛教重镇。

（一）白马寺

位于洛阳老城以东 12 公里处，这座 1900 多年前建造在邙山、洛水之间的寺院，被称为“中国第一古刹”，是佛教传入中国后的第一所官办寺院。从白马寺始，我国僧院便泛称为寺，因此白马寺被认为我国佛教的发源地，又被尊为佛教的“祖庭”和“释源”。

白马寺为长方院落，坐北朝南，现在的布局为明嘉靖时重修，寺内主要建筑有天王殿、大佛殿、大雄殿、接引殿、毗卢阁、齐云塔等建筑。山门东西两侧有迦叶摩腾和竺法兰二僧墓。大雄殿是寺院内最大的殿宇，殿内贴金雕花的大佛龛内塑的是三世佛，两侧排列 18 尊神态各异、眉目俊朗的罗汉塑像。塑像是用漆、麻、丝、绸在泥胎上层层裱裹，然后揭出泥胎而制成，这种“脱胎漆”工艺叫夹苎干漆工艺，在国内是独一无二的。

（二）龙门石窟

位于洛阳市城南 13 公里，是中国四大石窟之一（另外三大石窟为山西云冈石窟、甘肃敦煌莫高窟和甘肃天水麦积山石窟），它始凿于北魏孝文帝由平城（今山西大同市）迁都洛阳（493 年）前后，历经东魏、西魏、北齐、北周、隋、唐和北宋等朝，连续大规模营造达 400 年之久，至今仍存有窟龛 2000 多个，佛塔 70 余座，造像 10 万余尊，最大的佛像卢舍那佛，通高 17.14 米；最小的佛像在莲花洞中，每个只有 2 厘米，称为微雕；碑刻题记 2600 余品，数量之多位于中国各大石窟之首。这些翔实描述佛教宗教题材的艺术作品，代表了中国石刻艺术的最高峰。2000 年联合国教科文组织将龙门石窟列入《世界遗产名录》。

二、开封游览区

开封是国务院首批命名的历史文化名城，中国七大古都之一，在中国版图上处于豫东大平原的中心部位，简称“汴”。开封是中原旅游区重点观光游览城市，史有“一苏二杭三汴州”之说，悠久的历史和灿烂的古文化给开封留下了众多的文物古迹和风景名胜，如清明上河园、大相国寺等。

（一）清明上河园

位于开封市西北隅，是对宋代著名画家张择端的代表作、中华民族艺术之瑰宝的《清明上河图》复原再现的大型宋代历史文化主题公园。该园占地面积 500 余亩，其中水面 120 亩，拥有大小古船 50 余艘，各种宋式房屋 400 余间，形成了中原地区最大的气势磅礴的宋代古建筑群。整个景区内芳草如茵，古音萦绕，钟鼓阵阵，形成一派“丝柳欲拂面，鳞波映银帆，酒旗随风展，车轿绵如链”的栩栩如生的古风神韵。清明上河园建筑古朴典雅，在景观中融入了一系列北宋民俗风情和市井文化的剧目表演，具有极高的观赏性、娱乐性、参与性。

（二）大相国寺

大相国寺位于开封市中心，始建于北齐天保六年（555 年），开封大相国寺历史悠久，是我国汉传佛教十大名寺之一，在中国佛教史上有着重要的地位和广泛的影响。大相国寺原名建国寺，唐代延和元年（712 年），唐睿宗因纪念其由相王登上皇位，赐名大相国寺，并亲笔书写了“大相国寺”匾额。大相国寺至北宋时期达到空前鼎盛，经多次扩建后占地达500余亩，辖64个禅、律院，养僧千余人，是我国历史上第一座“为国开堂”的皇家寺院，是京城最大的寺院和全国佛教活动中心。《水浒传》描写的鲁智深倒拔垂杨柳的故事，就发生在该地。目前保存的建筑，乃清顺治和乾隆年间重修，主要包括天王殿、大雄宝殿、八角琉璃殿、藏经楼、千手千眼佛等殿宇古迹。

三、登封游览区

登封市位于河南省中西部，地形以山地和丘陵为主，是中国优秀旅游城市，著名“文物之乡”和“武术之乡”。登封历史悠久，旅游资源得天独厚，形成了以佛、道、儒、险、古为突出特色的诸景区。

（一）嵩山

位于登封市西北面，古时名为外方，夏商时称崇高，五代后称中岳嵩山，与泰山、华山、恒山、衡山共称五岳。嵩山地区是中华文明的发源地，历史悠久，是我国古代重要的政治、经济、文化中心之一。

嵩山自然景观优美，山体从东至西横卧，故有“华山如立，中岳如卧”之说。太室山和少室山各有36峰，历代的帝王将相、墨客骚人、僧道隐士，根据这些山峰的形态，给这些美丽的山峰命名，遂有72峰之说。在72峰之外，山上还有谷、洞、潭、瀑等各类景致。夏季层峦叠嶂，满山俱是郁郁苍苍的林木；冬季雪后，漫山银装，景色佳绝。

嵩山地区不仅风景优美，而且文化高度繁荣，被誉为我国历史发展的博物馆，名胜古迹遍布，寺庙宫观林立，祠、庵、塔、堂、院、宅、馆众多，碑刻题记、石雕、壁画星罗棋布，其中有中国六最：禅宗祖庭——少林寺、现存规模最大的塔林——少林寺塔林、现存最古老的塔——北魏嵩岳寺塔、现存最古老的石阙——汉三阙、树龄最高的柏树——汉封“将军柏”、现存最古老的观星台——告城元代观星台。

嵩山于2004年被联合国教科文组织世界地质公园专家评审会评为世界地质公园，2010年8月登封“天地之中”历史建筑群被联合国教科文组织列入《世界遗产名录》。

（二）少林寺

少林寺位于登封市西北15公里处的嵩山少室山下，是少林武术的发源地，禅宗祖庭，因为此地环境清幽，周围皆是郁郁葱葱的古树，故得名“少林寺”，意为“深藏于少室山下茂密丛林中的寺院”。

相传达摩祖师来到嵩山，在少林寺广招信徒，弘扬佛法禅宗，从此确立了少林寺禅宗祖庭的地位。到了唐代，少林寺又因一段“十三棍僧救唐王”的故事而声名大振，在唐王的特许下，少林寺可以拥有僧兵，自成体系的少林武术于是成为中华武术的代表之一。

少林寺寺院宏大，从山门、天王殿、大雄宝殿、立雪亭、千佛殿等共七进院落，总面积达3万平方米。山门是一座面阔三间的单檐歇山顶建筑，它坐落在2米高的砖台上，门额上有清康熙帝亲笔所题“少林寺”三个大字。

[知识链接]

少林寺塔林

少林寺塔林是少林寺历代和尚的坟墓，少林寺塔林现有232座塔，占地面积1.4万多平方米。历经唐、宋、金、元、明、清不同年代，是中国现存面积最大、数量最多、价值最高的一个古塔建筑群。佛教界有名望、有地位的和尚死后，他们的骨灰或尸骨被放入地宫，上面造塔，以示功德。塔的高低、大小和层数的多少，主要根据和尚们生前对佛学造诣的深浅、威望高低、功德大小来决定。塔的层数不同，一般为一级至七级，高度约在15米以下，造型有四方形、六角形、八角形，有柱体、锥体，有直线形、抛物线形，有瓶体、喇叭形，种类繁多。这些塔是各历史时期的代表作，是综合研究我国古代建筑、书法、雕刻艺术的宝库。

[任务训练]

以小组的形式，通过教材或其他方式了解河南旅游景点，获得旅游景点信息，选出小组最喜欢的旅游景点。每组选出1名同学代表小组阐述任务完成的过程，讲解选出的旅游景点。

[任务评价]

表4－4－1　河南旅游区任务训练评价

评价指标	评价分值											
	自我评价				组间评价				教师评价			
	A	B	C	D	A	B	C	D	A	B	C	D
景点把握												
阐述过程												
讲解水平												
团队合作												
总体印象												

A：优秀　B：良好　C：一般　D：欠佳

任务五　山东旅游区

山东，简称鲁，位于中国东部、黄河下游、京杭大运河的中北段，西部连接内陆，从北向南分别与河北、河南、安徽、江苏四省接壤；中部高突，泰山是全境最高点；东部山东半岛伸入黄海，北隔渤海海峡与辽东半岛相对、拱卫京津与渤海湾，东隔黄海与朝鲜半岛相望，东南则临靠较宽阔的黄海、遥望东海及日本南部列岛。山东历史悠久，早在夏朝时期，东夷各部族就活跃在山东地域。由于春秋时期齐、鲁两国发达的经济、政治、文化在中国历史上的重大影响，山东又称"齐鲁之邦"，并以鲁为山东的简称。人们常常以"一山一水一圣人"来评价齐鲁文化在中国传统文化里面的地位。"一山"是指泰山。泰山在齐鲁文化中的地位，不仅仅是因为它的自然景观雄伟壮丽，还因为泰山本身是用中华文化堆积的一个文化的大山。在大多数中国人的观念里面，泰山就是中华民族的一个文化之根。"一水"是指黄河，山东是黄河入海口。"一圣人"，是指孔子。

◆【任务目标】

1. 学生自行寻找山东旅游区游览图，根据下面旅游行程线路，在图中标注旅游线路。

美丽山东 6 日游：

D1: 济南：趵突泉、大明湖、千佛山；

D2: 青岛：崂山、八大关；

D3: 威海：刘公岛、成山头；

D4: 蓬莱：蓬莱阁；

D5: 泰安：泰山；

D6: 曲阜：孔庙、孔府、孔林。

2. 根据山东旅游区游览图，了解山东旅游区的主要旅游景区景点。

◆【知识准备】

一、济南游览区

济南位于山东省中西部，是山东省省会，具有 2000 多年的历史，是世界著名的史前文化——龙山文化的发源地。济南自然风光秀丽，城内百泉争涌，自古就有"泉城"之美誉。尤以趵突泉、黑虎泉、五龙潭、珍珠泉四大名泉久负盛名，清代著名小说家刘鹗在《老残游记》中详细描写了济南"家家泉水，户户垂柳"的美丽景色。

（一）趵突泉

趵突泉位于济南市区中心，趵突泉南路和泺源大街中段，南靠千佛山，东临泉城广场，北望大明湖，面积 158 亩，是以泉为主的特色园林。趵突泉是泉城济南的象征与标志，与千佛山、大明湖并称为济南三大名胜。趵突泉名列济南众泉之冠，泉池东西长 30 米，南北宽20米，泉分三股涌出平地，每天就涌出7万立方米的泉水，泉水澄澈清醇，含菌量极低，经化验符合国家饮用水标准，是理想的天然饮用水，可以直接饮用，“趵突腾空”为明清时济南八景之首。泉的四周有大块砌石，环以扶栏，可凭栏俯视池内三泉喷涌的奇景。

（二）千佛山

千佛山位于济南市南部偏东，为泰山余脉。千佛山峰峦起伏，林木森森，恰似济南的天然屏障。千佛山原称历山，又称为舜耕山，相传，上古禹舜帝为民时，曾躬耕于历山下。据史载，隋开皇年间，山东佛教盛行，虔诚的佛教徒依山沿壁镌刻了众多的石佛，于山腰处建千佛寺故而得名千佛山。唐贞观年间，重新修葺，将“千佛寺”改称“兴国禅寺”。现主要旅游景点有万佛洞、千佛崖、观音园、兴国禅寺和卧佛等。

（三）大明湖

大明湖位于济南市中心、旧城区北部，是一个由城内众泉汇流而成的天然湖泊。泉水由南岸流入，水满时从宋代修建于北岸的北水门流出，湖底由不透水的火成岩构成，因而湖水“恒雨不涨，久旱不涸”，常年保持较固定的水位。济南八景中，大明湖有三景：“明湖泛舟”“历下秋风”“汇波晚照”。大明湖自然景观优美宜人，湖水波光粼粼，鸢飞鱼跃，游船穿行，“四面荷花三面柳，一城山色半城湖”是其风景的最好写照。人文景观十分丰富，历下亭、铁公祠、南丰祠、北极庙等30余处名胜古迹掩映于绿树繁花之间，展现出悠久的历史文化。

二、泰安游览区

泰安地处山东省中部，北与省会城市济南相连，南临孔子故里曲阜，东连瓷都淄博，西濒黄河。泰安因辖区内泰山而得名，取“泰山安则四海皆安”之意，象征国泰民安。早在5000年前，这里就孕育了“大汶口文化”，成为中华民族的发祥地之一。秦汉以来，屡经沿革，历尽沧桑，曾经设置过郡、路、州、府，自古人烟阜盛，风华物茂，是区域性政治、经济、文化中心。

（一）泰山

泰山又称岱山、岱宗、岱岳、东岳、泰岳等，名称之多实为全国名山之冠。泰山位于山东省中部，形成于太古代，因受来自西南和东北两方面的压力，褶皱隆起，经深度变质而形成中国最古老的地层——泰山群，后因地壳变动，被多组断裂分割，形成块状山体，现仍以每年0.5毫米的速度继续增高。

泰山有着深厚的文化内涵，其古建筑主要为明清风格，融建筑、绘画、雕刻、山石、林木为一体，是东方文明伟大而庄重的象征。著名风景名胜有天柱峰、日观峰、百丈崖、仙人桥、五大夫松、望人松、龙潭飞瀑、云桥飞瀑、三潭飞瀑等，可观赏泰山四绝泰山日出、云海玉盘、晚霞夕照、黄河玉带。

（二）岱庙

岱庙位于泰山南麓，又称东岳庙、太庙，是泰山最大、最完整的古建筑群，为道教神府，是古代帝王祭祀泰山神和举行封禅大典的场所。岱庙始建于秦汉，扩建于唐宋，金元明清多次重修，是泰山上下延续时间最长、规模最大、保存最完整的一处古建筑群。岱庙与北京故宫、山东曲阜三孔、承德避暑山庄和外八庙，并称中国四大古建筑群。

岱庙建筑风格采用帝王宫城形制营建，城堞高筑，殿宇巍峨，宫阙重叠，气象万千。周辟八门，四角有楼，前殿后寝，廊庑环绕。岱庙的主体建筑是北宋大中祥符二年（1009 年）修建的天贶殿，按照中国古代建筑的最高规格修建，殿内保存有巨幅宋代壁画《启跸回銮图》，是我国现存道教壁画的上乘之作。

岱庙内碑碣林立，古木参天，今存历代的碑碣石刻 300 余通，素有“岱庙碑林”之称，其中有中国现存最早的刻石——秦李斯的小篆碑，有充分体现汉代隶书风格的衡方碑、张迁碑，有晋代三大丰碑之一的孙夫人碑和形制特异的唐双束碑，以及宋至清历代重修的御制碑等。而历经几千年风雨沧桑的“汉柏”“唐槐”更为岱庙古树名木之最。

三、滨海游览区

（一）青岛

青岛地处山东半岛南部，东南濒临黄海，西北连接陆地，背依奇峰崂山，环抱“内海”胶州湾，天然造就三面临海、绵亘伸展的滨海丘陵地貌。全市海岸线总长 862 公里，占山东省海岸线的 1/4 强。青岛有浮翠流丹、秀掩重关、琴屿飘灯、飞阁回澜、汇泉踏浪、东海艺影、太平天音、鱼山海月、金岭缀珠、红楼暮霞等著名的景观。主要景点为崂山、八大关、海滨黄金旅游线、灵山岛、鹤山等。

1. 崂山

崂山是山东半岛的主要山脉，主峰巨峰（又称崂顶）海拔 1133 米，是我国海岸线第一高峰，有着海上“第一名山”之称。它耸立在黄海之滨，高大雄伟。山海相连，山光海色，是崂山风景的特色。绕崂山的海岸线长达 87 公里，沿海大小岛屿 18 个，构成了崂山的海上奇观。崂山是中国著名的道教名山，过去最盛时，有“九宫八观七十二庵”，全山有上千名道士。著名的道教人物邱长春、张三丰都曾在此修道。原有道观大多毁坏，保存下来的以太清宫的规模为最大，历史也最悠久。

2. 八大关

八大关位于汇泉东部，是中国著名的风景疗养区，面积 70 余公顷，十条幽静清凉的大路纵横其间，其主要大路因以我国八大著名关隘命名，故统称为八大关。

八大关的特点之一是把公园与庭院融合在一起，到处是郁郁葱葱的树木，四季盛开的鲜花，十条马路的行道树品种各异。八大关的另一特点是建筑造型独特，汇聚了众多国家的建筑风格，故有“万国建筑博览会”之称。这里集中了俄、英、法、德、美、丹麦、希腊、西班牙、瑞士、日本等 20 多个国家的各式建筑风格。

（二）威海

1. 成山头

又名“天尽头”，位于荣成市龙须岛镇，因地处成山山脉最东端而得名。成山头三面环海，一面接陆，与韩国隔海相望，仅距94海里，是中国陆海交接处的最东端，最早看见海上日出的地方，自古就被誉为“太阳启升的地方”，有“中国的好望角”之称。成山头风景区最高点海拔200米，东西宽0.75公里，南北长1公里，占地面积2.5平方公里。主要有海驴岛、始皇庙、秦代立石、拜日台、秦桥遗迹、望海亭、观涛阁、镇龙石和野生动物园等著名景点。

2．刘公岛

位于山东半岛最东端的威海湾内，面临黄海，背接威海湾，素有“东隅屏藩”“海上桃源”“不沉的战舰”之称。刘公岛北部海蚀崖直立陡峭，南部平缓绵延，主要景点有中国甲午战争博物院、中国甲午战争博物馆刘公岛国家森林公园、刘公岛博览园、刘公岛鲸馆、旗顶山炮台、东泓炮台、铁码头等。

（三）烟台

烟台地区最著名的景点为蓬莱阁。蓬莱阁位于蓬莱市区西北的丹崖山上，以“八仙过海”传说和“海市蜃楼”奇观享誉海内外。蓬莱阁高15米，双层木结构，重檐八角，四周环以朱赤明廊，供人极目远眺，阁上名人匾额楹联众多；阁南有三清殿、吕祖殿、天后宫、龙王宫等道教宫观建筑，均依丹崖山势而筑，层层而上，高低错落，与阁浑然一体；阁东、东南建观澜亭，为观赏东海日出之所，西侧海市亭，因为观望海市蜃楼之境而闻名。蓬莱阁与滕王阁、黄鹤楼、岳阳楼一起并称中国古代四大名楼。

四、曲阜游览区

曲阜位于山东省西南部，古称鲁县，是周朝时期鲁国国都。曲阜是我国古代伟大的思想家、教育家、儒家学派创始人孔子的故乡，是国务院首批命名的历史文化名城之一，被西方人士誉为“东方耶路撒冷”。据《史记》记载，曲阜曾是神农故都、黄帝诞生地、商殷故国、周汉鲁都、孟子诞生地，不仅以5000年的悠久历史和“礼仪之邦”的盛名著称于世，而且以拥有大量珍贵的文物而蜚声中外。“孔府、孔庙、孔林”统称“三孔”，被世人尊崇为世界三大圣城之一，1994年联合国教科文组织将“三孔”列入《世界遗产名录》。

（一）孔府

孔府也称圣府，西邻孔庙，是孔子世袭“衍圣公”的世代嫡裔子孙的官署和私邸，规模相当宏大，是我国仅次于明、清皇帝宫室的最大府第。孔府始建于宋仁宗宝元元年(1038年)，号称“天下第一家”。孔府占地200多亩，有楼轩厅堂463间，院落九进，布局分东、西、中三路：东路为家庙所在地，有报本堂、桃庙等；西路为学院，是旧时衍圣公读书、学诗学礼和会客之所；中路是孔府的主体部分，前为官衙，设三堂六厅（大堂、二堂、三堂，管勾厅、百户厅、知印厅、掌书厅、典籍厅、司乐厅）；后为内宅，包括前上房、前堂楼、后堂楼等，是衍圣公全家活动的地方，最后是孔府花园，是历代衍圣公及其眷属游赏之所。孔府是我国封建社会中典型的官衙与内宅合一的贵族庄园，府内所藏历史文物十分丰富，其中最著名的为“商周十器”，亦称“十供”，原为宫廷所藏青铜礼器，清高宗于乾隆三十六年（1771 年）将其赐予孔府。

（二）孔庙

孔庙（本庙）位于曲阜市南门内，其建筑规模宏大、雄伟壮丽、金碧辉煌，为我国最大的祭孔要地。孔子逝世后的第二年（前 478 年），鲁哀公将孔子故宅改建为庙。此后历代帝王不断加封孔子，扩建庙宇，到清代，雍正帝下令大修，扩建成现代规模。庙内共有九进院落，以南北为中轴，分左、中、右三路，纵长 630 米，横宽 140 米，有殿、堂、坛、阁 460 多间，门坊 54 座，"御碑亭"13 座，拥有各种建筑 100 余座的庞大建筑群。孔庙内的圣迹殿、十三碑亭及大成殿东西两庑，陈列着大量碑碣石刻，这里保存汉代以来历代碑刻 1044 块，有封建皇帝追谥、加封、祭祀孔子和修建孔庙的记录，也有帝王将相、文人学士谒庙的诗文题记，是研究封建社会政治、经济、文化、艺术的珍贵史料。特别是碑刻中有汉碑和汉代刻字 20 余块，是中国保存汉代碑刻最多的地方。孔庙碑刻之多仅次西安碑林，所以它有我国第二碑林之称。大成殿是孔庙的主殿，也是孔庙的核心，殿高 24.8 米，阔 45.8 米，深 24.9 米，重檐九脊，黄瓦飞甍，周绕回廊，和故宫太和殿、岱庙天贶殿并称为东方三大殿。

（三）孔林

孔林本称至圣林，坐落于曲阜城北，是孔子及其家族的专用墓地，占地 3000 余亩，是我国规模最大、持续年代最长、保存最完整的一处氏族墓葬群和人工园林。从子贡为孔子庐墓植树起，孔林内古树已达万余株。自汉代以后，历代统治者对孔林重修、增修过 13 次，增植树株 5 次，扩充林地 3 次，以至形成现在的规模。在这里既可考春秋之葬、证秦汉之墓，又可研究我国历代政治、经济、文化的发展和丧葬风俗的演变。

[任务训练]

以小组的形式，通过教材或其他方式了山东旅游景点，获得旅游景点信息，选出小组最喜欢的旅游景点。每组选出 1 名同学代表小组阐述任务完成的过程，讲解选出的旅游景点。

[任务评价]

表4－5－1　山东旅游区任务训练评价

评价指标	评价分值											
	自我评价				组间评价				教师评价			
	A	B	C	D	A	B	C	D	A	B	C	D
景点把握												
阐述过程												
讲解水平												
团队合作												
总体印象												

A：优秀　B：良好　C：一般　D：欠佳

【单元练习】

模拟训练

模拟情景：小王是西南某高校学生，准备利用暑假中7天的时间和几位同学到晋鲁豫陕旅游区参观游览，模拟旅行社前台接待人员的小李向小王介绍晋鲁豫陕旅游区的旅游资源。

角色：请小组成员分别扮演某旅行社前台接待员小李和大学生小王。

要求：旅行社前台接待员的小李，规范完成对小王在暑假去晋鲁豫陕旅游区参观游览的咨询任务。

1. 根据情景表演，按照以下要求，做好组间互评，听取老师的建议。

表4－5－2 模拟训练评价

评价项目	评价内容	组间互评	教师建议
旅行社前台接待人员仪容仪表	着装整洁大方得体，仪容仪表规范		
旅行社前台接待人员礼仪规范	服务礼貌用语规范，规范运用态势语言		
接待人员对旅游景点介绍	推荐最佳旅游线路、经典景点		
	选择最佳介绍方法		
	突出核心介绍内容		
通用能力	与顾客之间的有效沟通		
	语言表达能力、应变能力		
努力方向：			

A：优秀　B：良好　C：一般　D：欠佳

2. 以“陕西红色行”为旅游主题，推荐旅游景点。
3. 请设计一条山东的“海滨休闲之旅”旅游线路。
4. 以“名山古刹之旅”为旅游主题，推荐旅游景点。
5. 以“晋北佛教文化之旅” 为旅游主题，推荐旅游景点。

单元五　魅力草原、最美大漠、蒙古游牧文化游
——内蒙古旅游区

任务一　内蒙古旅游区旅游特色

内蒙古自治区位于中国北部边疆，是我国东西跨经度最大的省份，东北与黑龙江、吉林、辽宁接壤，西与甘肃、宁夏毗邻，南与河北、山西、陕西相连，北与蒙古国和俄罗斯交界，国境线长 4221 公里。内蒙古自治区简称内蒙古，省会呼和浩特市，为一个多民族聚居地区，以蒙古族和汉族为主，还有朝鲜、回、满、达斡尔、鄂温克、鄂伦春等民族。本区地势较高，地貌以高原为主，还有草原、沙漠、森林、湖泊等多种形态。内蒙古属半干湿的中温带季风气候，东部为半湿润地带，西部为半干旱地带。在这片别具北国风采、极富传奇色彩的土地上，孕育了内蒙古辽阔的草原风光、美丽的沙漠风情、众多的文化古迹、独特的游牧文化和绚丽的民族风情，使海内外游客深刻地感受着它的塞外情韵。

◆【任务目标】

根据本区的旅游特色，推荐本区旅游主题

◆【任务分析】

要想推荐本区的旅游主题，首先要了解本区的地理环境，掌握本区旅游景观特色，了解本区特色旅游资源的类型、功能及成因。

◆【知识准备】

一、独特的高原地貌

内蒙古的地形主要以高原为主，即内蒙古高原，位于中国北部，是中国的第二大高原。内蒙古高原开阔坦荡，地面起伏和缓。高原上既有碧野千里的草原，也有沙浪滚滚的沙漠，是中国天然牧场和沙漠的分布区之一。地势由西北向东南平缓下降，“远看是山，近看是原”是内蒙古高原的显著特征。整个高原可分为呼伦贝尔高原、锡林郭勒高原、乌兰察布高原，以及阿拉善、巴彦淖尔和鄂尔多斯高原四部分。戈壁和沙漠是内蒙古高原的显著地貌特色，戈壁、沙漠、沙地依次从西北向东南略呈弧形分布，西部沙漠戈壁面积较大。境内大小湖泊千余，其中著名的有呼伦湖、贝尔湖、乌梁素海等，短小河流数以千计，多为内陆河。

高原之中形态各异的丘陵、盆地、山脉、沙漠，以及分布其间的河流、湖泊，具有极大的旅游吸引力。

二、典型的气候特征

内蒙古属典型的中温带季风气候，具有降水量少而不匀、寒暑变化剧烈的显著特点。冬季漫长而寒冷，夏季温热而短暂，气温变化剧烈，冷暖悬殊。降水量受地形和海洋远近的影响，自东向西由500毫米递减为50毫米。蒸发量则相反，自西向东由3000毫米递减到1000毫米。与之相应的气候带呈带状分布，从东向西由湿润、半湿润区逐步过渡到半干旱、干旱区。这里晴天多，阴天少，日照时数普遍都在2700小时以上，长时达3400小时。冬春季多风大，年平均风速在3米/秒以上，蕴藏着丰富的光热、风能资源。其中位于巴彦淖尔市的乌拉特中旗全年有风日在272天以上，为全国风能最丰富的地区之一。

三、奇特的自然风光

（一）草原景观

本区内蒙古高原的北部和中部，由呼伦贝尔西半部向南经锡林郭勒盟、赤峰市直到黄土高原的北部地区，属典型的温带草原。内蒙古草原涵盖世界所有草原类型，被称为完整的天然草原博物馆。呼伦贝尔、锡林郭勒、科尔沁、乌兰察布、鄂尔多斯和乌拉特等著名草原宽广辽阔，一望无际，绿浪翻滚，茫茫草原犹如烟波浩渺的大海，牛羊遍野。在一望无际、绿草如茵的草原上骑马、骑骆驼、观赏草原风光、体验草原牧民生活，以及参加赛马、马术、骑射等牧民娱乐生活，是草原旅游的主要内容。

（二）沙漠景观

内蒙古的沙漠、沙地分布较广，从西到东分布有巴丹吉林、腾格里、乌兰布和与库布齐四大沙漠，以及毛乌素、浑善达克、科尔沁三大沙地，沙区总面积11.2亿亩，占全区土地总面积的63.3%，自治区充分利用独特的沙漠资源开发了沙漠生态旅游、探险旅游、沙漠娱乐与沙湖度假等旅游产品，建成了一批具有一定规模的沙漠旅游区。

（三）其他自然旅游资源

内蒙古还拥有面积广大的林地，以内蒙古东部被誉为“绿色林海”的大兴安岭为主的森林面积达1407万公顷，占全国森林面积的1/9。夹于阴山与鄂尔多斯高原之间的内蒙古河套平原，富饶美丽，有“谷仓”和“塞上江南”之称。内蒙古的野生动植物资源丰富，各类植物2351种，被列为第一批国家保护的珍稀野生植物的有24种；动物种类有114种，其中珍贵稀有动物10余种，鸟类有365种，蒙古野驴和野骆驼属于世界上最珍贵的兽类，驯鹿是内蒙古特有的动物。另外，内蒙古还拥有众多天然湖泊，神奇的石林、冰臼地貌等丰富多彩的自然景观。

四、独特的蒙古文化

内蒙古旅游区生活着风情独特、民风淳朴的蒙古族。他们长期把逐水草而居的所有空间看成他们的生存空间。在这种大尺度、宽视野的生存环境下，在不断流动的生活过程中，他们的精神世界形成了豁达的民族品格。他们用天地、生命、父母、爱情来表达明快的思想境界、感情和心态，很少表现阴暗负面的情绪。大草原、大沙漠、大森林的恢宏壮美是蒙古文化的重要特征。

[知识链接]

蒙古族

蒙古族有自己的语言文字。萨满教是蒙古族古老的原始宗教，蒙古族早期信仰萨满教，元代以后普遍信仰喇嘛教。蒙古族的饮食有以奶为原料制成的食品，蒙古语称“查干伊得”，意为圣洁、纯净的食品，即“白食”；以肉类为原料制成的食品，蒙古语称“乌兰伊得”，意为“红食”。蒙古族的礼仪：见面要互致问候，即便是陌生人也要问好；蒙古族待客十分讲究礼节和规矩；到蒙古族人家里做客必须敬重主人； 献哈达是蒙古族的一项高贵礼节。献哈达时，献者躬身双手托着递给对方，受者亦应躬身双手接过或躬身让献者将哈达挂在脖子上，并表示谢意。蒙古族人骑马、驾车接近蒙古包时忌重骑快行，以免惊动畜群；若门前有火堆或挂有红布条等记号，表示这家有病人或产妇，忌外人进入；客人不能坐西炕；忌食自死动物的肉和驴肉、狗肉、白马肉；办丧事时忌红色和白色，办喜事时忌黑色和黄色；忌在火盆上烘烤脚、鞋、袜和裤子等；禁止在参观寺院经堂、供殿时吸烟、吐痰和乱摸法器、经典、佛像以及高声喧哗，也不得在寺院附近打猎。那达慕大会是内蒙古大草原的盛会。“那达慕”意为“娱乐游戏”，已有近800年的历史。那达慕大会多在草原牲畜肥壮、水草丰茂的七八月份举行。大会期间有摔跤、赛马、射箭、套马、下蒙古棋等比赛项目，还有民间弹唱、民歌对唱等活动。

内蒙古推出了国际草原文化节、旅游那达慕、蒙古族服装服饰艺术节、昭君文化节、818哲里木赛马节、阿拉善金秋胡杨节、呼伦贝尔冰雪节、满洲里中俄蒙三国交界地区旅游节暨三国选美大赛等100多个大型节庆活动。这些活动同当地文化和资源优势紧密结合，内容丰富，特色鲜明，旅游者在尽情观赏草原风光的同时，得以充分领略浓郁的民族风情和地方特色。

【任务训练】

表5－1－1　内蒙古旅游区旅游主题

名称	推荐理由	根据主题推荐的旅游景区或景点

【任务评价】

表5－1－2　内蒙古旅游区旅游主题任务评价

评价指标	评价分值											
	自我评价				组间评价				教师评价			
	A	B	C	D	A	B	C	D	A	B	C	D
主题准确、鲜明												
推荐理由合理												
景点把握熟练												
团队合作												
总体印象												

A：优秀　B：良好　C：一般　D：欠佳

任务二　内蒙古旅游区

内蒙古拥有奇特的自然风光和悠久的历史文化，旅游资源十分丰富。大面积的草原和沙漠是内蒙古最吸引人的独特自然风光，而历史悠久的游牧文化和多彩浓厚的民俗风情是其重要的人文旅游资源。内蒙古东部主要是草原风光，著名的有呼伦贝尔大草原、锡林郭勒草原、希拉穆仁草原等；西部主要是沙漠风光，比较著名的有巴丹吉林沙漠、腾格里沙漠、库布齐沙漠等；而中部以名胜古迹为主，有成吉思汗陵、昭君墓、五当召、大召寺等。内蒙古这片奇特的地域孕育了内蒙古辽阔的草原风光、美丽的沙漠风情、独特的游牧文化和绚丽的民族风情，是中外游客旅游的必去之地。

◆【任务目标】

1. 学生自行寻找内蒙古旅游区游览图，根据下面旅游行程线路，在图中标注旅游线路。

草原风情 6 日游：

D1: 北京乘坐飞机到海拉尔；

D2: 海拉尔—呼伦贝尔：海拉尔国家森林公园、成吉思汗广场；

D3: 呼伦贝尔—额尔古纳：呼伦贝尔草原、额尔古纳湿地；

D4: 额尔古纳—乌兰浩特：莫尔道嘎国家森林公园、俄罗斯民俗馆；

D5: 乌兰浩特—呼和浩特：大召寺、昭君墓；

D6: 抵达北京，结束愉快的内蒙古之旅。

2. 根据内蒙古旅游区游览图，了解内蒙古旅游区的主要旅游景区景点。

◆【任务分析】

要想了解内蒙古旅游区的主要旅游景区景点，首先要了解内蒙古旅游区的旅游特色，掌握内蒙古旅游景区景点分布情况，熟悉各旅游景区景点的特点。

◆【知识准备】

一、自然风光

（一）呼伦贝尔大草原

呼伦贝尔大草原位于内蒙古东北部，因境内的呼伦湖和贝尔湖而得名，总面积 1.49 亿亩，是我国目前保存最完好的草原。这里地域辽阔，风光旖旎，水草丰美，3000 多条纵横交错的河流，500 多个星罗棋布的湖泊，组成了一幅绚丽的画卷。每到夏季，这里莺飞草长，牛羊遍地，游人可以在草原上骑马、骑骆驼，观看摔跤、赛马、乌兰牧骑的演出，吃草原风味“全羊宴”，晚上的篝火晚会，可以尽情体验游牧民族的独特风情。

（二）阿拉善沙漠世界地质公园

位于内蒙古自治区最西部的阿拉善盟境内，是中国唯一系统而完整展示风力地质作用过程和地质遗迹的地质公园，总面积 630.37 平方公里，由巴丹吉林、腾格里和居延 3 个园区及其所属的 10 个景区组成。

巴丹吉林园区以高大沙山、鸣沙和沙漠湖泊和典型的风蚀地貌为主，包括巴丹吉林沙漠、曼德拉山岩画、额日布盖峡谷和海森楚鲁风蚀地貌四个景区。腾格里园区以多样的沙丘、沙漠湖泊和峡谷景观为主，包括月亮湖、通湖和敖伦布拉格峡谷 3 个景区。居延园区以戈壁景观、胡杨林和古城遗址为主，包括居延海、胡杨林和黑城文化遗存 3 个景区。公园内地质遗迹类型丰富，自然景观优美神奇，人文历史悠久独特，是研究沙漠形成、发展、演化的天然博物馆。

1．巴丹吉林沙漠

巴丹吉林沙漠，位于阿拉善右旗北部，总面积 4.7 万平方公里，是我国第三大沙漠。最高沙峰为必鲁图峰，海拔 1617 米，相对高度 500 多米，俗称“沙漠珠峰”。高耸入云的沙山，神秘莫测的鸣沙，静谧的湖泊和湿地，构成了巴丹吉林沙漠独特的迷人景观。奇峰、鸣沙、湖泊、神泉、寺庙是巴丹吉林“五绝”。

2．额济纳旗胡杨林

位于阿拉善盟额济纳旗，主要保护胡杨林及荒漠生态系统。胡杨因“生而千年不死，死而千年不倒，倒而千年不烂”，而被人们赞誉为“沙漠英雄树”。胡杨林是荒漠区特有的珍贵森林资源，它的首要作用在于防风固沙，创造适宜的绿洲气候和形成肥沃的土壤，额济纳旗胡杨林是阻止巴丹吉林沙漠向北扩散的重要屏障，是中国西部生态的天然宝库。

（三）响沙湾

位于鄂尔多斯市达拉特旗中部。响沙湾在蒙古语中被称为“布热芒哈”，意思是“带喇叭的沙丘”。响沙湾背依库布齐沙漠，面临罕台大川，又名“银肯响沙”。沙高 110 米，宽 200 米，坡度为 45 度，形成一个呈弯月状的巨大沙山回音壁。这里沙丘连绵分布，景色壮观，嫩黄色的沙漠，一望无垠，从沙丘顶部滑下，沙子会发出轰鸣声，形成著名的“响沙”奇观，是罕见的自然景观。此外，在这里还有骑骆驼、玩滑翔伞等娱乐项目。

（四）阿尔山国家森林公园

位于大兴安岭山脉西南麓，呼伦贝尔、科尔沁、锡林郭勒和蒙古国四大草原交会处，为国家 AAAA 级旅游景区。公园属于寒温带湿润区，原始森林绵延千里，植被类型为寒温带针阔混交林，森林覆盖率达 80%，原生态自然环境良好，物种资源独特丰富，主要植物有 522 种，野生动物有 90 多种。公园内有大兴安岭第一峰特尔美山（海拔 1378 米）和大兴安岭第一湖达尔滨湖，有火山爆发时熔岩流淌凝成的石塘林和天池，主要景点有天池、不冻河、三潭峡、地池、石塘林、龟背岩、杜鹃湖、驼峰岭天池、大峡谷等。阿尔山国家森林公园集原始性、神奇性、多样性于一身，拥有原始森林、火山遗迹、温泉矿泉、高山湿地、河流湖泊、峡谷奇峰、冰雪世界、民俗文化、边境口岸等多项旅游资源，是旅游、猎奇、避暑、休闲的好去处。

（五）克什克腾世界地质公园

位于赤峰市克什克腾旗，占地面积1343平方公里，以第四纪冰臼群和花岗岩石林地貌及地质构造为主要特色，由阿斯哈图石林、平顶山园区、西拉木伦园区、青山园区、黄岗梁园区、热水温泉园区、达里诺尔园区、浑善达克园区和乌兰布统园区9个园区组成。园区内具有10种类型的地质地貌景观，即冰川地貌、花岗岩地貌、火山地貌、泉类地貌、峡谷地貌、湖泊景观、河流景观、湿地景观、典型矿床及采矿遗迹景观和沙地景观。

二、人文景观

（一）大召寺

位于呼和浩特旧城南部，由于寺中供奉银质释迦牟尼像，也称银佛寺。因康熙皇帝来过大召寺，并住在寺中，所以大召寺成为康熙皇帝的家庙。大召寺是呼和浩特最早建成的黄教寺院，也是内蒙古地区仅晚于美岱召的蒙古人皈依黄教初期所建的大型寺院之一，在内蒙古地区有大范围的影响。大召寺的平面布置采用汉庙形式，占地面积3万余平方米，其中建筑面积为8000多平方米，主要建筑有山门、天王殿、菩提过殿、九间楼、经堂、佛殿等。银佛、龙雕、壁画为大召三绝。

（二）五当召

位于包头市东北约70公里的五当沟内，它与西藏的布达拉宫、青海的塔尔寺和甘肃的拉卜楞寺齐名，是我国喇嘛教的四大名寺之一。五当召始建于清康熙年间，建寺以来它一直是蒙古族佛教徒朝拜的佛教圣地。五当召的主体建筑以八大经堂（现存六座）、三座活佛邸和一幢安放本召历世活佛舍利塔的灵堂组成，另有僧房60余间以及塔寺附属建筑，全部房舍2500余间，占地300多亩。五当召气势宏伟、建筑规模盛大，是内蒙古唯一保存完整的纯藏式建筑群，也是藏传佛教的活动中心。

（三）昭君墓

位于呼和浩特南郊9公里处的大黑河畔，又称“青冢”，蒙古语称“特木尔乌尔琥”，意为“铁垒”，是史籍记载和民间传说中汉朝明妃王昭君的墓地。现在的昭君墓是20世纪70年代重新修筑的，占地面积3.3公顷，墓高33米，墓身呈台体状，墓顶建有一座凉亭，是一座人工夯筑的大土丘，是昭君的衣裳冠墓。墓地东侧是历代名人为昭君墓题写的碑文，西侧是文物陈列室。

（四）成吉思汗陵

位于鄂尔多斯高原南部，鄂尔多斯市伊金霍洛旗境内的巴音昌呼格草原上。陵墓的主体建筑是三座蒙古包式的大殿，正殿内有一座高约5米的成吉思汗塑像，后面的寝宫里有三个黄缎子覆顶的蒙古包，西殿里陈列有成吉思汗当年用过的兵器。在陵园东南处有成吉思汗的行宫，行宫里的蒙古包式宫殿及用具等，全部仿制了成吉思汗的行宫模式。陵园正南处有一座独具风格的白塔，这里原是成吉思汗陵旧址，移置成吉思汗陵后，蒙古族人民为纪念此地，在这里建立了这座白塔。

（五）阿尔寨石窟

俗称“百眼窑”，位于鄂尔多斯市鄂托克旗公其日嘎苏木西南30公里处的苏默图阿尔寨山，是内蒙古境内最大的石窟寺建筑群，有“草原上的敦煌”之称。该山东西长约400米，南北宽约200米，山高出周围地表面约40米，在险峻的峭壁上分布着许多大大小小的石窟，石窟的排列可大致划分为上、中、下三层，在石壁的中上部，还有9座造型、大小不等的浮雕石塔点缀在大石窟之间。另外，阿尔寨石窟中保留着近千幅壁画，壁画的颜料为矿物质，颜色多为绿色、黑色、白色、褐色等，壁画的时代主要为西夏、元代和明代，壁画内容丰富，是石窟寺中最有价值的文化遗产。

（六）元上都遗址

位于锡林郭勒盟正蓝旗草原，曾是世界历史上最大帝国元王朝的首都，始建于1256年。它是中国大元王朝及蒙元文化的发祥地，忽必烈在此登基建立了元朝。元上都南临上都河，北依龙岗山，周围是广阔的金莲川草原，城址布局分为宫城、皇城、外城，形成了以宫殿遗址为中心，分层、放射状分布，既有土木为主的宫殿、庙宇建筑群，又有游牧民族传统的蒙古包式建筑的总体规划形式。2012年6月29日，第36届世界遗产大会将中国元上都遗址列入了《世界遗产名录》。

（七）满洲里国门

满洲里位于中俄边境，是一座非常干净、漂亮的小城，建筑风格很有特色，也是中国较大的陆路口岸城市，市内的中国国门和中俄互市贸易区是必游之地。国门在满洲里的西部，是一幢高30米、宽40米的乳白色建筑，国门上方有七个遒劲的大字“中华人民共和国”， 上面悬挂的国徽闪着的金光，国际铁路在下面通过。登上国门，俄境后贝加尔斯克区的车站、建筑、街道、行人尽收眼底。国门对面不远处是俄罗斯的国门，国门上“РОССИЯ”六个硕大的金色字母，格外引人注目，俄罗斯国徽镶在国门北侧的立柱上方。

【任务训练】

以小组的形式，通过教材或其他方式了解内蒙古旅游景点，获得旅游景点信息，选出小组最喜欢的旅游景点。每组选出1名同学代表小组阐述任务完成的过程，讲解选出的旅游景点。

[任务评价]

表5－2－1　内蒙古旅游区任务训练评价

评价指标	评价分值											
	自我评价				组间评价				教师评价			
	A	B	C	D	A	B	C	D	A	B	C	D
景点把握												
阐述过程												
讲解水平												
团队合作												
总体印象												

A：优秀　B：良好　C：一般　D：欠佳

[单元练习]

模拟训练

模拟情景：呼和浩特的地接导游李卉，在那达慕大会期间要接待由西南高校来呼和浩特旅游的学生团15人，他们想了解蒙古族的文化，畅享内蒙古旅游区草原风光，并且对内蒙古的文物古迹特别感兴趣。以模拟导游的形式，完成李卉在旅游车上进行的本次特色旅游的概括介绍任务。

角色：请小组成员分别扮演导游员李卉、司机和游客。

要求：地陪导游员李卉接待了在那达慕大会期间到内蒙古游玩的旅游团。请规范完成本次接待任务。

根据情景表演，按照以下要求，做好组间互评，听取老师的建议。

表5－2－2　模拟训练评价

内容			评价							
学习目标		评价内容	小组评价				教师评价			
			A	B	C	D	A	B	C	D
专业知识	应知应会	掌握内蒙古旅游特点								
专业能力	完成内蒙古特色旅游景点的介绍	1. 能根据本区旅游资源的特点，熟练介绍本区旅游景点								
		2. 推荐最佳游览线路								
通用能力	语言组织能力									
	语言表达能力									
	组织协调合作能力									
	应变能力									
	创新能力									
	服务意识									

A：优秀　B：良好　C：一般　D：欠佳

单元六　大漠绿洲、奇异民情、丝路文化游
——宁甘新旅游

任务一　宁甘新旅游区旅游特色

本旅游区包括宁夏回族自治区、新疆维吾尔自治区和甘肃省，地处我国西北边陲，是一个少数民族聚居较多的区域。全区地处我国地势的第二阶梯，深居亚欧大陆中部，大陆性干旱气候是形成本区独特的地理环境的根本因素。自然景观类型多样，有景色怡人的温带草原，有苍茫的沙漠戈壁及奇特的风成地貌，还有巍巍雪山和生机勃勃的绿洲。独特的地理环境下孕育的悠久漫长的丝路文化和多姿多彩的民俗风情，吸引着世界各地的旅游者。

◆【任务目标】

根据本区的旅游特色，推荐本区旅游主题。

◆【任务分析】

要想推荐本区的旅游主题，首先要了解本区的地理环境，掌握本区旅游景观特色，了解本区特色旅游资源的类型、功能及成因。

◆【知识准备】

一、独特复杂的地表特征

本区山地盆地相间分布，既有大面积的山地，又有巨大的盆地，既有高原，又有谷地。其中阿尔泰山与天山之间为准噶尔盆地，天山与昆仑山、阿尔金山之间为塔里木盆地，北山山地、龙首山与祁连山之间为河西走廊。本区有许多世界著名的高山雪峰，如昆仑山、阿尔金山、祁连山、天山、阿尔泰山等，多险峻高耸，对登山探险、科学考察、猎奇观光的旅游者具有很大的吸引力。

二、大漠绿洲特色鲜明

本区域深居内陆，距海遥远，再加上地形对湿润气流的阻挡，本区大部分区域为温带大陆性气候，冬季严寒而干燥，夏季高温，降水稀少，自东向西递减。由于气候干旱，

气温的日较差和年较差都很大。本区是我国沙漠集中分布的地区，风积地貌主要为沙丘。连绵的沙丘构成波涛起伏、浩瀚无垠的茫茫沙海，如塔克拉玛干沙漠、古尔班通古特沙漠、腾格里沙漠，其中塔克拉玛干沙漠是我国最大的沙漠。风积地貌形成沙丘和响沙等沙漠景观，本区著名的响沙有敦煌的鸣沙山、新疆的塔克拉玛干沙漠和中卫的沙坡头。同时本区风蚀地貌形态丰富，有风蚀洼地、风蚀长丘、风蚀城堡、雅丹地貌、风蚀蘑菇和风蚀柱等，其中准噶尔盆地西北边缘的乌尔禾“魔鬼城”最为驰名。位于甘肃省西北部的河西走廊，东起乌鞘岭，西至古玉门关，南北介于南山（祁连山和阿尔金山）和北山（马鬃山、合黎山和龙首山）间，长约 900 公里，在整个走廊地区，以祁连山冰雪融水所灌溉的美丽富饶的绿洲，是古代丝绸之路由西安通向西域的必经之路，主要城市有武威、张掖、酒泉、敦煌等。

三、丝路文化举世闻名

汉武帝派张骞出使西域后，逐渐形成一条连接中国腹地与欧洲诸地的陆上商业贸易通道，这条东方与西方之间经济、政治、文化进行交流的主要道路被称为“陆上丝绸之路”。丝绸之路全长 7000 多公里，在本区内经过，沿途有嘉峪关、敦煌莫高窟、麦积山石窟、拉卜楞寺等历史文化古迹以及青海湖、罗布泊、雅丹地貌、天山等壮丽多样的自然景观，吸引着大批来自全世界的游客。

四、民族风情绚丽多姿

本旅游区是我国少数民族聚居较多的地区之一，有维吾尔、哈萨克、蒙古、回、满等 40 余个少数民族，各民族有着悠久的历史和独特古老的文化，民俗活动异彩纷呈，民族风情绚丽多姿。

新疆是一个多民族地区，主要居住有维吾尔、汉、哈萨克、回、蒙古、柯尔克孜、锡伯、塔吉克、乌孜别克、满、达斡尔、塔塔尔、俄罗斯等民族，是中国五个少数民族自治区之一，维吾尔族人口最多，约占全区人口的 2/5。宁夏是我国回族的聚居区，穆斯林占总人口 1/3 以上。甘肃是以汉族为主的省份，兰州西南的临夏、甘南两自治州，是藏、回、东乡、保安、撒拉等少数民族的集聚地，有独具一格的民情和风光。漂亮美丽的庭院、陈设华丽的帐篷、色彩鲜艳的民族服饰、风味十足的民族饮食、热情剽悍的民间文体活动、虔诚庄重的宗教活动、能歌善舞的民族兄弟，使得该区的民族风情绚丽多姿。

五、旅游商品丰富

本区旅游商品非常丰富，地域特色鲜明。宁夏回族自治区有红黄蓝白黑“五宝”：枸杞、甘草、贺兰石、滩羊皮、发菜；新疆维吾尔自治区有吐鲁番葡萄、哈密瓜、库尔勒香梨、伊宁苹果、喀什巴丹杏，以及和田玉石、新疆地毯、英吉沙小刀；甘肃省的白兰瓜、兰州百合、黑瓜子、蕨菜以及酒泉夜光杯、洮河石砚、天水的雕漆、保安的腰刀等。

[任务训练]

表6－1－1　宁甘新旅游区旅游主题

名称	推荐理由	根据主题推荐的旅游景区或景点

[任务评价]

表6－1－2　宁甘新旅游区旅游主题任务评价

评价指标	评价分值											
	自我评价				组间评价				教师评价			
	A	B	C	D	A	B	C	D	A	B	C	D
主题准确、鲜明												
推荐理由合理												
景点把握熟练												
团队合作												
总体印象												

A：优秀　B：良好　C：一般　D：欠佳

任务二　宁夏旅游区

宁夏回族自治区位于中国西北地区东部，黄河上游、河套西部，简称宁，是我国五大自治区之一。宁夏回族自治区首府银川。宁夏自古以来就是内接中原，西通西域，北连大漠，各民族南来北往频繁的地区，是丝绸之路北线重要的组成部分。1038 年，党项族的首领元昊在此建立了西夏王朝，历史上神秘的西夏王国的政治、经济、文化中心便在这里。作为黄河流经的地区，这里同样有古老悠久的黄河文明，形成了黄河风情旅游。独具特色的宁夏大漠风光更是美妙绝伦，沙湖风景区、沙坡头魅力十足；特别是回族习俗文化，绚丽多姿，回族婚礼、回族歌舞、回族的节日、各种风味小吃，尽显民族风情韵味。

◆【任务目标】

1. 学生自行寻找宁夏旅游区游览图，根据下面旅游行程线路，在图中标注旅游线路。

醉美宁夏 6 日游：

D1: 北京乘坐火车，前往塞上江南、神奇宁夏的首府城市——银川市；

D2: 银川—吴忠：贺兰山岩画、西夏王陵、西部影视城；

D3: 银川—中卫：中华黄河楼、沙坡头风景区；

D4: 中卫—银川：腾格里金沙岛景区、中华回乡文化园；

D5: 银川—北京：鸣翠湖国家湿地公园、水洞沟古文化景区、中国枸杞馆；

D6: 抵达北京西站，结束愉快的宁夏之旅。

2. 根据宁夏旅游区游览图，了解宁夏旅游区的主要旅游景区景点位置及特色。

◆【任务分析】

要想了解宁夏旅游区的主要旅游景区景点，首先要了解宁夏旅游区的旅游特色，掌握宁夏旅游景区景点分布情况，熟悉各旅游景区景点的特点。

◆【知识准备】

一、银川游览区

（一）水洞沟景区

水洞沟景区距首府银川 19 公里，是中国最早发掘的旧石器时代遗址，是全国重点文物保护单位、国家 AAAAA 级景区、国家地质公园，被誉为“中国史前考古的发祥地”“中西文化交流的历史见证”。景区内独特的雅丹地貌，鬼斧神工地造就了魔鬼城、旋风洞、卧驼岭、摩天崖、断云谷、怪柳沟等多处奇绝景观。同时，水洞沟还是我国明代长城、烽燧、城堡、沟堑、藏兵洞、大峡谷、墩台等军事防御建筑大观园，为中国目前唯一保存最为完整的长城立体军事防御体系。

（二）贺兰山岩画

岩画分布在宁夏贺兰山东麓，在南北长200多公里的贺兰山腹地，共27个地点，贺兰山岩画是中国游牧民族的艺术画廊，其中最具有代表性的是贺兰口岩画。贺兰山岩画属重点文物保护单位，国家AAAA级旅游景区。贺兰山在古代是匈奴、鲜卑、突厥、回鹘、吐蕃、党项等北方少数民族驻牧游猎、生息繁衍的地方。贺兰山岩画景区景色优美，奇峰叠嶂，潺潺泉水从沟内流出，约有6000幅神秘悠远的古代岩画分布在沟谷两侧，记录了远古人类3000～10000年前放牧、狩猎、祭祀、征战、娱舞、交媾等生产生活场景，揭示了原始氏族部落自然崇拜、生殖崇拜、图腾崇拜、祖先崇拜的文化内涵，成为研究远古人类文化史、宗教史、原始艺术史的文化宝库。

（三）西夏王陵

位于银川市西夏区贺兰山下，是我国现存最密集的帝王陵区。陵区范围南北10公里，东西4公里，由9座帝王陵墓和200余座陪葬墓组成。各陵封土高耸，有如巨型土塔，又被称为“东方金字塔”。按昭穆（古代宗法制度）宗庙次序（左为昭，右为穆；父曰昭，子曰穆）葬制排列，形成东西两行。西夏王陵不仅吸收了秦汉以来，特别是唐宋皇陵之所长，同时受到佛教建筑的影响，使汉族文化、佛教文化与党项民族文化有机地结合在一起，构成了我国陵园建筑中别具一格的形式。西夏陵规模宏伟，布局严整，每座帝陵由阙台、神墙、碑亭、角楼、月城、内城、献殿、灵台等部分组成。游客在景区内可参观西夏陵园遗址、西夏陪葬墓遗址、西夏博物馆、西夏史话艺术馆、西夏碑林等景点。

（四）承天寺塔

位于银川市兴庆区的承天寺内，始建于西夏天祐垂圣元年（1050年），俗称“西塔”。据载，西夏开国皇帝李元昊死后，其子年幼登位，皇太后为保其子“圣寿无疆”，祈望李家天下和西夏江山“延永”坚固，建造了承天寺和佛塔。承天寺坐西朝东，由前后两进院落组成。殿屋廊宇，规模宏大，前院是五佛殿和承天寺塔，后院有韦驮殿和卧佛殿。塔通高64.5米，俊秀挺拔，是一座密檐式八角形砖塔，塔身11层。内呈方形空间，1～3层不设窗洞；4～10层，每层交替设置拱形窗洞，顶层四面开大型圆窗，十分敞亮。塔内有木梯可盘旋而上，登顶层，凭窗眺望，古城风光和塞上景色尽收眼底。

（五）南关清真大寺

位于银川市兴庆区玉皇阁北街和南熏东街交会处西北角，是银川市回族群众进行宗教活动的中心场所。银川南关清真大寺是一座具有阿拉伯风格和民族特色的建筑，重建于1981年，南关清真大寺主殿建筑高26米，坐西朝东，寺院面积约1万平方米。主殿为圆形拱顶两层，上层是大殿、阳台，下层有宽敞的沐浴室、小礼拜殿、女礼拜殿、阿拉伯语学校、阿訇卧室、办公室、会客室等，皆以回廊相连，其中的大礼拜殿可同时容纳1300多人做礼拜，殿内悬有19盏大宫灯，在殿前面喷水池的两边各建有30米高的宣礼塔，每逢主麻日或每年回族传统节日时，成百上千的穆斯林会聚于此，朝圣礼拜。

（六）中华回乡文化园

位于银川市郊，依托古老的纳家户清真大寺和回族风情浓郁的纳家户村所建，以展示伊斯兰建筑文化、礼俗文化、饮食文化、宗教文化、农耕与商贸文化为特色，是银川滨河新区旅游的核心景点之一，为国家 AAAA 级旅游景区。包括主体大门、中国回族博物馆、回族礼仪大殿、民俗村、演艺大殿、餐饮中心等，是中国唯一一处回族文化习俗的陈列展示场所。

（七）鸣翠湖

位于银川市兴庆区掌政镇境内，距银川市区 9 公里，距黄河 3 公里，是黄河流域、西部地区第一家国家湿地公园，国家 AAAA 级旅游景区。鸣翠湖是黄河古道东移鄂尔多斯台地西缘的历史遗存，是明代长湖的腹地，湖中有自然植物 109 种，鸟类 97 种，其中有国家一级保护动物黑鹳、中华秋沙鸭、白尾海雕、大鸨，国家二级保护动物大天鹅、小天鹅、鸳鸯、苍鹭等，每逢春夏，成千上万只鸟类在这里栖息繁衍，是集生态保护、旅游观光、会议度假、休闲娱乐为一体的生态示范园区。

（八）镇北堡西部影视城

位于银川市城区南北郊，有两座古代城堡遗址，现为西部影视城所在地，被誉为“中国一绝”。 这里保持并利用了古堡原有的奇特、雄浑、苍凉、悲壮、残旧、衰而不败的景象，突出了它的荒凉感、黄土味及原始化、民间化的审美内涵，被誉为“东方好莱坞”。镇北堡西部影视城现在已成为宁夏集观光、娱乐、休闲、餐饮、购物于一体的国家 AAAAA 级旅游景区。

二、中卫－沙坡头游览区

（一）沙坡头风景区

位于中卫市城西 16 公里处，腾格里沙漠东南缘，濒临黄河，是首批国家 AAAAA 级旅游景区。这里南靠层峦叠嶂、巍峨雄奇的祁连山余脉香山，北连沙峰林立、绵延万里的腾格里大沙漠，中间被奔腾而下、一泻千里的黄河横穿而过，是一处富有浓郁西部特色的著名沙漠旅游区。高山、黄河、沙漠、长城和绿洲在此汇聚一地，形成了独特的自然和人文景观。这里有中国最大的天然滑沙场，游人从高约 100 米的沙坡头的坡顶往下滑，由于特殊的地理环境和地质结构，滑沙时会发出一种奇特的响声，沉闷浑厚，称为“金沙鸣钟”。

（二）金沙岛旅游区

位于腾格里沙漠东南缘，距中卫市区 8 公里。金沙岛景区占地面积 4284 亩，由沙漠、荒漠、湿地、湖泊、鱼塘、灌丛、草甸、草原、草原沙生植被、荒漠和沼泽植被组成，金沙岛沙中有绿、绿中有水、湖中有岛、岛中有湖、水相通、路相连、树成林、鸟成群，是一个集生态观光、休闲度假、水产养殖、草原赛马、温泉养生、沙漠高尔夫于一体的沙漠生态湿地类旅游景区。

三、石嘴山游览区

沙湖生态旅游区

位于石嘴山市，距银川市 56 公里，总面积 82 平方公里，其中水域面积 22 平方公里，沙漠面积 12.7 平方公里。宁夏沙湖以自然景观为主体，沙、水、苇、鸟、山五大景源有机结合，是一处融江南水乡与大漠风光为一体的生态旅游胜地，集风景旅游、观光娱乐、体育竞技、疗养避暑、休闲度假为一体的风景名胜区。

四、青铜峡游览区

（一）中华黄河楼

位于青铜峡市黄河西岸，主楼体高 108 米，可乘电梯直达楼顶。建筑由主楼、角楼、牌楼、十二生肖图腾柱、镇河铁牛等附属建筑和雕塑组成，总建筑面积 2.2 万平方米。内设黄河中国历史文化展览馆、黄河宁夏历史文化展览馆、黄河印象展览馆、黄河文化演艺厅等。

（二）黄河大峡谷

位于青铜峡市青铜峡镇，为石灰岩和砂页岩构成的黄河峡谷类风景区，是国家 AAAA 级景区。青铜峡自古就是黄河九大干渠的渠首，是“塞上江南”的发源地，峡谷中河水时缓时急，两岸山势对峙，黄河大峡谷长 10 多公里，宽 50 ~ 100 米，两侧的崖壁高 30 米以上，具有典型粗犷雄浑的北方黄河特色，被誉为“黄河中上游第一峡谷”。

（三）108 塔

位于青铜峡大坝之西，始建于西夏时期，建在一排排被人工铲削成阶梯式的山崖上，是喇嘛式实心塔群。佛塔依山势自上而下，按 1、3、3、5、5、7、9、11、13、15、17、19 的奇数排列成 12 行，总计 108 座，形成总体平面呈三角形的巨大塔群。

五、固原游览区

本游览区的主要景区是须弥山石窟。其位于固原西北 55 公里寺口子河（古称石门水）北麓的山峰上，始建于北魏，西魏、北周、隋、唐继续营造，以后各代修葺，其石窟艺术历时 1500 多年，是宁夏境内最大的石窑群，被誉为“宁夏敦煌”。须弥山石窟现存石窟 150 多座，分布在连绵 2 公里的 8 座山峰上，自南而北为大佛楼、子孙宫、圆光寺、相国寺、桃花洞、松树洼、三个窑、黑石沟 8 区。

[任务训练]

以小组的形式，通过教材或其他方式了解宁夏旅游景点，获得旅游景点信息，选出小组最喜欢的旅游景点。每组选出 1 名同学代表小组阐述任务完成的过程，讲解选出的旅游景点。

【任务评价】

表6－2－1　宁夏旅游区任务训练评价

评价指标	评价分值											
	自我评价				组间评价				教师评价			
	A	B	C	D	A	B	C	D	A	B	C	D
景点把握												
阐述过程												
讲解水平												
团队合作												
总体印象												

A：优秀　B：良好　C：一般　D：欠佳

任务三　甘肃旅游区

甘肃旅游区地处中国的几何中心，位于黄河上游，因甘州（今张掖）与肃州（今酒泉）而得名，又因省境大部分在陇山（六盘山）以西，而唐代曾在此设置过陇右道，故又简称为“甘”或“陇”。省会兰州。它东接陕西，南控巴蜀、青海，西依新疆，北扼内蒙古、宁夏，是古丝绸之路的锁匙之地和黄金路段，并与蒙古国接壤。甘肃是古代陆路“丝绸之路”的必经之地，沿线分布着天水、武威、张掖、敦煌等历史文化名城，丝路、沙山、石窟、古寺、古关是甘肃独有的旅游特色。

◆【任务目标】

1. 学生自行寻找甘肃旅游区游览图，根据下面旅游行程线路，在图中标注旅游线路。

多彩甘肃 6 日游：

D1: 北京乘坐火车至柳园车站；

D2: 柳园—敦煌：鸣沙山、月牙泉；

D3: 敦煌—嘉峪关：敦煌莫高窟；

D4: 嘉峪关—张掖—兰州：嘉峪关城楼、七彩丹霞山；

D5: 兰州—北京：水车园、中山铁桥、黄河母亲雕像；

D6: 抵达北京，结束愉快的甘肃之旅。

2. 根据甘肃旅游区游览图，了解甘肃旅游区的主要旅游景区景点位置。

◆【任务分析】

要想了解甘肃旅游区的主要旅游景区景点，首先要了解甘肃旅游区的旅游特色，掌握甘肃旅游景区景点分布情况，熟悉各旅游景区景点的特点。

◆【知识准备】

一、河西走廊游览区

河西走廊斜卧于祁连山以北，北山以南，东起乌鞘岭，西迄甘新交界，是块自东向西、由南而北倾斜的狭长地带。形如走廊，称甘肃走廊，因位于黄河以西，又称河西走廊。主要城市有武威、张掖、酒泉、嘉峪关、敦煌等历史文化名城。河西走廊是古丝绸之路必经之地，自然和人文景观引人入胜。

（一）武威游览区

武威古称“凉州”，是河西走廊东端的咽喉，曾为丝绸之路上最重要、最繁华的贸易市场之一，是古代河西走廊的第一重镇，素有“银武威”之称，为中国历史文化名城。武威旅游资源非常丰富，主要有中国旅游标志“马踏飞燕”出土地雷台，号称“陇右学宫之冠”的武威文庙，丝路名刹海藏寺，堪称石窟鼻祖的天梯山石窟及沙漠公园、西郊公园等。

1. 武威文庙

位于武威城东南隅，院内古建筑群保存完整，素有“陇右学宫之冠”之美誉，为全国重点文物保护单位。文庙庄严雄伟，槐荫蔽日，包括儒学、孔庙、文昌宫三部分。占地约2.5万平方米，整个建筑群布均称，结构严谨，现存建筑有儒学部分的忠烈、节孝祠和孔庙、文昌宫等。

2. 天梯山石窟

又称凉州石窟，位于武威城南约50公里处的大坡山南崖绝壁间，窟下有寺，也称大佛寺、广善寺。天梯山石窟是北凉王沮渠蒙逊于公元412年至439年开凿的，距今已有约1600年的历史。天梯山石窟不仅是我国开凿最早的石窟之一，也是我国早期石窟艺术的代表，在天然洞穴的基础上创凿而成。石窟造像别具一格，或石雕或泥塑，其规模宏伟壮观，精美绝伦，千姿百态，可与敦煌莫高窟媲美。

3. 雷台公园

位于武威市北关中路，该园为AAAA级景区。主要标志为铜奔马。观赏游览点有丝绸之路群雕、诗思入凉州书画院、天马来仪群雕、九天灵泉瀑布假山、观瀑榭、西凉乐园歌舞厅、把盏听涛阁、醉听堂、五神宫、八仙阁、仙泉亭等，其中雷台湖是主要旅游景点，湖中有雷台，黄土垒筑，上有雷祖庙，为清代建筑。

（二）张掖旅游区

张掖古称“甘州”，在河西走廊中部，俗称“金张掖”，是走廊难得的一块“绿地”，汉武帝时在此建郡，取“断匈奴之臂，张中国之掖”的意思，是著名的河西四郡之一。张掖大佛寺，为西夏国寺和元代皇家寺院，据传为忽必烈降生之地，寺内有世界最大的室内卧佛，所藏6000余卷明皇室颁赐的金书佛经为佛门至宝；肃南马蹄寺石窟独特的建筑结构世所罕见，甘肃独有的裕固族风情更令游人流连忘返；山丹马场水草丰茂，自西汉以来即为皇室军马繁育基地，是世界上历史最悠久、亚洲最大的军马场。

1. 七彩丹霞山

位于张掖市临泽、肃南县境内，面积约510平方公里，仅次于中国最大的赤水丹霞。是我国北方干旱地区最典型的丹霞地貌，也是中国发育最大最好、地貌造型最丰富的地区之一，以交错层理、四壁陡峭、垂直节理、色彩斑斓而闻名，特别是窗棂式、宫殿式丹霞地貌，是丹霞地貌中的精品。

2. 马蹄寺

位于肃南裕固族自治县境内，北距张掖市市区65公里，是集石窟艺术、祁连山风光和裕固族风情于一体的旅游区。马蹄寺，也叫普光寺，建于东晋十六国时期的北凉，距今已逾1600年，因传说中的天马在此饮水落有马蹄印而得名。马蹄寺石窟是一规模宏大的石窟群体。它包括千佛洞、南北马蹄寺、上中下观音洞和金塔寺7个石窟群。每个小窟群，多的有 30 余窟，少的有 2 窟，总共有 70 多窟，迤逦近 30 公里，是国家级文物保护单位。

3. 大佛寺景区

位于张掖城西南隅，景区对外开放的景点有建于西夏的大佛寺、隋代的万寿木塔、明代的弥陀千佛塔、钟鼓楼以及名扬西北的清代山西会馆，其中，大佛寺（甘州区博物馆所在地）是该景区的主要组成部分。大佛寺始建于西夏永安元年 (1098 年)，原名迦叶如来寺，因寺内有巨大的卧佛像故名大佛寺，又名睡佛寺，其中卧佛长 34.5 米，为中国现存最大的室内卧佛像。

（三）酒泉旅游区

酒泉古称“肃州”，中国历史文化名城。2000 多年前，汉代大将霍去病大破匈奴后，以功在将士，倒御酒于泉湖之中，与将士共饮，遂有“酒泉”之名。“葡萄美酒夜光杯”，酒泉自古以出产美酒和夜光杯而闻名，参观夜光杯手工作坊已成为固定的参观项目。酒泉还是我国著名的航天城，酒泉卫星发射中心曾在中国航天史创造了多项骄人的纪录。

（四）嘉峪关旅游区

嘉峪关地处甘肃省西北部的河西走廊中部，是贯通亚欧大陆桥甘肃省西部的第一个省辖市，是古代“丝绸之路”的交通要冲，因有明代万里长城最西端的天下第一雄关嘉峪关而闻名，成为河西走廊著名的旅游城市。这里有建筑精巧、保存完整的城关，屹立在河谷峭壁上的万里长城第一墩以及蜿蜒起伏、直插黑山深处的“悬臂长城”，还有反映魏晋时期农耕、畜牧、军事及劳动人民生活情景，被誉为“地下画廊”的画像砖古墓群。黑山岩画技法简洁，画境古拙。七一冰川白雪皑皑，千奇百怪的冰峰、冰凌、冰挂仿若神化世界里的水晶宫，显示着冰雪世界摄人心魄的魅力。嘉峪关还有千余座魏晋时期的古墓葬，其墓室内的墓砖壁画生动再现了当年的历史风物，成为中国最大的地下画廊。

1. 嘉峪关关城

始建于明洪武五年 (1372 年)，是明代长城沿线九镇所辖千余个关隘中最雄险的一座，至今保存完好，为全国第一批重点文物保护单位。嘉峪关是明代万里长城的西起点，因建筑雄伟而有“天下第一雄关”“边陲锁钥”之称。关城由内城、外城、城壕三道防线成重叠并守之势，关城以内城为主，周长 640 米，面积 2.5 万平方米，城高 10.7 米，以黄土夯筑而成，西侧以砖包墙，雄伟坚固。内城开东西两门，门台上建有三层歇山顶式建筑。东西门各有一瓮城围护，西门外有一罗城，与外城南北墙相连，有“嘉峪关”门通往关外，上建嘉峪关楼。嘉峪关内城墙上还建有箭楼、敌楼、角楼、阁楼、闸门楼共 14 座，关城内建有游击将军府、井亭、文昌阁，东门外建有关帝庙、牌楼、戏楼等。

2. 七一冰川

位于嘉峪关西南 116 公里的肃南县祁丰藏族乡的祁连山腹地，是整个亚洲地区距离城市最近的可游览冰川。它是由中国科学院兰州分院的科技工作者和苏联冰川学专家于 1958 年 7 月 1 日发现，并以发现日期命名的一座高原冰川。该冰川斜挂于坡度小于 45°

的山坡上，冰层平均厚度78米，最厚处达120米，冰峰海拔5150米，冰舌前沿海拔4300米。七一冰川景观奇特，远望似银河倒挂，白练悬垂；近看则冰舌斜伸，冰墙矗立，冰帘垂吊，冰斗深陷，神秘莫测。

（五）敦煌旅游区

敦煌位于甘肃省西北部，古代中国通往西域、中亚和欧洲的交通要道——丝绸之路上，曾经拥有繁荣的商贸活动，是国家历史文化名城。以“敦煌石窟”“敦煌壁画”闻名天下，是世界遗产莫高窟和汉长城边陲玉门关、阳关的所在地。丝绸古道的各条线路在这里交会，东西方文明融会形成了举世闻名的敦煌文化。世界文化遗产敦煌莫高窟保存了世界上历史最悠久、内容最丰富、艺术价值最高的壁画、雕塑，被誉为“世界艺术宝库”。阳关、玉门关两大关隘已成为游人追寻历史记忆的必游之地。敦煌的大漠风光世所罕见，鸣沙山、月牙泉沙泉共生，千年来沙不填泉，沙山人登之自鸣，为一自然奇观。雅丹国家地质公园则是目前国内最大的雅丹风蚀地貌群，自然造型鬼斧神工，惟妙惟肖，为敦煌又一处迷人的自然景观。

1．莫高窟

又名“千佛洞”，位于敦煌市东南25公里处，是集建筑、雕塑、壁画为一体的立体艺术宝窟，以精美的壁画和塑像闻名于世。洞窟始凿于前秦建元二年（366年），今存洞窟492个，壁画4.5万平方米，彩塑雕像2415尊，是我国现存石窟艺术宝库中规模最大、内容最丰富的一座。莫高窟系统反映了北魏、隋、唐等10多个朝代的艺术风格，被誉为“东方的卢浮宫”。石窟大小不等，塑像高矮不一，大的雄伟浑厚，小的精巧玲珑，其造诣之精深，想象之丰富，是十分惊人的。窟前栈道蜿蜒曲折，楼阁巍峨兀立，铁马风铎悬响，气势宏伟壮观。

2．鸣沙山、月牙泉

鸣沙山位于敦煌城南郊，古代称神沙山、沙角山。全山系沙堆积而成，东西长约40公里，南北宽20公里，高数十米，狂风起时，沙山会发出巨大的响声，轻风吹拂时，又似管弦丝竹，因而得名鸣沙山。据史书记载，在天气晴朗时，即使风停沙静，也会发出丝竹管弦之音，犹如奏乐，故“沙岭晴鸣”为敦煌一景。

月牙泉在鸣沙山下，古称沙井，俗名药泉，景区内的罗布麻、枸杞等药材很多。月牙泉被鸣沙山环抱，长约150米，宽约50米，因水面酷似一弯新月而得名，自汉朝起即为“敦煌八景”之一“月泉晓彻”。月牙泉南北长近100米，东西宽约25米，泉水东深西浅，最深处约5米，有“沙漠第一泉”之称。月牙泉有四奇：月牙之形千古如旧、恶境之地清流成泉、沙山之中不淹于沙、古潭老鱼食之不老。月牙泉有三宝：铁背鱼、五色沙、七星。

3．阳关景区

位于敦煌市区西南70公里处，是国家AAAA级旅游景区。阳关景区现存有汉唐时期的古关、古城、古烽燧、古水源、古道、古塞墙、古墓葬、古陶窑等众多文物遗址，由汉唐历史遗迹、大漠自然风光、生态农业观光以及阳关博物馆等景观构成。阳关博物馆整体呈现仿汉建筑风格，占地约 10 万平方米，是目前中国西北地区最大的景点式遗址博物馆，馆藏文物丰富，陈展风格新颖，能够系统地反映汉唐时期敦煌及阳关的繁华与变迁。

4. 玉门关

也叫“小方盘城”，位于敦煌市西北约 102 公里处，因相传和田美玉经此输入中原而得名。玉门关是丝绸之路通往北道的咽喉要隘，关城呈方形，四周城垣保存完好，为黄胶土夯筑，开西北两门。城墙高达 10 米，上宽 3 米，下宽 5 米，上有女墙，下有马道，人马可直达顶部。登上古关，举目远眺，四周沼泽遍布，沟壑纵横，长城蜿蜒，烽燧兀立，胡杨挺拔，泉水碧绿，红柳花红，芦苇摇曳，与古关雄姿交相辉映，使人怀古之情油然而生。

二、甘南游览区

（一）拉卜楞寺

位于甘南藏族自治州夏河县县城西郊，凤岭山脚下。该寺由第一世嘉木样活佛创建于 1710 年，经历代嘉木样的兴修、扩建，现已成为甘、青、川地区最大的藏族宗教和文化中心，是中国藏传佛教格鲁派（黄教）六大宗主寺之一。“拉卜楞”是藏语“拉章”的变音，意思为活佛大师的府邸，在历史上号称有 108 属寺。目前拉卜楞寺保留有全国最好的藏传佛教教学体系。整个寺庙现存最古老也是唯一的第一世嘉木样活佛时期所建的佛殿，是位于大经堂旁的下续部学院的佛殿。

拉卜楞寺占地 1234 亩，建筑面积 82.3 万平方米，有 6 座经堂，84 座佛殿，31 座藏式楼房，30 院佛宫，500 余间经轮房，千余间僧舍。其建筑风格独特，艺术精湛，堪称藏族建筑之荟萃。

（二）桑科草原

桑科草原位于甘南藏族自治州夏河县城西南 13 公里处，平均海拔在 3000 米以上，草原面积达 70 多平方公里，是桑科乡达久滩（“跑马滩”之意）草原的一部分。桑科草原为四周群山环抱，中间开阔平坦的高山草原，以其优良的草场和历史上多在此举行盛大的藏传佛教佛事活动而享誉西北藏区。桑科草原有大夏河水从南到北徐徐流过，水草丰茂，风景优雅，蓝天白云下牛羊成群，是草原旅游、避暑和体验藏族游牧生活、回归自然的理想旅游场所。

（三）冶力关风景区

在临潭县境内，以临潭县冶力关为中心，分为莲花山、西峡、东峡和冶海湖四个景区。古代是进入藏族聚居区的重要门户、藏族地区和甘肃地区茶马交易的重要通道。境内有国家级自然保护区莲花山，景色秀美的冶木峡、康多峡，风光旖旎的天池冶海，形态逼真的十里睡佛，峰峦叠嶂的石林风光，鬼斧神工的省级地质公园赤壁幽谷，神奇绝伦的阴阳石，绿涛茫茫的黄涧子国家级森林公园，构成了险、峻、奇、秀、幽的自然景观，成为典型的高原生态森林旅游胜地。

（四）郎木寺

郎木寺是甘南碌曲县下辖的一个小镇，距碌曲县城南90公里处。“郎木”在藏语中有“仙女”的意思，因传说曾有仙女化为山上的一块岩石而得名。不足2米宽的“白龙江”的小溪从镇中流过，溪水北岸是四川若尔盖的格尔底寺，隔“江”相望的就是甘肃的“安多达仓郎木寺”，均属藏传佛教格鲁派寺庙。

（五）拉尕山景区

拉尕山，藏语意思是“神仙喜爱的地方”，位于舟曲县立节乡东南部的白龙江南岸。景区面积约26平方公里，景区内亚热带、温带和寒带植被垂直分布明显，有赤壁神窟、碧海青天、转经亭、勇士布阵、桦树坪、拉尕山天池、神羊径、黄花天池等大小景点31处，既有融藏寨、溪流、草地、森林为一体的独特自然人文景观，同时是舟曲藏乡重要的藏传佛教聚集地。

三、甘肃东部游览区

（一）兰州游览区

甘肃省省会，是中国西北区域中心城市。兰州是沿丝绸古道寻古访胜的旅游热点，四周群山逶迤，林木繁荣，文物古迹众多，风景名胜各异，黄河从市区穿流而过，旅游资源非常丰富。市内有“百里黄河风情线”、天下黄河第一桥中山桥、再现历史上“水车之都”风采的兰州水车博览园、“黄河母亲”雕塑、白塔山、五泉山、兰州碑林、兴隆山等景点。甘肃省博物馆是中国十大博物馆之一，馆藏9万余件珍贵文物，展现了丝绸之路和甘肃的历史文化、自然风物和风土人情。兰州市周边有永靖黄河三峡、景泰黄河石林、夏河拉卜楞寺等许多高品位的旅游景区。

1．白塔山公园

位于兰州市北，白塔山以“白塔”而得名。白塔寺在山巅，相传为纪念元代为去蒙古谒见成吉思汗而病故于兰州的西藏著名喇嘛而建。该寺始建于元代，重建于明朝，寺平面呈长方形，白塔居中，塔身为八面七级，各级每面都有佛像。高约17米，上有绿顶，下有圆基，通体洁白，挺拔秀丽。塔南是三大寺楼，北面是准提菩萨殿，东西各有配殿数间。登白塔山顶，可俯视兰州市容，白塔与黄河上的铁桥构成雄浑壮丽的画面，成为兰州市的象征之一。

2．黄河母亲雕塑

矗立在兰州市黄河南岸的小西湖公园北侧，雕塑由“母亲”和一“男婴”组成构图。母亲秀发飘拂，神态慈祥，身躯颀长匀称，曲线优美，微微含笑，抬头微曲右臂，仰卧于波涛之上。母亲右侧依偎着一裸身男婴，头微左顾，举首憨笑，显得顽皮可爱。整个雕塑构图洗练，寓意深刻，象征着哺育中华民族生生不息、不屈不挠的黄河母亲，和快乐幸福、茁壮成长的华夏子孙。

3. 水车园

位于市内滨河路西段，东邻中山桥（“黄河铁桥”），西邻“黄河母亲”雕塑，北望白塔山公园，南近白云观，是滨河路旅游线上的重要一景。水车是兰州市古代黄河沿岸最古老的提灌工具。兰州水车，又叫“天车”“翻车”“灌车”“老虎车”。园内由双轮水车、围堰、水磨坊服务室和游乐区组成。水车轮辐直径达16.5米，辐条尽头装有刮板，刮板间安装有等距斜挂的长方形水斗。水车立于黄河南岸，旺水季利用自然水流助推转动；枯水季则以围堰分流聚水，通过堰间小渠，河水自流助推。当水流自然冲动车轮叶板时，推动水车转动，水斗便舀满河水，等转至顶空后再倾入木槽，源源不断，流入园地，以利灌溉。水车园再现了水车这种古老的水利机械，可以使中外游人一睹为快。

4. 黄河三峡

位于甘肃省中部西南的永靖县，国家AAAA级旅游景区，包括炳灵峡、刘家峡、盐锅峡。区内黄河段自西南向北呈“S”形横穿全县，形成独特的“黄河向西流”景观。两岸峡谷壁立千仞，景象万千，包括刘家峡水库、炳灵寺石窟、炳灵石林、恐龙足印化石群、太极岛黄河湿地、枣林风光等众多景点。

5. 炳灵寺

位于永靖县西南35公里处的小积石山中。最早叫“唐述窟”，是羌语“鬼窟”之意。后历有龙兴寺、灵岩寺之称。明永乐年后，取藏语“十万佛”之译音，取“炳灵寺”或“冰灵寺”之名。炳灵寺石窟，始建于西秦建弘元年(420年)，从十六国时代起，历经北魏、北周、隋、唐、宋、元、明各代，已有1600多年的历史。石窟分别为上寺、洞沟、下寺三处，分布在大寺沟两岸的红砂岩上，现存窟龛183个，分石胎、泥塑和泥塑三种，洞窟层层叠叠，栈道曲折盘旋而上。

（二）平凉游览区

平凉市位于甘肃省东部，六盘山东麓，泾河上游，为陕甘宁交会几何中心“金三角”，素有“陇上旱码头”之称。出土于泾川县大云寺的佛祖舍利金银棺、灵台县的西周青铜器和南宋货币银合子等文物被誉为“中华文物之最”。平凉游览区主要景点有中华道教第一山——崆峒山、人文开元第一祖伏羲氏诞生地——古成纪、天下王母第一宫——回中宫、神州祭灵第一台——古灵台、秦皇祭天第一坛——莲花台等。

1. 崆峒山

位于平凉市城西12公里处，海拔2123米，是典型的丹霞地貌，自古就有“崆峒山色天下秀”的美誉。又因相传为仙人广成子修炼得道之所，人文始祖轩辕黄帝曾亲临问道广成子于此山，而被道教尊为“天下道教第一山”。景区面积84平方公里，主峰海拔2123米，峰林耸峙，危崖突兀，幽壑纵横，涵洞遍布，怪石嶙峋，蓊岭郁葱，被誉为陇东黄土高原上一颗璀璨的明珠。

2. 古灵台

位于平凉市灵台县城内，始建于公元前11世纪商纣时期，是周文王征服了位于今灵台县百里镇一带的密须国后，为祭天昭德、与民同乐所筑。“灵台”两次被毁，两次重建。现在的“灵台”，坐北朝南，底宽 18 米，高 33 米。台体分为三层，顶层大殿内塑有周文王像，两边墙壁上绘有大型壁画，再现了当年周文王讨伐密须国的壮阔场面。底部回廊为碑林，收录有古今政要名人的题词、题匾 260 余幅。

（三）天水游览区

天水市，位于甘肃省东南部，地处秦岭西段、渭水中游，古称成纪，因“天河注水”“天一生水”而得名。天水是中国优秀旅游城市，旅游资源十分丰富，境内明代建筑群伏羲庙和伏羲始画八卦的遗址卦台山，是海内外炎黄子孙寻根祭祖的圣地。麦积山石窟与甘谷大像山、武山水帘洞拉梢寺等共同组成了古丝绸之路东段“石窟艺术走廊”。

1. 麦积山石窟

位于天水市东南约 50 公里处，因该山状如堆积的麦垛而得名。石窟始建于 1500 多年前，现存佛教窟龛 194 个，泥塑石雕、石胎泥塑 7200 余尊，壁画 1300 余平方米，全部窟龛开凿在山崖峭壁之上，分布于东、西两崖。在 20 ~ 80 米高的悬崖峭壁上开凿的窟龛，层层相叠，密如蜂巢。各洞窟之间有栈道相连，攀缘而上可达山顶。麦积山周围风景秀丽，山峦上密布着翠柏苍松，野花茂草，素有“小江南”“秦地林泉之冠”之美誉。“麦积烟雨”为“天水八景”之首。

2. 伏羲庙

位于天水市秦州区西关，是目前我国规模最宏大、保存最完整的纪念上古“三皇”之一伏羲氏的明代建筑群。全庙坊、亭、房、廊等建筑，严格安排在纵贯南北的主轴线两侧，布局对称而紧凑，疏密相宜而有致；主体建筑依次排列在主轴线上，统领全局，雄浑端庄。古建筑包括戏楼、牌坊、大门、仪门、先天殿、太极殿、钟楼、鼓楼、来鹤厅等，新建筑有朝房、碑廊、展览厅等，是中国国内唯一有伏羲塑像的伏羲庙。

四、陇南游览区

陇南位于甘肃省东南部，地处秦巴山区，是扼甘陕川三省要冲，素称“秦陇锁钥，巴蜀咽喉”，被誉为“陇上江南”。陇南风光秀美，有全国三大天池之一的阴平天池，西北最大的溶洞武都万象洞。国家级重点保护、甘肃唯一具有北亚热带生物群落和自然景观的白水江自然保护区，被赞誉为“甘肃的西双版纳”。分布于全区各县的大河坝、三滩、红土河、梅园沟、云屏山等自然景点，被人们称作“陇上小九寨沟”。

（一）万象洞

位于陇南市武都区白龙江南岸露骨山汉王镇杨庞村的半山腰，距县城 12 公里。万象洞又名仙人洞、五仙洞，相传五位仙人曾在此修炼。该洞已有 2.5 亿年的历史，洞内地形复杂，曲折迂回。小者高阔不足 1 米，仅容一人爬行；大处高轩宏敞，纵横百米之外，洞内石乳、石笋、石柱、石幔、石花景观遍布，既具北国之雄奇，又有南国之灵秀，万象洞有“地下文化长廊”“地下艺术宫殿”之称。

（二）阳坝自然风景区

位于康县东南部，景区内气候温润、景色秀丽，有波光粼粼的月牙潭、碧海浩渺的天鹅湖、穿石喷玉的海棠谷瀑布，也有平静如海的河滩等。景区有红豆杉、香樟、白皮松等珍稀树种近 40 种，金丝猴、金猫、大鲵等国列珍稀动物 36 种，森林覆盖率高达 70% 以上，被称为“陇上江南”。

[任务训练]

以小组的形式，通过教材或其他方式了解甘肃旅游景点，获得旅游景点信息，设计甘肃旅游主题。每组选出 1 名同学代表小组阐述任务完成的过程，并讲解旅游主题中的主要旅游景点。

[任务评价]

表6－3－1　甘肃旅游区任务训练评价

评价指标	评价分值											
	自我评价				组间评价				教师评价			
	A	B	C	D	A	B	C	D	A	B	C	D
主题设计												
阐述过程												
讲解水平												
团队合作												
总体印象												

A：优秀　B：良好　C：一般　D：欠佳

任务四 新疆旅游区

地处亚欧大陆中心的新疆维吾尔自治区古称西域，与蒙古、俄罗斯、哈萨克斯坦、吉尔吉斯斯坦、塔吉克斯坦、阿富汗、巴基斯坦、印度接壤，是中国面积最大、陆地边境线最长、毗邻国家最多的省区。“天山莽昆仑，两盆映中华”，新疆维吾尔自治区以独特的地形地貌出名——四周多为连绵山脉，中间又为大山横隔，造成三山夹两盆的封闭地势。天山是新疆地域的分界，天山以北称为北疆，属中温带，以南则为南疆，属暖温带，北疆和南疆风格各异。

新疆维吾尔自治区是举世闻名的歌舞之乡、瓜果之乡、黄金玉石之邦。在新疆维吾尔自治区境内，自然景观奇特，气候生态多样，保持了粗犷自然的风貌。既有雄伟壮丽的天山冰川、一泻千里的内陆河、茫茫的山峦林海，又有神奇莫测的戈壁幻境、莽莽的沙漠绿洲景观。著名的自然风景有天池、喀纳斯湖、博斯腾湖、赛里木湖、巴音布鲁克草原等。历史遗存众多，交河故城、高昌故城、楼兰遗址、克孜尔千佛洞等蜚声中外。作为多民族聚居的地区，不同的历史文化背景、不同的宗教信仰，新疆维吾尔自治区各民族在语言文字、音乐舞蹈、风俗习惯等各个方面都有鲜明的特色，素有“歌舞之乡”的美誉，民族风情独具特色。

◆【任务目标】

1. 学生自行寻找新疆旅游区游览图，根据下面旅游行程线路，在图中标注旅游线路。

新疆之恋 9 日游：

D1: D2: 北京乘坐火车至乌鲁木齐；

D3: 乌鲁木齐—天池—布尔津：天山天池；

D4: 布尔津—贾登峪—喀纳斯景区：喀纳斯湖；

D5: 贾登峪—兵团 185—布尔津：白沙湖风景区；

D6: 布尔津—吐鲁番：乌尔禾魔鬼城、克拉玛依油田、盐湖、达坂城；

D7: 吐鲁番：库姆塔格沙漠、火焰山、坎儿井、麦西来普葡萄庄园；

D8: 吐鲁番—乌鲁木齐—北京：吐鲁番博物馆；

D9: 乌鲁木齐—北京：抵达北京结束愉快的旅程。

2. 根据新疆旅游区游览图，了解新疆旅游区的主要旅游景区景点位置及特色。

◆【任务分析】

要想了解新疆旅游区的主要旅游景区景点，首先要了解新疆旅游区的旅游特色，掌握新疆旅游景区景点分布情况，熟悉各旅游景区景点的特点。

◆【知识准备】

天山横亘于新疆中部，把新疆分为南北两半，南部是塔里木盆地，北部是准噶尔盆地。习惯上称天山以南为南疆，天山以北为北疆。北疆的自然风光以山地草原、高山湖泊为主要特征，主要的少数民族为哈萨克族和蒙古族；南疆的地貌以沙漠和戈壁为主，主要的少数民族为维吾尔族和塔吉克族。

一、北疆游览区

（一）乌鲁木齐景区

乌鲁木齐位于天山中段北麓，准噶尔盆地东南缘，海拔 600 ~ 900 米，为新疆维吾尔自治区首府。乌鲁木齐地处欧亚大陆腹地，大陆性气候显著，有“早穿皮袄午穿纱，围着火炉吃西瓜”的生动描述。这里自然景色独特，市南天山牧场山峦起伏，松林苍翠，流水潺潺，风景优美。乌鲁木齐是个多民族的城市，居住着维吾尔、哈萨克等 36 个民族，富有浓郁的民族风情和生活气息。乌鲁木齐的游览胜地主要有红山、燕尔窝、水磨沟和白杨沟等。

1. 红山

红山又名虎头山，位于市内乌鲁木齐河东岸，因山上红岩嶙峋而得名，海拔 910 米，山势陡险，气势雄伟，山顶建有九级镇龙塔。在繁华的市中心，红山孤峰突起，亭塔兀立，河桥依衬，显得分外壮丽。登山远眺，全市一览无余。红山成为乌鲁木齐市的象征。

2. 燕尔窝

位于乌鲁木齐市南郊燕尔崖山坳下，面积约 6 平方公里，是久负盛名的自然风景区。燕尔窝盛夏流水潺潺，古树参天，野花芬芳，姹紫嫣红，为市郊避暑胜地。东侧万木丛中有革命烈士陵园，青色大理石砌筑大门，花岗岩石镶砌祭奠广场，祭坛上并排着陈潭秋、毛泽民等烈士的汉白玉墓碑。园内遍植果树，繁茂葱郁，环境清幽。

（二）天山天池风景区

位于昌吉回族自治州阜康市境内，景区规划总面积为 548 平方公里，是以高山湖泊为中心的自然风景区。天池在天山北坡三工河上游，湖面海拔 1900 多米。湖畔森林茂密，绿草如茵。随着海拔高度不同可分为冰川积雪带、亚高山带、山地针叶林带和低山带。风景区内可观赏雪山、森林、碧水、草坪、繁花的景色，天山博格达峰海拔 5445 米，终年积雪，冰川延绵。天池是古代冰川泥石流堵塞河道形成的高山湖泊，位于新疆天山东段最高峰博格达峰的山腰，海拔 1980 米，湖面呈半月形，面积约 4.9 平方公里，是世界著名的高山湖泊，附近还有小天池、灯杆山、石峡等景点。

（三）吐鲁番游览区

吐鲁番位于新疆维吾尔自治区中部，天山东部山间盆地、吐鲁番盆地中部，有“火洲”之称。吐鲁番市旅游资源极为丰富，境内冰峰雪山，戈壁绿洲相依，火焰山、艾丁湖、葡萄沟、千佛洞、坎儿井相映成趣；石窟壁画、古葬墓群、寺院古塔、烽火台互相烘托，民俗民情绚丽多彩。

1．火焰山

位于吐鲁番盆地的北缘，古丝绸之路北道，它主要由中生代的侏罗纪、白垩纪和第三纪的赤红色砂、砾岩和泥岩组成。当地人称“克孜勒塔格”，意即“红山”，唐人以其炎热曾名为“火山”。山长100多公里，最宽处达10公里，海拔500米左右，主峰海拔831.7米。火焰山荒山秃岭，寸草不生，飞鸟匿踪。每当盛夏，红日当空，赤褐色的山体在烈日照射下，砂岩灼灼闪光，炽热的气流翻滚上升，就像烈焰熊熊，故又名火焰山。

2．艾丁湖

位于吐鲁番市南50公里的恰特卡勒乡境内，是一个内陆咸水湖，是中国最低的湖泊。维吾尔语意为月光湖，以湖中盐结晶晶莹洁白得名。湖盆东西长约40公里，南北最宽8公里，面积152平方公里，平均水深不到0.8米，艾丁湖湖区气候极端干旱，湖区景观极度荒凉，地表盐壳发育独特，构成了一幅未开垦的壮观的原始画面，从而对旅游者具有特殊的吸引力。

3．葡萄沟

坐落于吐鲁番市东北，系火焰山西侧的一个峡谷，南北长8公里，东西宽0.6～2公里，沟谷狭长平缓。沟谷西岸，悬崖对峙，崖壁陡峭，犹如屏障。沟内有布依鲁克河流过，主要水源为高山融雪，溪流两侧葡萄架遍布，葡萄藤蔓层层叠叠，是新疆吐鲁番地区的旅游胜地，为国家AAAAA级旅游景区。每年8月，吐鲁番会举行吐鲁番葡萄节。届时，葡萄品尝、达瓦孜表演、木卡姆歌舞民俗活动、大型歌舞晚会等各种丰富多彩的活动会齐聚一堂，游人可以充分领略到葡萄之乡经典的维吾尔族风情。

4．坎儿井

坎儿井是荒漠地区一特殊灌溉系统，遍布于中国新疆吐鲁番地区。坎儿井与万里长城、京杭大运河并称为中国古代三大工程。吐鲁番的坎儿井总数达1100多条，全长约5000公里。坎儿井的结构，大体上是由竖井、地下渠道、地面渠道和“涝坝”四部分组成，是开发利用地下水的一种很古老式的水平集水建筑物，对发展当地农业生产和满足居民生活需要等都具有很重要的意义。

5．交河故城

位于吐鲁番市雅尔乡将格勒买斯村，是世界上最大最古老、保存最完好的生土建筑城市，也是我国保存2000多年最完整的都市遗迹，唐西域最高军政机构安西都护府最早就设在交河故城。古城南北长1600余米，东西最宽处约300米，像一个层层设防的大堡垒，人行墙外，像处在深沟之中，无法窥知城垣内情况；而在墙内，则可居高临下，控制内外动向，城中布防极为严密。古城遗址保存相当完好，分为寺院、民居、官署等部分，城内建筑物大部分是唐代修建的，建筑布局独具特色。该城保留着宋代以前我国中原城市的建筑特点。

6．苏公塔

苏公塔是我国境内现存伊斯兰教古建筑中保存最完整、体积最大的一座古塔。苏公塔又叫额敏塔，是吐鲁番郡王额敏和卓和他的儿子苏来满筹划修建的。苏公塔外部用清一色灰黄色砖砌成，除了顶部窗棂外，基本上没有使用木料。塔身浑圆，呈圆柱体，自下而上逐渐收缩，塔基直径 10 米，顶部直径 2.8 米，塔高 37 米，四周共有 14 个窗口，供通风采光用。塔内用砖砌出的螺旋式中心柱，72 级台阶直通塔顶，塔顶面积约 10 平方米，可供瞭望。塔顶为穹隆顶，上有铸铁塔饰。塔身表面砌叠 14 种不同形状的几何图案，或平置或斜砌或凹进或凹陷，这些维吾尔族传统图案，是伊斯兰教建筑风格中寺院雕刻绘画艺术的代表。

（四）喀纳斯湖

位于布尔津县境北部，面积 45.73 平方公里，平均水深 120 米，最深处达到 188.5 米，蓄水量达 53.8 亿立方米。喀纳斯湖外形呈月牙状，被推测为古冰川强烈运动阻塞山谷积水而成。环湖四周原始森林密布，阳坡被茂密的草丛覆盖。喀纳斯湖是中国唯一和四国接壤的自然保护区，是中国唯一的北冰洋水系——额尔齐斯河最大支流布尔津河的发源地，是我国唯一的南西伯利亚区系动植物分布区。喀纳斯湖湖面碧波万顷，群峰倒影，湖面还会随着季节和天气的变化而时时变换颜色，是有名的“变色湖”。

（五）乌尔禾魔鬼城

位于准噶尔盆地西北边缘的佳木河下游乌尔禾矿区，属风蚀地貌。魔鬼城呈西北—东西走向，长宽在 5 公里以上，方圆约 10 平方公里，地面海拔 350 米左右。景点主开发区依次排列着情人谷、蛇谷、断桥谷、绝情谷、九曲回肠谷、仙鹤谷、迷魂谷、神鹰谷、猎隼谷九大各具特色的峡谷。远眺风城，就像中世纪欧洲的一座大城堡，大大小小的城堡林立，高高低低参差错落。千百万年来，由于风雨剥蚀，地面形成深浅不一的沟壑，裸露的石层被狂风雕琢得奇形怪状，呈现出奇、险、幽、美的景观。

（六）伊犁景区

伊犁地处新疆维吾尔自治区西部天山北部的伊犁河谷内，是新疆水草最为丰美之处，它西邻欧亚国家哈萨克斯坦，中国陆路最大的通商口岸霍尔果斯口岸位于州境西部，因雨量较充沛被称为“中亚湿岛”或“塞外江南”。伊犁风景名胜有巩乃斯草原、唐布拉草原、那拉提草原、昭苏草原、青铜时代的乌孙土墩墓葬群、西辽西域名城阿拉力马力遗址、唐代弓月城遗址，以及伊犁将军府、惠远钟鼓楼、林则徐纪念馆等众多的景观。

1．那拉提草原

位于伊犁哈萨克自治州新源县境内，是世界四大草原之一的亚高山草甸植物区，自古以来就是著名的牧场，交错的河道、平展的河谷、高峻的山峰、茂密的森林交相辉映。那拉提风景区自南向北由高山草原观光区、哈萨克民俗风情区、旅游生活区组成，以独特的自然景观、悠久的历史文化和浓郁的民族风情构成了独具特色的边塞风光。

2. 霍尔果斯口岸

位于伊犁哈萨克自治州霍城县，是中国西部历史上最长、综合运量最大、自然环境最好、功能最为齐全的国家一类陆路公路口岸。霍尔果斯口岸的历史十分悠久，远在隋唐时，便是古代丝绸之路新北道上的重要驿站，现在的霍尔果斯口岸集贸易、加工、仓储、旅游、市政为一体，是新疆面向中亚和欧洲开放的对外贸易区和伊犁哈萨克自治州改革开放的示范区和试验区。

二、南疆游览区

（一）塔克拉玛干沙漠

位于塔里木盆地中央，是中国最大的沙漠，也是世界第二大沙漠，同时是世界最大的流动性沙漠。整个沙漠东西长约1000公里，南北宽约400公里，面积达33万平方公里。变幻多样的沙漠形态、丰富而抗盐碱风沙的沙生植物植被、蒸发量高于降水量的干旱气候，以及尚存于沙漠中的湖泊、穿越沙海的绿洲、潜入沙漠的河流、生存于沙漠中的野生动物和飞禽昆虫等，使塔克拉玛干沙漠充满了神奇的魅力，成为探险旅游的好去处。

（二）巴音布鲁克天鹅湖

国家级自然保护区，位于尤尔都斯山间盆地，巴音郭楞蒙古自治州和静县西部。这里海拔近3000米，是高山湿地湖泊，四周连绵的雪岭冰峰，构成了天鹅湖的天然屏障。泉水、溪流和雪水汇入湖中，水草丰美，饲料富足，气候凉爽而湿润，非常适宜多种水鸟尤其是天鹅的繁衍生息。风景区内还有阿尔夏和巩乃斯沟景区，阿尔夏为蒙语，意为“治病的泉”。温泉区位于阿尔夏河北岸，12个泉眼分布在400米长的谷地上，有热泉、冷泉、眼睛泉等，区内设有旅游招待所和温泉浴室；有“雪山动物园”之誉的巩乃斯沟景区有雪鸡、雪豹、马鹿、鹅喉羚等20多种珍稀动物，区内云杉葱密，依山起伏；沟谷两旁，牧草丰富，百花争妍。

（三）楼兰古城遗址

位于今天巴音郭楞蒙古自治州若羌县北境，罗布泊以西，孔雀河道南岸7公里处，整个遗址散布在罗布泊西岸的雅丹地形之中。古城占地11万平方米（内城），楼兰塔高10.42米，塔基南北长近20米，东西宽18.6米。遗址包括有轮台古城、且末遗址、古墓葬群、古烽燧、木乃伊、古代岩壁画等。

（四）克孜尔石窟

位于拜城县克孜尔镇东南7公里的河流阶地上，又称克孜尔石窟或赫色尔石窟。它背依明屋达格山，南临木扎提河和雀尔达格山。石窟群分谷西区、谷内区、谷东区和后山区，绵延3公里，艺术内容主要包括建筑、雕塑和壁画。克孜尔石窟是龟兹石窟艺术的发祥地之一，其石窟建筑艺术、雕塑艺术和壁画艺术在中亚和中东佛教艺术中占极其重要的地位。克孜尔石窟也是我国开凿最早、地理位置最西的大型石窟群。

（五）艾提尕尔清真寺

坐落于喀什市的艾提尕尔广场西侧，它不仅是新疆规模最大的清真寺，也是全国规模最大的清真寺之一。艾提尕尔清真寺，又译为“艾提尕”“艾提卡尔”。南北长 140 米，东西宽 120 米，占地总面积为 1.68 万平方米，分为正殿、外殿、教经堂、院落、拱拜孜、宣礼塔、大门等七部分。历史悠久、影响卓著、规模宏大是艾提尕尔清真寺的三大特征。

【任务训练】

以小组的形式，通过教材或其他方式了解新疆旅游景点，获得旅游景点信息，以“新疆丝路之旅”为旅游主题，推荐旅游景点。每组选出 1 名同学代表小组阐述任务完成的过程，讲解推荐的旅游景点及推荐的理由。

【任务评价】

表6－4－1　新疆旅游区任务训练评价

评价指标	评价分值											
	自我评价				组间评价				教师评价			
	A	B	C	D	A	B	C	D	A	B	C	D
景点推荐												
推荐理由												
阐述过程												
讲解水平												
团队合作												
总体印象												

A：优秀　B：良好　C：一般　D：欠佳

【单元练习】

1. 搜集相关资料，介绍本区主要的少数民族分布状况及民风民俗。
2. 本区的著名的寺庙和石窟有哪些？
3. 以“西北大漠之旅”为旅游主题，推荐相应的旅游景点。

单元七　秀山丽水、名城佳园、吴越文化游——沪苏浙皖赣旅游区

任务一　沪苏浙皖赣旅游区旅游特色

沪苏浙皖赣旅游区地理位置优越，气候条件好，交通便利，经济发达，历史悠久，自然资源丰富，人文资源独具特色。旅游区名山众多，水景秀丽，园林荟萃。著名的风景名山有黄山、普陀山、雁荡山、九华山、云台山等。鄱阳湖、太湖、洪泽湖和巢湖等水域风光风景秀丽，山水融合，相得益彰。南京、苏州、扬州等地汇集了江南古典园林的精华，特别是苏州，是我国园林艺术荟萃之地。

◆【任务目标】

根据本区的旅游特色，推荐本区旅游主题。

◆【任务分析】

要想推荐本区的旅游主题，首先要了解本区的地理环境，掌握本区旅游景观特色，了解本区特色旅游资源的类型、功能及成因。

◆【知识准备】

一、秀山丽水，相映成趣

河网密布，湖泊众多，主要河流有长江及其支流、淮河、钱塘江、京杭大运河等，河流两岸有着丰富的自然旅游资源，并孕育出了独具特色的人文旅游资源。湖泊主要分布在长江附近，我国五大淡水湖中的鄱阳湖、太湖、洪泽湖、巢湖都在这个区域。本区域著名的湖泊风景区有太湖、杭州西湖、千岛湖、扬州瘦西湖、嘉兴的南湖、南京玄武湖、安徽巢湖等。

本区名山众多，风景秀丽，有黄山、庐山、钟山、云台山、紫金山、雁荡山、普陀山、天台山、九华山、天柱山、天目山、琅琊山、莫干山、齐云山、龙虎山、仙霞山等。“中国名山多寺庙”，风景优美的山地景观多有佛、道教文化的建筑，本区有著名四大佛教名山中享有“海天佛国”之称的普陀山和享有“仙城佛国”之称的九华山，著名的四大道教名山中以道教文化和丹霞地貌著称的安徽齐云山和被誉为“道教第一仙境”的江西

龙虎山。这些名山风光以秀丽著称，而且集自然景观和文物古迹于一体，融入其中大量历史文人名士的诗词文章和山水画卷，大大丰富了其文化内涵。

二、江南园林，小巧精致

江南园林主要分布在本区，被誉为“咫尺之内再造乾坤”，是东方文明的造园艺术典范。明清时期，江浙一带经济繁荣，文化发达，南京、无锡、苏州、常州、湖州、杭州、扬州、太仓、常熟等城市，宅园兴筑盛极一时。这些园林都是在唐宋写意山水园的基础上发展起来的，强调主观的意兴与心绪表达，重视掇山、叠石、理水等创作技巧；突出山水之美，注重园林的文学趣味。特别是苏州园林汇集了我国江南园林的精华，以其古、秀、精、雅、多而享有“江南园林甲天下，苏州园林甲江南”的美誉。苏州园林中的拙政园、留园、网师园、环秀山庄、沧浪亭、狮子林、艺圃、退思园等以“苏州古典园林”项目作为文化遗产被列入《世界遗产名录》。

三、历史久远，人文荟萃

江浙一带自古为繁华之地，经济的繁荣促进了文化艺术的发展。这里的人们重文重教，历史上名人荟萃，人才辈出，有科学家祖冲之、沈括、徐光启，文学巨匠施耐庵、吴承恩，书画家唐寅、郑板桥，地理学家徐霞客等。九华山、普陀山为我国四大佛教名山之一。我国七大藏书楼中有三座也在本区，分别是扬州文汇阁、镇山文淙阁、杭州文澜阁。华东地区商业兴盛，城镇店铺、酒楼、茶社林立，是历史上人文荟萃的繁华之地。

江浙一带，以吴越文化为主体。吴越文化区以太湖流域为中心，其范围包括今上海、江苏南部、浙江、安徽南部、江西东北部，是中国文化中精致典雅的代表。这种文化使得沪苏浙皖赣旅游区在文学、戏曲、书画、园林、建筑等方面具有鲜明的地域色彩，游客在旅游过程中需要细细品味。

四、物产丰富，种类繁多

本区土特产品和工艺品种类繁多，独具地方风格和民族特色。著名的土特产品有：上海的南桥腐乳、泖蟹、松江鲈鱼、龙华水蜜桃；江苏的南京板鸭、阳澄湖螃蟹、太湖银鱼、高邮双黄鸭蛋；浙江金华火腿、黄岩蜜橘、杭州丝绸、西湖龙井；安徽的屯溪绿茶、祁山红茶、六安瓜片等。工艺品有：上海的金银饰品、玉雕、顾绣；江苏的苏州刺绣，宜兴紫砂陶器、无锡泥塑；浙江的宁波草席、东阳木雕、杭州织锦、湖州的湖笔；安徽的徽墨、芜湖铁画、宣纸等，深受游客的喜爱。

[知识链接]

湖笔

湖笔是“文房四宝”之一，被誉为“笔中之冠”。湖笔产于浙江湖州南浔区善琏镇，选料讲究，工艺精细，品种繁多，粗的有碗口大，细的如绣花针，具有尖、齐、圆、健四大特点。尖，指笔锋尖如锥状；齐，指笔锋撮平后，齐如刀切；圆，指笔头圆浑饱满；健，指笔锋挺立，富有弹性。湖笔分羊毫、狼毫、兼毫、紫毫四大类；按大小规格，又可分为大楷、寸楷、中楷、小楷四种。湖笔，亦称湖颖，颖是指笔锋尖端一段整齐透亮的部分，笔工们称为“黑子”，这是湖笔最大的特点。这种笔蘸墨后，笔锋仍是尖形，把它铺开，内外之毛整齐而无短长。这一带的山羊，每只平均只出三两笔料毛，有锋颖的也只有六钱。一支湖笔，笔头上的每一根具有锋颖的毛都是在无数粗细、长短、软硬、曲直、圆扁的羊毛中挑选出来的，具有尖圆齐健、毫细出锋、毛纯耐用的优点。

[任务训练]

表7－1－1　沪苏浙皖赣旅游区旅游主题

名称	推荐理由	根据主题推荐的旅游景区或景点

[任务评价]

表7－1－2　沪苏浙皖赣旅游区旅游主题任务评价

评价指标	评价分值											
	自我评价				组间评价				教师评价			
	A	B	C	D	A	B	C	D	A	B	C	D
主题准确、鲜明												
推荐理由合理												
景点把握熟练												
团队合作												
总体印象												

A：优秀　B：良好　C：一般　D：欠佳

任务二　上海旅游区

上海，简称“沪”，别称“申”，地处我国漫长海岸线的最正中，长江的入海口。上海全市面积为6340平方公里。城镇化水平居全国首位，是全国人口密度最大的城市。上海是中国大陆的经济、金融、贸易和航运中心。上海位于我国大陆海岸线中部的长江口，是国家级历史文化名城，保留着众多古迹和富有特色的园林，有龙华古寺、静安古寺和玉佛寺，还有号称江南名园之秀的豫园。名胜古迹和现代化大都市风光相互映衬，是上海旅游资源的特色。繁华的大上海处处显现着它的独特魅力，外滩老式的西洋建筑与浦东现代的摩天大厦交相辉映，东方明珠电视塔、金茂大厦、上海国际会议中心、世博园、迪士尼乐园、浦东国际机场描绘着国际大都市的开阔前景。

◆【任务目标】

1. 学生自行寻找上海旅游区游览图，根据下面旅游行程线路，在图中标注旅游线路。

上海繁华都市之旅5日游：

D1: 北京乘坐火车，前往上海市；

D3: 陆家嘴（东方明珠广播电视塔、金茂大厦）；

D4: 中共一大会址、玉佛寺、佘山国家森林公园；

D5: 上海迪士尼乐园；

D6: 抵达北京西站，结束愉快的上海之旅。

2. 根据上海旅游区游览图，了解上海旅游区的主要旅游景区景点。

◆【任务分析】

要想了解上海旅游区的主要旅游景区景点，首先要了解上海旅游区的旅游特色，掌握上海旅游景区景点分布情况，熟悉各旅游景区景点的特点。

◆【知识准备】

一、外滩游览区

（一）外滩

位于上海市中心区的黄浦江畔，北起苏州河口的外白渡桥，南至金陵东路，全长约1.5公里。它是上海的风景线，是到上海观光的游客必到之地。由于独特的地理位置及近百年来在经济领域对上海乃至中国的影响，其具有十分丰富的文化内涵。外滩的江面、长堤、绿化带及美轮美奂的建筑群所构成的街景，是最具有特征的上海景观。

自今延安东路至外白渡桥附近，延宽广的中山东一路，并列着一幢幢具有西欧古典风格的大楼，它们气派雄伟，庄重坚实，装饰豪华，色调和谐，线条挺拔，错落有致，形成一派巍峨壮观的建筑风景线，被誉为“凝固的音乐”。这些大楼凝聚着各国著名建筑设计师和中外能工巧匠的心血，是人类建筑史上一份宝贵的财富，有着“万国建筑博览会”之称。著名的中国银行大楼、和平饭店、海关大楼、汇丰银行大楼再现了昔日“远东华尔街”的风采，这些建筑虽不是出自同一位设计师，也并非建于同一时期，然而它们的建筑色调却基本统一，整体轮廓线处理惊人的协调。无论是极目远眺或是徜徉其间，都能感受到一种刚健、雄浑、雍容、华贵的气势。

（二）南京路

它东起外滩，西迄延安西路，横跨静安、黄浦两区，全长5.5公里，以西藏中路为界分为东西两段。南京路是上海开埠后最早建立的一条商业街。1945年，国民政府从列强手上回收所有租界后将南京路改名南京东路，静安寺路改名南京西路。故广义的南京路包括上海十大商业中心中的两个：南京东路与南京西路。南京东路（包括南京路步行街）主要是平价商业区和旅游区；而南京西路（包括静安寺地区）则是中国商铺租金最高也是全上海最奢华的时尚商业街区，以奢侈品和高端个性消费为主。

二、豫园老城厢游览区

（一）豫园

位于上海市老城厢的东北部，北靠福佑路，东临安仁街，西南与上海老城隍庙毗邻，是江南古典园林，占地30余亩。始建于明嘉靖三十八年（1559年），距今已有400多年历史，规模宏伟，享有“东南名园冠”“奇秀甲东南”的美誉。它原是明朝一座私人花园，园主潘允端曾任四川布政使，潘允端在《豫园记》中注明“匾曰‘豫园’，取愉悦老亲意也”，故名豫园。“豫”，有“安泰”“平安”之意。园内有穗堂、大假山、铁狮子、快楼、得月楼、玉华堂、点春堂、万花楼、玉玲珑、积玉水廊、听涛阁、涵碧楼、内园静观大厅、古戏台等亭台楼阁，以及假山、池塘等胜景，设计精巧、布局细腻，以清幽秀丽、玲珑剔透见长，具有小中见大的特点，体现了明清两代南方园林建筑艺术的风格。“玉华堂”前的“玉玲珑”假山石是与苏州留园的“瑞云峰”、杭州花圃的“皱云峰”齐名的江南园林三大奇石之一。

（二）老城隍庙

坐落于上海市最为繁华的城隍庙旅游区，是上海地区重要的道教宫观。“到上海不去城隍庙，等于没到过大上海。”可见老城隍庙在上海的地位和影响。上海城隍庙真正始建于明永乐年间，距今已有近600年的历史。上海知县张守约将方浜路上的金山神庙改建成了今天我们所见的城隍庙雏形。从明代永乐到清代道光上海城隍庙的庙基不断扩大，宫观建筑不断增加，最为繁盛时期，总面积达到49.9亩，约3.3万平方米。1926年重建，殿高4.8丈，深6.33丈，钢筋水泥结构，而彩椽画栋、翠瓦朱檐，规模大增。抗战后，为与新城隍庙（原址在金陵西路连云路口）相区别，故称老城隍庙。

三、陆家嘴游览区

陆家嘴的名声大噪是因为它吹响了开发浦东的号角，也因为有了东方明珠电视塔以及金茂大厦、环球金融中心这些举世闻名的建筑和景观，在陆家嘴还有许多如上海海洋水族馆、上海大自然野生昆虫馆等极具观赏价值的景点。

（一）东方明珠广播电视塔

又名东方明珠塔，位于上海黄浦江畔、浦东陆家嘴嘴尖上，与外滩隔江相望。塔高468米，是上海标志性建筑和旅游热点之一。东方明珠塔凭借其穿梭于三根直径9米的擎天立柱之中的高速电梯，以及悬空于立柱之间的世界首部360°全透明三轨观光电梯，让每一位游客充分领略现代技术带来的无限风光。263米高的上体观光层和350米处太空舱是游人360°鸟瞰全市景色的最佳处所。享誉中外的东方明珠空中旋转餐厅位于东方明珠塔267米上球体，以其得天独厚的景观优势、不同凡响的饮食文化、宾至如归的温馨服务，傲立于上海之巅，作为亚洲最高的旋转餐厅，其营业面积达到1500平方米，可容纳350位来宾用餐。底层的上海城市历史发展陈列馆再现了老上海的生活场景，浓缩了上海从开埠以来的历史。它集广播电视发射、观光、餐饮、购物、娱乐、会展、历史陈列等功能于一身。

（二）金茂大厦

又称金茂大楼，位于上海浦东新区黄浦江畔的陆家嘴金融贸易区，与著名的外滩风景区隔江相望，楼高420.5米，有多达130部电梯与555间客房，现已成为上海的一座地标，是集现代化办公楼、五星级酒店、会展中心、娱乐、商场等设施于一体，融会中国塔型风格与西方建筑技术的多功能型摩天大楼。大厦里有办公楼、金茂凯悦大酒店、观光厅等。金茂大厦既有现代气派，又有民族风格，堪称上海的一座标志性建筑。

（三）中国共产党第一次全国代表大会会址纪念馆

位于兴业路76号（原望志路106号），是介绍中国共产党诞生史迹的革命旧址纪念馆。新中国成立后，会址按纪念馆原貌修复，室内布置维持了原样，现为全国重点文物保护单位，纪念馆内还辟有“一大”会议室、中共创建史陈列室和革命史专题临时陈列室。“一大”会议室位于兴业路76号底楼，家具与物品均按原样陈列。中共创建陈列室有历史文献、文物和照片170余件，陈列内容为中国共产党成立的历史背景、各地共产主义小组的产生及其活动、中国共产党的诞生。革命史专题临时陈列室曾分别举办过毛泽东、周恩来在上海的史料展览。

（四）佘山国家森林公园

位于上海西郊松江区境内，占地约400公顷，距市中心35公里，有东西佘山、天马山、凤凰山、小昆山等12座山峰，已开放了东西佘山园、天马山园、小昆山园、月湖等景区。佘山景区风景秀丽，有蜚声中外的佘山圣母大殿，其级别之高，建筑之雄伟，为东南亚地区第一大教堂，也是佘山标志性建筑。佘山天文台，始建于清光绪二十四年，是中国建造最早、规模最大的天文台之一。

（五）玉佛寺

坐落在上海市普陀区安远路东口的繁华闹市里，不仅是沪上名刹，也是闻名于海内外的佛教寺院。玉佛寺建于1882年，占地约8000平方米，房屋299间。清光绪年间，普陀山慧根和尚至印度礼佛朝拜，在返国途中取道缅甸，请得太小玉佛5尊，途经上海时，留下白玉佛释迦牟尼坐像和卧像各1尊，在江湾建寺供奉，玉佛寺由此得名。寺院殿宇仿宋代体制，布局严谨，结构谐调，气势宏伟。寺内中轴线上，依次为天王殿、大雄宝殿、玉佛楼（方丈室），左右两侧有卧佛堂、观音殿、铜佛殿和斋堂等，错落有致。

（六）上海迪士尼乐园旅游区

位于上海市浦东新区川沙新镇，上海迪士尼乐园是中国内地首座迪士尼主题乐园。2016年6月16日开园，包括六大主题园区：米奇大街、奇想花园、探险岛、宝藏湾、明日世界和梦幻世界。上海迪士尼乐园里有许多全球首发游乐项目、精彩的现场演出和多种奇妙体验，无论男女老少，无论年龄大小，都能在这里收获快乐。

四、青浦游览区

（一）淀山湖风景区

位于上海市青浦区，是青浦新城的核心景观带，邻接江苏省昆山市，距上海市中心区60公里，是上海最大的天然淡水湖泊，面积62平方公里，是上海的母亲河黄浦江的源头。淀山湖湖水碧澄如镜，沿岸烟树迷茫，富有江南水乡风光。淀山湖西接太湖，东连黄浦江，烟水迷蒙，碧波浩渺。临湖有“水上运动场”，是国际赛艇及划艇训练和比赛的场所。 淀山湖保存和修建了一大批文物胜迹，辟有淀山湖游览区，区内湖光山色，环境幽雅，有根据古典小说《红楼梦》所描述的意境格局建成的上海大观园，有青少年野营基地、民族文化村、福克游艇俱乐部、日月岛度假村等。

（二）朱家角古镇

俗称“角里”，隶属上海市青浦区，位于上海市西部、青浦区中南部，是离上海最近的江南水乡古镇，紧靠淀山湖风景区。朱家角历史渊源流长，明末清初，“长街三里，店铺千家”，老店名店林立，南北百货，各业齐全，乡脚遍及江浙两省百里之外，遂又有“三泾（朱泾、枫泾、泗泾）不如一角（朱家角）”之说。镇内河港纵横，九条长街沿河而伸，千栋明清建筑依水而立，36座石桥古风犹存，名胜古迹比比皆是。

【任务训练】

以小组的形式，通过教材或其他方式了解上海旅游景点，获得旅游景点信息，选出小组最喜欢的旅游景点。每组选出1名同学代表小组阐述任务完成的过程，讲解选出的旅游景点。

[任务评价]

表7－2－1　上海旅游区任务训练评价

评价指标	评价分值											
	自我评价				组间评价				教师评价			
	A	B	C	D	A	B	C	D	A	B	C	D
景点把握												
阐述过程												
讲解水平												
团队合作												
总体印象												

A：优秀　B：良好　C：一般　D：欠佳

任务三　江苏旅游区

江苏省位于中国大陆沿海中部和长江、淮河下游，东濒黄海，北接山东，西连安徽，东南与上海、浙江接壤，是长江三角洲地区的重要组成部分。省名取自清朝江宁府和苏州府两府首字，简称“苏”。省会城市为南京，面积约 10 万平方公里，土地肥沃，物产丰富，江河湖泊密布，素有“鱼米之乡”的美誉。江苏河湖众多，水网密布，中国第一大河——长江横穿东西，江面辽阔，世界上最古老的运河——京杭大运河纵贯南北。太湖、洪泽湖烟波浩瀚，碧波万顷。江苏旅游资源丰富，有抗日战争遗址、革命遗址，有众口传颂的千年名刹，有精巧雅致的古典园林，有小桥流水人家的古镇水乡，有烟波浩渺的湖光山色，有规模宏大的帝王陵寝，有雄伟壮观的都城遗址，自然景观与人文景观交相辉映。

◆【任务目标】

1. 学生自行寻找江苏旅游区游览图，根据下面旅游行程线路，在图中标注旅游线路。

江苏“游水乡，品园林”之旅 6 日游：

D1: 南京：钟山风景区、秦淮河、夫子庙；

D2: 南京：玄武湖、明孝陵、南京大屠杀遇难同胞纪念馆；

D3: 南京—镇江—常州：金山寺、焦山、北固山、常州茅山；

D4: 常州—无锡：鼋头渚、三国城、灵山大佛、梅园、鸿山遗址博物馆；

D5: 无锡—苏州：拙政园、周庄、留园、虎丘山、同里古镇；

D6: 苏州—扬州—泰州—淮安—盐城：瘦西湖、个园、何园、溱湖国家湿地公园、周恩来故居、大丰麋鹿保护区。

2. 根据江苏旅游区游览图，了解江苏旅游区的主要旅游景区景点。

◆【任务分析】

要想了解江苏旅游区的主要旅游景区景点，首先要了解江苏旅游区的旅游特色，掌握江苏旅游景区景点分布情况，熟悉各旅游景区景点的特点。

◆【知识准备】

一、南京游览区

南京是中国著名的“四大古都”之一，有“六朝古都”之称。千百年来，奔腾不息的长江不仅孕育了长江的文明，也催生了南京这座江南城市。南京城内主要河流有长江和秦淮河。

主要景点有中山陵、明孝陵、秦淮风光带、夫子庙、莫愁湖、燕子矶等。

（一）钟山风景区

位于南京市东北郊，是著名的风景游览胜地。钟山风景区以中山陵为中心，包括紫金山、玄武湖两大区域，区内有优美的自然风光和丰富的古迹文物。全区包括可供观光游览的景点有中山陵、明孝陵、灵谷寺、紫金山天文台、中山植物园、北极阁气象台、鸡鸣寺等，还包括玄武湖、九华山、明代城垣等，景色优美，气势磅礴。钟山古称金陵山，汉代开始称钟山，东晋时开始称紫金山，共有三座东西并列的山峰。主峰为北高峰，其余分别为西为天堡山和东为茅山，中山陵便坐落于此。

[知识链接]

中山陵

中山陵是中国近代伟大的政治家、革命先行者孙中山先生的陵墓及其附属纪念建筑群。中山陵面积共8万余平方米，主要建筑有牌坊、墓道、陵门、石阶、碑亭、祭堂和墓室等，排列在一条中轴线上，体现了中国传统建筑的风格。环绕中山陵的主体建筑，还有一系列纪念性建筑，如为便于孙中山先生家属守灵而在陵墓后上方建造的永慕庐、存储奉安大典纪念物品的奉安纪念馆，以及宝鼎、音乐台、流徽榭、仰止亭、光华亭、行健亭、藏经楼等。中山陵被誉为“中国近代建筑史上的第一陵”。

（二）夫子庙－秦淮河风光带

位于南京秦淮区，以夫子庙为中心，秦淮河为纽带，包括瞻园、夫子庙、白鹭洲公园、中华门，以及从桃叶渡至镇淮桥一带的秦淮水上游船和沿河楼阁景观。这里庙市夜景合一，始终是南京最繁华的地方之一，美称“十里珠帘”。

秦淮河大部分在南京市境内，是南京市最大的地区性河流。历史上，其航运、灌溉作用，孕育了南京古老文明，被称为南京的母亲河，历史上极负盛名，被称为“中国第一历史文化名河”。

1．夫子庙

位于秦淮河北岸的贡院街旁，夫子庙即孔庙，始建于宋。夫子庙以庙前的秦淮河为泮池，南岸的石砖墙为照壁，全长110米，是全国照壁之最。1985年，南京市政府修复了夫子庙古建筑群，许多商店、餐馆、小吃店门面都改建成明清风格，并将临河的贡院街一带建成古色古香的旅游文化商业街；夫子庙既恢复了旧观，又展现了新容。如今这里是南京最著名的步行商业街区，也是最具老南京风味的地方。夫子庙建筑群由孔庙、学宫、江南贡院荟萃而成，是秦淮风光的精华。

2．瞻园

瞻园是南京保存最为完好的一组明代古典园林建筑群，也是唯一开放的明代王府，曾是明朝开国功臣徐达府邸的一部分，也是清朝各任江南布政使办公的地点。瞻园面积约2万平方米，共有大小景点20余处，布局典雅精致，有宏伟壮观的明清古建筑群、陡峭峻拔的假山、闻名遐迩的北宋太湖石、清幽素雅的楼榭亭台等。

3. 中华门

位于南京城墙京城城墙正南，明代称聚宝门，是南京城的正南门，是南京城墙内城13座城门中规模仅次于通济门的城堡式城门，中华门城堡是中国现存最大的城堡，也是世界上保存最完好、结构最复杂的古城堡。中华门前后有内外秦淮河径流横贯东西，是南京老城城南交通咽喉所在。

（三）玄武湖

位于南京城东北，东枕紫金山，西靠明城墙。玄武湖古名桑泊、后湖，已有1500多年的历史，是紫金山脚下的国家级风景区，中国最大的皇家园林湖泊，当代仅存的江南皇家园林，江南三大名湖之一，是江南最大的城内公园，被誉为“金陵明珠”。玄武湖分为五块绿洲，荟萃了许多的名胜古迹，现在是南京最大的文化休闲公园。

（四）南京大屠杀遇难同胞纪念馆

坐落在南京江东门街418号。为悼念南京大屠杀遇难者，南京人民政府于1985年建成这座纪念馆，1995年又进行了扩建。纪念馆占地面积30000平方米，建筑面积5000平方米。建筑物采用灰白色大理石垒砌而成，气势恢宏，庄严肃穆，是一处以史料、文物、建筑、雕塑、影视等综合手法，全面展示“南京大屠杀”特大惨案的专史陈列馆。该馆正大门左侧镌刻着邓小平手书的“侵华日军南京大屠杀遇难同胞纪念馆”馆名。

（五）明孝陵

坐落于南京市玄武区紫金山南麓独龙阜玩珠峰下，东毗中山陵，南临梅花山，位于钟山风景名胜区内，是明太祖朱元璋与其皇后的合葬陵墓。明孝陵作为中国明皇陵之首，代表了明初建筑和石刻艺术的最高成就，直接影响明清两代500余年20多座帝王陵寝的形制，依历史进程分布于北京、湖北、辽宁、河北等地的明清皇家陵寝，均按南京明孝陵的规制和模式营建。明孝陵在中国帝陵发展史上有着特殊的地位，故而有“明清皇家第一陵”的美誉。陵区内的主体建筑和石刻有方城、明楼、宝城、宝顶，包括下马坊、大金门、神功圣德碑、神道、石像路石刻等，都是明代建筑遗存，保持了陵墓原有建筑的真实性和空间布局的完整性。

二、苏州游览区

（一）苏州园林

1. 拙政园

位于苏州古城区东北娄门内的东北街，园林占地面积约5.2公顷，是中国四大名园之一，苏州园林中的经典作品。拙政园布局主题以水为中心，池水面积约占总面积的1/5，各种亭台轩榭多临水而筑。拙政园分为东、中、西三部分，东花园开阔疏朗，中花园是全园精华所在，西花园建筑精美，各具特色。园南为住宅区，体现典型江南地区汉族民居多进的格局。园南还建有苏州园林博物馆，是国内唯一的园林专题博物馆。

2. 留园

位于苏州阊门外留园路338号，以园内建筑布置精巧、奇石众多而知名，与苏州拙政园、北京颐和园、承德避暑山庄并称中国四大名园。留园为中国大型古典私家园林，占地面积23300平方米，代表清代风格，园以建筑艺术精湛著称，厅堂宏敞华丽，庭院富有变化，太湖石以冠云峰为最，有“不出城郭而获山林之趣”。其建筑空间处理精湛，造园家运用各种艺术手法，构成了有节奏有韵律的园林空间体系，成为世界闻名的建筑空间艺术处理的范例。留园分四部分，东部以建筑为主，中部为山水花园，西部是土石相间的大假山，北部则是田园风光。

3. 狮子林

位于苏州市市城东北园林路。狮子林为苏州四大名园之一，至今已有670多年的历史。因园内“林有竹万，竹下多怪石，状如狻猊（狮子）者”，又因天如禅师维则得法于浙江天目山狮子岩普应国师中峰，为纪念佛徒衣钵、师承关系，取佛经中狮子座之意，故名“狮子林”。另外在北京圆明园、承德避暑山庄中则各有一处仿建。狮子林建筑可分祠堂、住宅与庭园三部分，现园子的入口原是贝氏宗祠，有硬山厅堂二进，是一座融禅宗之理、园林之乐于一体的寺庙园林。

4. 沧浪亭

位于苏州古城三元坊附近，是一处始建于北宋的中国汉族古典园林建筑，始为文人苏舜钦的私人花园，其占地面积1.08公顷，与北宋名贤范仲淹创办的府学文庙相望，是苏州现存历史最为悠久的古典园林。沧浪亭与狮子林、拙政园、留园一齐列为苏州宋、元、明、清四大园林。沧浪亭原是五代时期吴越国广陵王钱元璙的别墅。北宋庆历五年（1045年），诗人苏舜钦购园修筑，傍水建亭，取意“沧浪之水清兮，可以濯吾缨；沧浪之水浊兮，可以濯吾足”，题名沧浪亭。南宋时为抗金名将韩世忠宅第，人称韩园。元代，一度为佛寺，后日渐荒芜。清康熙年间，江苏巡抚宋荦亲访沧浪亭遗迹，重建此园。清道光、同治年间又屡经修葺，形成现在规模，有沧浪亭、明道堂、清香馆、翠玲珑、瑶华境界、印心石屋、看山楼、闻妙香室、面水轩、观鱼处、五百名贤祠等景观。

（二）江南水乡

1. 周庄

位于苏州管辖的昆山市境内西南隅，古称贞丰里，是一座具有900多年历史的水乡古镇。全镇依河成街，桥街相连，深宅大院，重脊高檐，河埠廊坊，过街骑楼，穿竹石栏，临河水阁，一派古朴幽静，是江南典型的小桥流水人家。沈厅、张厅、迷楼、叶楚伧故居、澄虚道院、全福寺、富安桥等名胜古迹，具有很高的历史、文化和观赏价值。

2. 同里

位于苏州市吴江区，距苏州市市区18公里，距上海80公里。同里是江南六大古镇之一，旧称“富土”，唐初改为“铜里”，宋时将旧名拆字为“同里”。同里面积33公顷，为五个湖泊环抱，由49座桥连接，网状河流将镇区分割成七个岛。古镇镇内家家临水，户户通舟。宋元明清桥保存完好。

3．角直

坐落于苏州市吴中区，是一座与苏州古城同龄，具有2500多年历史的中国水乡文化古镇。镇内水系纵横，素有“五湖之汀”（澄湖、万千湖、金鸡湖、独墅湖、阳澄湖）、“六泽之冲”（吴淞江、清水江、南塘江、界浦江、东塘江、大直江）之称，古镇临水而筑，曾被费孝通誉为“神州水乡第一镇”，以水多、桥多、巷多、名人多而著称，更因塑壁罗汉和水乡妇女服饰闻名天下。“水巷小桥多，人家尽枕河”是角直浓厚水乡气息的真实写照，1平方公里的古镇区原有宋元明清时期各式石桥“七十二顶半”，现尚存41座，素称“中国古桥博物馆”。

（三）虎丘山风景名胜区

位于苏州古城西北角，虎丘山高仅30多米，却有“江左丘壑之表”之誉。景区包括“三绝九宜十八景”，其中最为著名的是千人石、试剑石、剑池、云岩寺塔等。云岩寺塔已有1000多年历史，是世界第二斜塔，成为苏州古城的标志性建筑；剑池剑池幽奇神秘，传说埋有吴王阖闾墓葬；千人石气势磅礴，留下了“生公讲座，下有千人列座”的佳话。

三、镇江—常州游览区

（一）镇江三山风景名胜区

地处西南部，长江下游南岸，具有“真山真水”的独特风貌，由金山风景区、焦山风景区、北固山风景区组成。金山以绮丽著名，山上江天大禅寺依山而造，殿堂楼台层层相接，远望只见寺庙不见山，素有“金山寺裹山”的说法，家喻户晓的“白娘子水漫金山寺”神话故事即源于此。焦山位于长江中，山水天成，古朴幽雅，山中碑林石刻，属于国家重点文物保护单位，内涵丰富，被誉为“书法之山”，其中的摩崖石刻《鹤铭》享誉海内外。焦山定慧寺是江南著名古刹之一。焦山因寺庙楼阁等建筑均藏于山林深处，又有“焦山山裹寺”之说。北固山以险峻著称，因三国故事而名扬千古，主峰濒临大江，山势险固，甘露寺高踞峰巅，形成“寺冠山”特色，这里的亭台楼阁、山石涧道，无不与三国时期孙刘联姻等历史传说有关，成为游人寻访三国遗迹的向往之地。

（二）茅山

位于句容市与金坛交界处，南北约长10公里，东西约宽5公里，面积50多平方公里，是道教上清派的发祥地，被后人称为 “第一福地，第八洞天”，享有“秦汉神仙府，梁唐宰相家”之美誉。茅山峰峦叠嶂，风景秀丽，景色宜人，素有“九峰、十八泉、二十六洞、二十八池”之胜景。人文景观有九霄万福宫、元符万宁宫、老子神像、喜客泉、华阳洞、仙人洞、德观遗址、新四军纪念馆、苏南抗战胜利纪念碑等。

四、扬州—泰州—淮安—盐城游览区

（一）瘦西湖

位于扬州市北郊，现有游览区面积100公顷左右，全长4.3公里。瘦西湖园林群景色宜人，融南秀北雄为一体，在清代康乾时期即已形成基本格局，有“园林之盛，甲于

天下”之誉。湖区利用桥、岛、堤、岸的划分，使狭长湖面形成层次分明、曲折多变的山水园林景观。瘦西湖景区现有虹桥、钓鱼台、小金山、御码头、五亭桥、西园、冶春园、绿杨村、卷石洞天、西园曲水、四桥烟雨、长堤春柳、叶园、徐园、长春岭、琴室、木樨书屋、棋室、月观、梅岭春深、湖上草堂、绿荫馆、吹台、水云胜概、莲性寺、凫庄、五亭桥、白塔晴云、二十四桥景区等景点。

（二）个园

位于扬州古城东北隅，盐阜东路 10 号，是一处典型的私家住宅园林。从住宅进入园林，首先映入眼帘的是月洞形园门。门上石额书写“个园”二字，“个”者，竹叶之形，主人名“至筠”，“筠”亦借指竹，以为名“个园”，点明主题。个园以叠石艺术著名，笋石、湖石、黄石、宣石叠成的春夏秋冬四季假山，融造园法则与山水画理于一体，被园林泰斗陈从周先生誉为“国内孤例”。

（三）何园

坐落于扬州市的徐凝门街 66 号。何园又名“寄啸山庄”，是一处始建于清代中期的汉族古典园林建筑，被誉为“晚清第一园”。何园的主要特色是充分发挥了廊道建筑的功能和魅力，1500 米复道回廊，是中国园林中少有的景观。全园分为东园、西园、园居院落、片石山房四个部分，园内的两层串楼和复廊与前面的住宅连成一体，现为 AAAA 级旅游景区。

五、连云港游览区

（一）抗日山

原名马鞍山，位于连云港市赣榆区西部苏鲁两省交界处，主峰海拔 173 米。抗日山是我国唯一一座以抗日命名的山，抗日山烈士陵园是中国共产党领导下的八路军、新四军兴建的时间最早、规模最大、安葬烈士最多的抗日烈士陵园。陵园内不但安葬着八路军抗日烈士，也安葬着新四军抗日烈士；不但有中国抗日军人的纪念碑，也有外国抗日英雄的纪念碑。革命烈士纪念馆里，不但有共产党抗日烈士的专题介绍，也有国民党抗日烈士的事迹陈列。陵园依山而建，背山面水，气势宏伟，庄严肃穆，由抗日烈士纪念塔、纪念碑、纪念亭、纪念堂、纪念馆、碑廊、国防园和东西两大墓群组成，总面积 24 万平方米。

（二）孔望山

位于连云港市海州古城城东，因孔子登山望海而得名。孔望山由花岗岩、片麻岩构成，在山顶塑起了“孔子望海”雕像。孔望山的文物古迹包括东汉末年的佛教摩崖石刻、佛教庙宇龙洞庵、宋代古城、龙洞庵石刻群，以及“承露盘”“杯盘石刻”等多处道教遗迹。

六、无锡旅游区

（一）太湖鼋头渚风景区

位于无锡市大浮镇，是横卧太湖西北岸的一个半岛，因巨石突入湖中形状酷似神龟昂首而得名。鼋头风光，山清水秀，浑然天成，为太湖风景的精华所在，故有“太湖第一名胜”之称。风景区有充山隐秀、鹿顶迎晖、鼋渚春涛、横云山庄、广福寺、太湖仙岛、江南兰苑、中日樱花友谊林等众多景观。

（二）灵山景区

位于无锡市太湖之滨，占地面积约 30 公顷，由小灵山、祥符禅寺、灵山大佛、天下第一掌、百子戏弥勒、佛教文化博览馆、万佛殿等景点组成，集湖光山色、园林广场、佛教文化、历史知识于一体，是中国最为完整，也是唯一集中展示释迦牟尼成就的佛教文化主题园区。

（三）梅园

坐落在无锡西郊的东山、浒山和横山之间。梅园为著名民族工业家荣宗敬、荣德生兄弟以“为天下布芳香”的宗旨而建。此园遥临太湖烟波，背倚龙山翠屏，倚山建园，以梅饰山，近山远水，虚实相映，构成一幅天然图画。梅园以梅花驰名，园中有梅树 4000 多株，盆梅 2000 多盆，品种近 40 个。早春季节，梅花盛开，这里一片“香雪海”，香气馥郁，沁人心肺。

[任务训练]

以小组的形式，通过教材或其他方式了解江苏旅游景点，获得旅游景点信息，选出小组最喜欢的旅游景点。每组选出 1 名同学代表小组阐述任务完成的过程，讲解选出的旅游景点。

[任务评价]

表7－3－1　江苏旅游区任务训练评价

评价指标	评价分值											
	自我评价				组间评价				教师评价			
	A	B	C	D	A	B	C	D	A	B	C	D
景点把握												
阐述过程												
讲解水平												
团队合作												
总体印象												

A：优秀　B：良好　C：一般　D：欠佳

任务四　浙江旅游区

浙江，地处中国东南沿海、长江三角洲南翼，东临东海，南接福建宁德，西与江西上饶、安徽黄山相连，北与上海、江苏苏州、安徽接壤。面积10万多平方公里，人口5400多万，是中国面积较小、人口密度较大的省份之一，省会杭州市。浙江历史悠久，人文荟萃，特产丰富，素有"鱼米之乡"之称，自然和人文旅游资源得天独厚。自然风光与人文景观交相辉映，特色明显，知名度高。境内有雁荡山、普陀山、括苍山、雪窦山、天目山、天台山等名山，有钱塘江、瓯江、灵江、苕溪、甬江、飞云江、鳌江、京杭运河(浙江段)等8条水系，有杭州西湖、绍兴东湖、嘉兴南湖和宁波东钱湖四大名湖，有中国最大的人工湖——杭州千岛湖。

◆【任务目标】

1. 学生自行寻找浙江旅游区游览图，根据下面旅游行程线路，在图中标注旅游线路。

"诗画江南，山水浙江"5日游：

D1: 杭州：西湖；

D2: 杭州：千岛湖、富春江、天目山；

D3: 杭州—嘉兴：南湖、西塘、乌镇；

D4: 嘉兴—温州：雁荡山、楠溪江；

D5: 温州—舟山：普陀山、桃花岛、岱山。

2. 根据浙江旅游区游览图，了解浙江旅游区的主要旅游景区景点。

◆【任务分析】

要想了解浙江旅游区的主要旅游景区景点，首先要了解浙江旅游区的旅游特色，掌握浙江旅游景区景点分布情况，熟悉各旅游景区景点的特点。

◆【知识准备】

一、杭州游览区

(一)西湖

位于杭州市的西面，以其秀丽清雅的湖光山色和璀璨丰蕴的名胜古迹而闻名中外，是中国著名的旅游胜地，被誉为"人间天堂"。西湖，古称钱塘湖，也称西子湖，三面云山环抱，一面濒临城区，苏堤和白堤将湖面分成里湖、外湖、岳湖、西里湖和小南湖五个部分。 西湖新老十景使西湖无论晴雨风雪各有情致，春夏秋冬各有景色。此外西湖特产丰富，有西湖龙井、西湖醋鱼、西湖野鸭、西湖酥鱼、西湖莼菜、西湖藕粉、西湖牛肉羹 、西湖绸伞、桂花鲜栗羹等。

[知识链接]

西湖十景

西湖旧十景：苏堤春晓、曲苑风荷、平湖秋月、断桥残雪、柳浪闻莺、花港观鱼、雷峰夕照、双峰插云、南屏晚钟、三潭印月。

西湖新十景：龙井问茶、黄龙吐翠、虎跑梦泉、玉皇飞云、满陇桂雨、阮墩环碧、九溪烟树、云栖竹径、吴山天风、宝石流霞。

2007年三评西湖十景：灵隐禅踪、六和听涛、岳墓栖霞、湖滨晴雨、钱祠表忠、万松书缘、杨堤景行、三台云水、梅坞春早、北街梦寻。

（二）千岛湖

位于杭州淳安境内，是新安江水电站建成后所形成的人工湖，因湖中有大小岛屿1078个，故得“千岛湖”之美名，是世界上岛屿最多的湖。千岛湖碧波万顷，群山叠翠，峡谷幽深，溪涧清秀，洞石奇异，还有种类众多的生物资源、文物古迹和丰富的土特产品。湖中大小岛屿形态各异，群岛分布有疏有密，罗列有致。千岛湖地貌景观极为丰富，石灰岩、丹霞地貌、薄层灰岩、花岗岩其组合变化，多姿多彩。千岛湖由于地质构造运动，还形成了许多独具特色的山峰、峭壁、岩石、峡谷景观，如石柱源、全朴溪、二十五里青山，尤以仙人潭、金坳幽谷最具特色。

（三）富春江

富春江为钱塘江自建德梅城至萧山闻堰段的别称，属富春江—新安江风景名胜区。富春江“奇山异水，天下独绝”，两岸山峦逶迤，群峰叠翠，江水澄碧，风光优美，沿途著名景点有建德的灵栖洞、大慈岩，桐庐的桐君山、严子陵钓台、瑶琳仙境、大奇山和富阳的鹳山等。富春江七里泷，以“山青、水清、史悠、境幽”为主要特色，有“严陵问古”“双塔凌云”“子胥野渡”“七里扬帆”“葫芦飞瀑”等景点，有“人行明镜中，鸟度屏风里”之妙趣，享有“小三峡”之誉。

（四）天目山

位于杭州临安市北，因东、西峰顶各有一池，宛若双眸仰望苍穹，由此得名。天目山峭壁突兀，怪石林立，峡谷众多，自然景观优美，该保护区动植物种类繁多，珍稀物种荟萃。这里是世界唯一天目铁木生长地，也是我国著名的自然保护区。天目山的自然景观包括四面峰、倒挂莲花、狮子口、象鼻峰等地的奇特岩石地貌景观和海拔450米以下岩溶地貌景观。此外，还有禅源寺、大树王、周恩来纪念亭等为代表的人文景观。

（五）灵隐寺

又名云林寺，位于杭州市，背靠北高峰，面朝飞来峰，始建于东晋咸和元年（326年），占地面积约87000平方米。灵隐寺开山祖师为西印度僧人慧理和尚。南宋宁宗嘉定年间，灵隐寺被誉为江南禅宗“五山”之一。全寺建筑中轴线上依次为天王殿、大雄宝殿、药师殿、法堂、华严殿。灵隐寺藏有古代贝叶写经、东魏鎏金佛像、明董其昌写本《金刚经》

以及清雍正木刻龙藏等珍贵文物。

二、嘉兴游览区

（一）南湖

地处嘉兴城南而得名，与西南湖合称鸳鸯湖，与杭州西湖、绍兴东湖齐名，是浙江三大名湖之一，素来以“轻烟拂渚，微风欲来”的迷人景色著称于世。1921年7月底，中国共产党第一次全国代表大会在南湖的一艘画舫上完成了最后的议程，庄严宣告中国共产党成立，南湖从此成为党的诞生地。

南湖景区内自然景观与人文景观交相辉映，主要有南湖革命纪念馆、会景园、湖心岛、四季园、英雄园、揽秀园、壕股塔、小瀛洲、放鹤洲、鸳湖生态绿洲等，其中中共一大嘉兴南湖会址是全国重点文物保护单位。南湖四季分明，景色秀丽。春天，湖畔柔柳如烟；夏天，楼前荷花摇曳；秋天，满湖菱香四溢；冬天，琼宇银装素裹。风景独特，吸引着各地的游客前来观光旅游。

（二）西塘

位于江浙沪三省交界处的嘉善县，古名斜塘、平川。西塘是江南六大古镇之一，历史悠久，人文资源丰富，自然风景优美，是古代吴越文化的发祥地之一。西塘与其他水乡古镇最大的不同在于古镇中临河的街道都有廊棚，总长近千米，就像颐和园的长廊一样。在西塘旅游，雨天不淋雨，晴天太阳也晒不到，无论春夏秋冬、晴阴雨雪，始终呈现出一幅“人家在水中，水上架小桥，桥上行人走，小舟行桥下，桥头立商铺，水中有倒影”的水乡风情画。

（三）乌镇

地处嘉兴桐乡市北端，西临湖州市南浔区，北接江苏苏州吴江市，是江南水乡六大古镇之一，素有“鱼米之乡，丝绸之府”之称。乌镇具有典型的江南水乡特征，它以河成街，街桥相连，依河筑屋，水镇一体，组织起水阁、小桥流水、石板巷、文昌阁、茅盾故居、古戏台等独具江南韵味的建筑因素，体现了中国古典民居“以和为美”的人文思想，以其自然环境和人文环境和谐相处的整体美，呈现了江南水乡古镇的空间魅力。整个乌镇分为东栅景区和西栅景区。东栅景区包括汇源当铺、访庐阁、皮影戏、翰林第、修真观、古戏台、茅盾故居、余榴梁钱币馆、木雕馆、蓝印花布染坊、公生糟坊、乌镇民俗风情馆、江南百床馆、传统作坊区、香山堂、拳船表演，逢源双桥（通济桥、仁济桥）等旅游景点；西栅景区包括昭明书院、草木本色染坊、水阁和公埠石碑、水上戏台及评书场、桥里桥、定升桥与定升糕、乌将军庙、月老庙、北湿地、京杭大运河、龙形田、元宝湖等景点。

（四）嘉兴烟雨楼

为嘉兴南湖湖心岛上的主要建筑，此楼自南而北，前为门殿3间，后有楼两层，面阔5间，进深2间，回廊环抱。二层中间悬乾隆御书“烟雨楼”匾额。楼东为青杨书屋，西为对山斋，均3间。东北为八角轩一座，东南为四角方亭一座。西南垒石为山，山下洞穴迂回，可沿石蹬盘旋而上，山顶有六角敞亭，名翼亭。登烟雨楼望南湖景色，别有情趣。夏日倚栏远眺，湖中接天莲叶无穷碧；春天细雨霏霏，湖面上下烟雨蒙蒙，景色全在烟雾之中。

（五）石皮弄

坐落在嘉善县西塘镇下西街，“种福堂”西首，是夹在两幢住宅之间的露天弄堂，建于明末清处。在西塘镇 122 条长短不一的弄堂中，石皮弄最窄，宽仅 1 米，弄口最窄处仅 0.8 米，全长 68 米，由 216 块石铺成，弄面平整，下为下水道。石皮弄左右两壁梯级状山墙有 6 ~ 10 米高，至今完整地保留着古老而又独特的风姿。这条长长的石皮弄，是西塘最长的弄堂。弄深而窄，石薄如皮，故名石皮弄。

三、舟山游览区

（一）普陀山

位于舟山群岛东部海域，岛呈菱形，南北走向，海岸曲折，北部和东南部多沙滩，与舟山本岛隔海相望。普陀山是我国佛教四大名山之一，岛上秀丽的自然景观与悠久的佛教文化融会，成为名扬中外的“海天佛国”， 山石林木、寺塔崖刻、梵音涛声，皆充满佛国神秘色彩。普陀山四面环海，风光旖旎，幽幻独特，被誉为“第一人间清净地”。景区四季分明，夏无酷暑，冬无严寒。

（二）桃花岛

地处舟山群岛东南部，为舟山群岛第七大岛，与“海天佛国”普陀山、“海山雁荡”朱家尖隔港相望。桃花岛是金庸著《射雕英雄传》和姊妹篇《神雕侠侣》所描绘的美妙神奇东海小岛，集海、山、石、礁、岩、洞、寺、庙、庵、花、林、鸟、军事遗迹、历史纪念地、摩崖石刻、神话传说于一体，自然景观与人文景观并茂，有桃花峪景区、弹指峰、塔湾金沙景区、东海神珠等景点景区。

（三）舟山朱家尖

位于舟山群岛东南部，与相距 1.35 海里的“海天佛国”普陀山遥遥相对，与中国最大的渔港沈家门一脉相连，是舟山群岛核心旅游区域“普陀金三角”的重要组成部分。岛上金沙连绵，碧浪荡漾，奇石峻拔，洞礁错置，海光迷幻，森林广布，潮音不绝，空气清新，风光迷人。朱家尖从 1999 年开始，每年都要在南沙景区举办中国舟山国际沙雕节，沙雕节期间，来自世界各地和我国的沙雕艺术家和爱好者们创作出栩栩如生、惹人喜爱的沙雕作品，把沙雕的迷人风采和独特魅力展现在游人面前。

四、温州旅游区

（一）雁荡山

坐落于温州乐清市境内，是中国十大名山之一，因山顶有湖，芦苇茂密，结草为荡，南归秋雁多宿于此，故名雁荡。雁荡山可分为北雁荡山、中雁荡山、南雁荡山、西雁荡山（泽雅）、东雁荡山（洞头半屏山），雁荡山风景区主要是指乐清市境内东北部的北雁荡山。雁荡山分为灵峰、灵岩、大龙湫、雁湖、显圣等风景区，共有大小景点500多个，其中以奇峰怪石、古洞石室、飞瀑流泉称胜。灵峰、灵岩、大龙湫三个景区被称为“雁荡三绝”。

（二）楠溪江

位于温州市北部的永嘉县境内，与雁荡山风景区相毗邻，以水秀、岩奇、瀑多、村古、滩林美而闻名遐迩的楠溪江被誉为“中国山水画摇篮”，是融自然景观、人文景观于一体的田园山水名胜区。楠溪江沿岸的古村落、古建筑，选址讲究，规划严谨，风格古朴，与自然环境和谐相融，是中国四大民居之一。较为突出的有岩头、枫林、苍坡、芙蓉、花坦等村。从永嘉县乘游船溯流而上，可一览楠溪江的美丽风光。主要景点有百丈瀑、藤溪潭瀑、石门台、芙蓉三崖、十二峰、陶公洞、崖下库、石桅岩、苍坡村、芙蓉古村、狮子岩、太平岩等。

（三）文成龙麒源

位于温州文成县西坑畲族镇梧溪境内的蟹坑地带，景区面积6000多亩，由龙麒山、金碧滩、龙麒峡、语溪谷、飞翠湖等五大部分组成，植被丰茂，碧水长流，峡谷幽深，是集山水旅游、休闲探险、地貌原始森林考察的好去处。

【任务训练】

以小组的形式，通过教材或其他方式了解浙江旅游景点，获得旅游景点信息，选出小组最喜欢的旅游景点。每组选出1名同学代表小组阐述任务完成的过程，讲解选出的旅游景点。

【任务评价】

表7－4－1 浙江旅游区任务训练评价

评价指标	评价分值											
	自我评价				组间评价				教师评价			
	A	B	C	D	A	B	C	D	A	B	C	D
景点把握												
阐述过程												
讲解水平												
团队合作												
总体印象												

A：优秀　B：良好　C：一般　D：欠佳

任务五　安徽旅游区

安徽，简称“皖”，省会合肥市，位于中国东南部，跨长江下游、淮河中游，东连江苏、浙江，西接湖北，南邻江西，北靠山东、河南。省内地形呈现多样性，全省分为五个自然区域：淮北平原、江淮丘陵、皖西大别山区、长江下游平原区以及皖南山区。安徽位于华东腹地，历史悠久，自然资源和人文资源丰富多彩，名人辈出，风景名胜和人文史迹遍布各地。安徽省地形地貌呈现多样性，主要名山风光有大别山、黄山、九华山、天柱山、琅琊山、齐云山、牯牛降、八公山、大龙山等。长江水系湖泊众多，较大的有巢湖、龙感湖、南漪湖。其中巢湖面积800平方公里，为中国五大淡水湖之一。境内山河秀丽、人文荟萃、稻香鱼肥、江河密布，素为长江下游、淮河两岸的“鱼米之乡”。

◆【任务目标】

1. 学生自行寻找安徽旅游区游览图，根据下面旅游行程线路，在图中标注旅游线路。

安徽名山古镇之旅4日游：

D1: 合肥—芜湖—池州—安庆：包公祠、九华山；

D2: 安庆—黄山：黄山；

D3: 黄山—宣城：徽州古城、西递、宏村、绩溪龙川景区；

D4: 宣城—滁州—六安—淮南：琅琊山、天堂寨、大别山白马尖。

2. 根据安徽旅游区游览图，了解安徽旅游区的主要旅游景区景点。

◆【任务分析】

要想了解安徽旅游区的主要旅游景区景点，首先要了解安徽旅游区的旅游特色，掌握安徽旅游景区景点分布情况，熟悉各旅游景区景点的特点。

◆【知识准备】

一、合肥—芜湖—池州—安庆游览区

（一）包公祠

位于合肥市环城南路东段的一个土墩上，全名“包公孝肃祠”，是包河公园的主体古建筑群。包公祠是纪念宋龙图阁直学士、礼部侍郎、开封府尹包拯的公祠。祠由白墙青瓦构筑的封闭式三合院组成。主建筑是包公享堂，端坐包拯高大塑像，壁嵌黑石包公刻像，威严不阿，表现了“铁面无私”的黑脸包公的凛然正气。其祠四面环水，正门朝南，西廊陈列包氏支谱、遗物、包公家训和包公墨迹，以及有关史册资料。祠四周即包河，相传生红花藕，断之无丝，“包老直道无私，竟及于物”，因此传为佳话。与包孝肃祠紧连的是包河南畔林区的包公墓。

（二）九华山

位于池州市东南境，中国四大佛教名山之一，是安徽“两山一湖”（黄山、九华山、太平湖）黄金旅游区的北部主入口、主景区。主体由花岗岩构成，以峰为主，盆地峡谷，溪涧流泉交织其中。九华山有名峰70余座，其中以天台、天柱、十王、莲花、罗汉、独秀、芙蓉等九峰最为雄伟。最高十王峰海拔1344.4米。山间遍布深沟峡谷，垂涧渊潭，流泉飞瀑，气象万千，素有“东南第一山”“江南第一山”之誉。主要景点有九子泉声、五溪山色、莲峰云海、平冈积雪、天台晓日、舒潭印月、闵园竹海、凤凰古松等。山间古刹林立，香烟缭绕，古木参天，灵秀幽静。现存寺庙78座，佛像6000余尊。山中还有金钱树、叮当鸟、娃娃鱼等珍稀动植物。

（三）天柱山

位于安庆市潜山县西部的天柱山，又名潜山、皖山、皖公山（安徽省简称“皖”由此而来）、万岁山、万山等，为大别山山脉东延的一个组成部分。天柱山千米以上高峰有45座，主峰海拔为1488.4米，主要有天柱峰、飞来峰、天池峰，景区宗教文化积淀深厚，是中华佛教禅宗发源地之一，有“解缚石”、三祖舍利塔、三祖洞等古迹。

二、黄山—宣城游览区

（一）黄山

位于安徽省南部黄山市境内，有“天下第一奇山”之美称。为道教圣地，遗址遗迹众多，黄山以奇松、怪石、云海“三奇”名扬天下，再加上温泉又被称为黄山“四绝”。瀑布、日出和佛光，也是十分壮观和奇丽的景象。景区内奇峰耸立，有36大峰、36小峰，其中莲花峰、天都峰、光明顶三大主峰，海拔均在1800米以上。黄山以变取胜，一年四季景各异，山上山下不同天。独特的花岗岩峰林，遍布的峰壑，千姿百态的黄山松，惟妙惟肖的怪石，变幻莫测的云海，构成了黄山静中有动、动中有静的巨幅画卷。

（二）齐云山

位于徽州休宁县城西，古称白岳。境内有三十六奇峰，七十二怪崖，间以幽洞、曲涧、碧池、青泉，汇成胜境。齐云山属丹霞地貌，奇峰峥嵘，怪石嶙峋，赤如丹砂，灿若红霞，著名的有香炉峰、玉屏峰、五老峰、天门岩（又称象鼻岩）、栖真岩、紫霄岩、石桥岩。齐云山与四川青城山、湖北武当山、江西龙虎山并称道教四大名山，以玉虚宫、真武殿和玄天素宫、天清殿、洞天福地等最为有名，还有建筑风格独特的道教墓葬22处和大量的摩崖石刻和碑刻。

（三）屯溪

屯溪山城位于安徽最南端，是黄山市政府所在地。屯溪风光秀美，古朴典雅、清澈明净的率水、横江、新安江在此汇合，江水穿城而过；碧螺叠翠的华山、杨梅山蜿蜒市内；戴震公园、江心公园点缀其间；山环水绕，使素有“一半街巷一半水”的屯溪更显得风姿绰约。这里，不仅人文荟萃，涌现出如清代著名哲学家戴震、明代著名数学家程大位等历史名人，而且留下了如屯溪老街、戴震藏书楼（纪念馆）、程大位故居、程氏三宅、关阳桥、小龙山等众多的名胜古迹。

【知识链接】

屯溪老街

坐落在黄山市屯溪区中心，西起明建横江石拱大桥——镇海桥，东止牌坊碑记，路面全用浅褐色的大块条石铺砌而成，线条方正清晰。北依四季葱茏的华山，南伴终年如蓝的新安江，被誉为流动的“清明上河图”，距今已有数百年历史，是目前中国保存最完整的，具有宋、明、清时代建筑风格的步行商业街。老街的建筑群不仅沿袭了宋代风格，同时继承了徽州民居的传统建筑风格，规划布局，具有鲜明的徽派建筑特色：白粉，小青瓦，鳞次栉比的马头，淡雅古朴；建筑内雕梁画栋，徽派建筑砖、石、木三雕特色展现得淋漓尽致。街面建筑大都为前店后坊，前店后仓，前店后住的格局，呈现出江南城镇古老的风姿。老街店面一般不大，但内进较深，有一连二进成三四进的，用天井连接、采光、通气、排水都采用内向构建手法，形成“前店后坊”“前店后军”“前店后户”的特殊结构。老街有老字号店铺数十家。饮誉世界的“祁红”“屯绿”，多集散于屯溪；“徽墨”“歙砚”更是琳琅满目；“徽州四雕”（砖、木、石、竹）产品及徽派国画、版画、碑帖、金石、盆景、根雕随处可见。

（四）徽州古城

坐落于歙县徽城镇，为国家历史文化名城，是千年徽州府治所在地。徽州古城有许国石坊、许国相府、南谯楼、阳和门、徽州府衙、徽园、斗山街等府城街巷，还有江南都江堰渔梁古坝，中国历史文化名街渔梁街等，这些是展示和体现徽州文化的重要实物建筑，集中体现了明清时期的汉族文化特色。徽州古城与丽江古城、平遥古城、阆中古城并称为中国保存最完好的四大古城。

（五）西递

位于黄山市黟县东南部的西递镇中心，乃取村中三条溪水东向西流之意；又因位于徽州府之西，曾设“铺递所”，故改名西递。西递村历史悠久、古朴典雅、风光秀丽，是我国古民居建筑的艺术宝库，有“明清古民居博物馆”和“桃花源里人家”之美誉。村落占地 16 公顷，该村东西长 700 米，南北宽 300 米，居民 300 余户，人口 1000 多。村中的富丽宅院、精巧的花园、砖雕的楼台亭阁，及精美的木雕、壁画等，都体现了中国古代艺术之精华。其“布局之工，结构之巧，装饰之美，营造之精，文化内涵之深”，为国内古民居建筑群所罕见，堪为徽派古民居建筑艺术之典范。西递于 1999 年 12 月和同属黟县的宏村一同被列入《世界遗产名录》。

（六）宏村

位于黄山西南麓，古取宏广发达之意，称为弘村。从村外自然环境到村内的水系、街道、建筑，甚至室内布置都完整地保存着古村落的原始状态，是古黟桃花源里一座奇特的牛形古村落。宏村因造型独特并拥有绝妙田园风光被誉为“中国画里乡村”。宏村始建于南宋绍兴年间，距今已近千年历史。古宏村人为防火灌田，独具匠心开仿生学之先河，规划并建造出堪称“中国一绝”的人工水系，统看全村，就像一头昂首奋蹄的大水牛，成为当今“建筑史上一大奇观”。全村现完好保存明清民居 140 余幢，承志堂“三雕”精湛，富丽堂皇，被誉为“民间故宫”。著名景点有南湖风光、南湖书院、月沼春晓、牛肠水圳、双溪映碧、亭前大树、雷岗夕照、树人堂、明代祠堂乐叙堂等。

（七）唐模

位于黄山之口，毗邻歙县牌坊群，檀干溪穿村而过，全村夹岸而居。历史上因经济活跃、民风淳朴，而被誉为“唐朝模范村”，是徽州历史悠久，人文积淀深厚的文明古村。景区以其千年古樟之茂、中街流水之美、“十桥九貌”之胜及“一村三翰林”之誉而闻名中外。有徽派园林檀干园（孝子湖）、水口、水街、镜亭、同胞翰林坊、沙堤亭、高阳桥等省级文物保护单位，以及祠堂群、千年银杏、古井、明代古刻雕像和宋、元、明、清“苏、黄、米、蔡”等 18 位名家真迹碑刻等古迹。

（八）绩溪龙川景区

位于绩溪县东南部，是座典型的徽派村落。村庄呈南北走向的船形，东北首有龙须山，登源古溪贴着村东，自北向南流去。胡氏宗祠，为江南第一祠，素有“木雕艺术博物馆”和“民族艺术殿堂”之美称；奕世尚书坊是明代正宗石雕牌楼，为徽派石雕之最。另外，还有灵山庵、胡炳衡宅、胡宗宪少保府纪念馆等景点。

三、滁州—六安—淮南游览区

（一）大别山白马尖

位于六安市霍山县和安庆市岳西县的交界处。白马尖成山于燕山运动晚期，为花岗石山体。山峰形似白马，立地摩天，海拔 1774 米，为大别山的最高峰。白马尖山势磅礴，巍峨壮丽，集高、雄、峻、特为一体。山中林深谷幽，白马尖原始森林中，蕴藏着丰富的动植物资源，生活着金钱松、青钱松、红豆杉、香榧、巨紫茎、都枝杜鹃、天女花、黄山松，以及金钱豹、麂、果子狸、豪猪、白冠长尾雉、甲板龟、娃娃鱼等。

（二）八公山

位于安徽省中部、淮河中游，由大小 40 余座山峰叠嶂而成，主峰海拔 241.2 米。八公山历史悠久，古称北山、淝陵、紫金山。因南临淝水，北濒淮河，峰峦错峙，向为兵家必争之地，历史上著名的淝水之战发生于此，有“风声鹤唳，草木皆兵”典故流传于世。主要景点有四顶山奶奶庙、淮南王墓、珍珠涌泉、淮南王炼丹井、宾阳楼等。

四、桐城游览区

（一）文庙

位于桐城市古城中心，始建于1314年，整座建筑格局堂皇、古朴典雅。文庙建筑群以大成殿为中心，以南北中心线为对称轴。主要建筑有门楼、宫墙、泮池、泮桥（又名状元桥）、大成门、崇圣祠、土神祠、东西长庑等。文庙还有许多造型优美、精巧细致的砖刻、木雕、汉白玉雕，仅文庙门楼就有镂空木雕、浮雕60多处，“孔子生平故事”“渔樵耕读”“魁星点斗”“独占鳌头”等图案，逼真传神，生动有趣。

（二）孔城老街

坐落于安徽省历史文化名镇孔城镇境内，距桐城市12公里。孔城老街已有1800多年历史。明清时期，孔城老街绵延数里，分为十甲，每甲之间有闸门隔挡。孔城老街南北走向，呈“S”形，地势南低北高，一条主街，两条横街，另有三巷一弄。孔城老街总长约3公里，街道宽度为3米左右，街、巷、弄路面均为麻石所铺，总面积17万平方米。店铺房舍皆为青砖灰瓦，多具飞檐翘角，木镂花窗，鳞次栉比，兼具江南水乡及皖南徽派建筑特色。

［任务训练］

以小组的形式，通过多种方式了解安徽旅游景点，获得旅游景点信息，设计三个安徽旅游主题。每组选出3名同学讲解旅游主题中的主要旅游景点。

［任务评价］

表7－5－1　安徽旅游区任务训练评价

评价指标	评价分值											
	自我评价				组间评价				教师评价			
	A	B	C	D	A	B	C	D	A	B	C	D
主题设计												
阐述过程												
讲解水平												
团队合作												
总体印象												

A：优秀　B：良好　C：一般　D：欠佳

任务六　江西旅游区

江西省，简称赣，省会南昌市，位于长江中下游南岸，因733年唐玄宗设江南西道而得省名，又因境内主要河流赣江而得简称。江西省境内除北部较为平坦外，东西南部三面环山，中部丘陵起伏，成为一个整体向鄱阳湖倾斜而往北开口的巨大盆地。全境有大小河流2400余条，赣江、抚河、信江、修河和饶河为江西五大河流。江西自古以来物产富饶、人文荟萃，素有“物华天宝、人杰地灵”之誉，是典型的江南鱼米之乡。江西山地丘陵区特产丰富，名山胜水众多，旅游资源独具特色。有著名的“四山一湖”。四山为庐山、井冈山、龙虎山、三清山；一湖是鄱阳湖。红色旅游资源丰富，如中国革命的摇篮井冈山、八一起义英雄城南昌、红色故都瑞金、中国工人运动的发源地安源，在中国革命史上都具有重要地位。龙虎山、三清山是我国著名的道教圣地。瓷都景德镇的陶瓷艺术千年不衰。

◆【任务目标】

1. 学生自行寻找江西旅游区游览图，根据下面旅游行程线路，在图中标注旅游线路。

“红色摇篮，绿色家园”之旅5日游：

D1: 九江：庐山、鄱阳湖；

D2: 九江—景德镇—上饶：浮梁古城、三清山、婺源江湾；

D3: 上饶—鹰潭—抚州—南昌：龙虎山、八一南昌起义纪念塔、滕王阁；

D4: 南昌—新余—吉安—赣州：仙女湖、井冈山；

D5: 赣州：瑞金、通天寨。

2. 根据江西旅游区游览图，了解江西旅游区的主要旅游景区景点。

◆【任务分析】

要想了解江西旅游区的主要旅游景区景点，首先要了解江西旅游区的旅游特色，掌握江西旅游景区景点分布情况，熟悉各旅游景区景点的情况。

◆【知识准备】

一、九江—景德镇—上饶游览区

（一）庐山

位于九江市庐山区，北靠长江，南傍鄱阳湖，南北长约25公里，东西宽约20公里。大部分山峰在海拔1000米以上，主峰汉阳峰海拔1474米。庐山风景秀丽，人文遗存非常丰富，被列入世界遗产中的文化景观。庐山是我国著名的旅游风景区和避暑疗养胜地，可分为山上和山下两部分游览区。山上部分就是庐山牯岭景区，山下部分分为庐山山南景区和沙河景区，景区内气候宜人，植被葱茂，石、水、瀑、林，无一不佳，无一不秀。

山间峰峦叠嶂、云海缭绕、气势雄浑、宏伟壮丽，以仙人洞、九十九盘、三叠泉、白鹿洞、天池、庐山云海等景点景观最为出名。

（二）鄱阳湖

地处江西省北部，长江中下游南岸。鄱阳湖地跨九江、南昌等多个地市，是全国最大的淡水湖泊，是著名国家候鸟保护区、国际重要湿地之一。鄱阳湖面积达3914平方公里，它上承赣、抚、信、饶、修五江之水，下通长江，南宽北窄，像一个巨大的葫芦系在长江的腰上，是长江水流的调节器。鄱阳湖是我国著名的“鱼米之乡”，盛产多种淡水生物，尤以鄱阳湖银鱼最为名贵。鄱阳湖沿岸人杰地灵，历代名士贤达或出生于此，或生活于此。鄱阳湖主要景点有石钟山、大孤山、南山、老爷庙、落星湖等。

（三）浮梁古城

位于瓷都景德镇市郊区8公里，建于唐元和十二年（817年），历经唐、宋、元、明、清诸朝，浮梁古城是历代浮梁县治之所在。浮梁古城全城布局形似八卦，城墙全长10多公里，高1.6丈，宽丈许。浮梁古县衙为江南唯一保存较完整的清代县衙，占地64495平方米，规模宏伟，完整地保留了中轴线上的照壁、头门、仪门、衙院、大堂、二堂及三堂等县衙原有风貌。著名建筑宋代红塔结构特别，是穿壁绕座式。从门外面向里面上石阶梯，又从对面门出，并且绕外檐平座半圈，内外相结合，相穿而上才登到塔顶。塔底有地宫，埋藏了舍利子，是江西省保存最早、最完整的一座大型古塔，称“江西第一塔”。

（四）三清山

位于上饶市玉山县三清乡，玉山和德兴两县交界处，是国家重点风景名胜区。三清山面积达220平方公里，因玉京、玉虚、玉华三峰“如三清列坐其巅”而得名。其中主峰玉京峰海拔1819.9米，为三清山最高峰。三清山旅游资源丰富，梯云岭、南清园、万寿园、西海岸、玉京峰、阳光海岸、三清宫、玉零观等景区引人入胜。三清山以自然山岳风光为主，以道教人文景观为特色，已开发的奇峰有48座，怪石52处，景物景观400余处，有植物1088种。山南的自然风光包括司春女神、巨蟒出山、老道拜月、观音赏曲、神龙戏松等。

（五）婺源游览区

1．江湾

位于婺源县境内东北部，距婺源县城28公里。江湾是一座具有丰厚的徽州文化底蕴的古村落，村中还保存尚好的御史府宅、中宪第等明清时期官邸，徽派民居滕家老屋、培心堂，以及徽派商宅等。江湾景区新建百工坊、鼓吹堂、公社食堂等景点，让游客体会旧时手工艺匠人的传统技艺，观赏徽剧、婺源民歌等传统剧目，极具历史价值和观赏价值。

2．江岭

江西是油菜花大省，江西最美丽的油菜花在“江岭”和“篁岭”，走进婺源江岭和篁岭，处处是粉红的桃花、洁白的梨花、层层金黄的梯田油菜花与白墙黛瓦的民居相辉映，构成一幅幅唯美的天然画卷。江西婺源的江岭与云南罗平、贵州安顺、青海门源并称为

“中国四大油菜花海”，江岭是婺源油菜花的代表。公路玉带一般在山间盘旋，向下望去，只见层层梯田披洒上一片金黄，那是油菜花的海洋，白墙黛瓦的徽式民居在那一片金黄色的海洋中伫立着，加上远处苍翠的青山，构成了一幅优美的田园风光画卷。

3. 李坑

距婺源县城12公里，是一个以李姓聚居为主的古村落。李坑的建筑风格独特，是著名的徽派建筑。李坑自古文风鼎盛、人才辈出。自宋至清，仕官富贾达百人，村里的文人留下传世著作达29部，南宋年间出了一位武状元，名叫李知诚。村中明清古建遍布，民居宅院沿溪而建，依山而立，粉墙黛瓦、参差错落。村内街巷溪水贯通，九曲十弯，青石板道纵横交错，石、木、砖各种溪桥数十座沟通两岸，更有两涧清流、柳碣飞琼、双桥叠锁、焦泉浸月、道院钟鸣、仙桥毓秀等景点在其中，构筑了一幅小桥、流水、人家的美丽画卷。

4. 鸳鸯湖

位于婺源县西部赋春镇，因水库周围生态环境良好，吸引了众多的鸳鸯来此越冬，故1986年后逐渐被改称为“鸳鸯湖”，是目前世界上最大的野生鸳鸯栖息。鸳鸯湖环境幽雅恬静，空气清新甘美，山林青翠欲滴，湖水澄碧如玉，松鼠跳跃，鱼翔浅底，人称一个“静谧的绿色世界”，一块“超尘静地”。尤其是每年秋末冬初，2000多对野生鸳鸯固定从遥远的西伯利亚迁徙到这里栖息过冬，它们双宿双飞双浴、形影不离，给大自然增添了无限的诗情画意。

二、鹰潭—抚州—南昌游览区

（一）龙虎山

位于贵溪市舒家村，原名云锦山。整个景区面积220平方公里，是我国典型的丹霞地貌风景。源远流长的道教文化、独具特色的碧水丹山和规模宏大的崖墓群构成了龙虎山风景旅游区自然景观和人文景观的“三绝”。景区有99峰、24岩、108处景物。明净秀美的泸溪河从山中流过，如一条玉带由南向北把上清宫、龙虎山、仙水岩等旅游景点串联在一线上，形成龙虎山旅游观光的最佳线路。

（二）滕王阁

坐落于南昌市沿江路，与湖南岳阳楼、湖北黄鹤楼并称江南三大名楼。滕王阁始建于唐代，后几经兴废，现在的滕王阁主阁共九层，南北配有回廊连接的两个辅亭，主体建筑为宋式仿木结构，碧瓦丹柱，雕梁飞檐，气势颇为雄伟。滕王阁主体建筑净高57.5米，建筑面积13000平方米。其下部为象征古城墙的12米高台座，分为两级。台座以上的主阁取“明三暗七”格式，正脊鸱吻为仿宋特制，高达3.5米。台座之下，有南北相通的两个瓢形人工湖，北湖之上建有九曲风雨桥。楼阁云影，倒映池中，盎然成趣。

（三）八一起义纪念塔

坐落于南昌市八一大道市区中心人民广场南端。1977年为纪念“八一”起义50周年而建。塔呈长方体，总高 45.5 米。正北面是叶剑英元帅题写的“八一南昌起义纪念塔”九个铜胎镏金大字，下嵌“八一南昌起义简介”花岗石碑。其他是“宣布起义”“攻打敌营”“欢呼胜利”三幅大型花岗石浮雕。塔身两侧各有一牌翼墙，嵌有青松和万年青环抱的中国工农红军旗徽浮雕。塔顶由直立的花岗石雕步枪和用红色花岗石拼贴的中国人民解放军军旗组成。纪念塔军旗上的镰刀、斧头代表着工农的子弟，工农的兵，工农热爱子弟兵。围绕纪念塔四周增设了 4 盏灯，灯光射放出的颜色如同火红的杜鹃花，孕育着井冈山精神。

三、新余—吉安—赣州游览区

（一）仙女湖

位于新余市西南郊 16 公里处，属亚洲最大的亚热带树种基因库，也是东晋文学家干宝所著古籍《搜神记》中记述的“毛衣女下凡”传说和“中国七夕情人节”的发源地，以“情爱圣地、群岛峡谷曲水、千年水下古城、亚热带植物基因库”四大绝景著称。198 平方公里的景区，50 平方公里的湖面，岛屿星罗棋布，湖水清澈见底，原始森林神秘诱人。仙女湖自然风光秀美朴实，具有“幽、秀、奇、雄”之特点，景区兼具湖泊型和山岳型两大类型。

（二）井冈山

位于吉安井冈山市，湘赣边界的罗霄山脉中段。最高峰名江西坳，海拔 1841 米；主峰名五指峰，海拔 1586 米。井冈山风景名胜区有 60 多个景点，320 多处景观景物。峰峦、山石、瀑布、气象、溶洞、温泉、珍稀动植物及高山田园风光，具有雄、险、秀、幽、奇的特色。井冈山是“中国革命的摇篮”，是一块“浸透着烈士鲜血的圣地”。1927 年秋，毛泽东、朱德等共产党人率领中国工农红军，在这里创建了第一个农村革命根据地，开辟了以“农村包围城市，武装夺取政权”的具有中国特色的革命道路，为后人留下了宝贵的精神财富——井冈山精神。这里有很多的革命人文景观，是土地革命初期中国工农红军革命遗址最集中的地方，保存完好的革命旧居旧址有几十处。

（三）瑞金革命遗址

位于赣州瑞金市。1931 年 11 月 7 日，中国共产党在瑞金建立了自己的红色政权，称为中华苏维埃共和国，瑞金为共和国的首都，改名为“瑞京”。1931 年 11 月至 1934 年 10 月，中央革命根据地的党、政、军、群等领导机关全部设在这里，瑞金成为中央革命根据地和全国各革命根据地的领导中心。瑞金有诸多革命遗址，主要分布在叶坪村、沙洲坝、云石山等地，有大柏地的“弹洞壁”、乌石垄的中央军委旧址、洋溪祠堂的中央党校、大阜乡的瑞金主要建筑红军大学、“长征第一桥”武阳桥等胜迹。

（四）通天寨

位于石城县城东南 5 公里处的琴江镇大畲村、前江村境内，有着“千佛丹霞，通天胜境”之称，素有“石怪、洞幽、泉美、茶香、佛盛”之美誉。景区山石险峻，峰峦奇伟，主峰海拔 601.7 米，景点有大畲荷花观光园、古民居南屋、通天寨生态乐园、通天岩、玉盂寺、净土岩、试剑石、石笋干霄、仙人犁田、钟鼓石、生命之门、菩萨坐禅等自然和人文景观等40余处，是一处以观光、健身、科普、客家民俗展示和佛教朝圣为主的丹霞地貌旅游区。

[任务训练]

以小组的形式，通过教材或其他方式了解江西旅游景点，获得旅游景点信息，以“江西奇山异水之旅”为旅游主题，推荐旅游景点。每组选出1名同学代表小组阐述任务完成的过程，讲解推荐的旅游景点及推荐的理由。

[任务评价]

表7－6－1　江西旅游区任务训练评价

评价指标	评价分值											
	自我评价				组间评价				教师评价			
	A	B	C	D	A	B	C	D	A	B	C	D
景点把握												
推荐理由												
阐述过程												
讲解水平												
团队合作												
总体印象												

A：优秀　B：良好　C：一般　D：欠佳

[单元练习]

模拟训练

模拟场景：在银行工作的李女士去年刚结婚，想利用5月10天的年休假和家人一起去沪苏浙皖赣旅游区旅游，于是电话咨询风云旅行社前台接待员小沈，请他推荐一些旅游景点和一条合适的旅游线路。

角色：小组成员分别扮演前台接待员小沈、李女士。

要求：作为风云旅行社前台接待员小沈，规范完成这次电话咨询业务。

根据情景表演，按照以下要求，做好组间互评，听取老师的建议。

表7－6－2　模拟训练评价

评价项目	评价内容	组间互评				教师建议			
		A	B	C	D	A	B	C	D
旅行社前台接待人员电话礼仪规范	服务礼貌用语规范								
旅行社前台接待人员电话礼仪规范	推荐最佳经典景点								
旅行社前台接待人员电话礼仪规范	选择最佳介绍方法								
旅行社前台接待人员电话礼仪规范	突出核心介绍内容								
旅行社前台接待人员对旅游线路介绍接待人员	推荐最佳旅游线路								
旅行社前台接待人员对旅游线路介绍接待人员	选择最佳介绍方法								
通用能力	与顾客之间的有效沟通								
通用能力	语言表达能力、应变能力								
努力方向:									

A:优秀　B:良好　C:一般　D:欠佳

单元八　峡谷巨川、革命圣地、蜀楚文化游
——川渝鄂湘旅游区

任务一　川渝鄂湘旅游区旅游特色

本旅游区包括四川省、重庆市、湖北省、湖南省三省一市，地处我国中部，位于长江中、上游地区，是全国唯一一个既不靠海又无国境的旅游区，全区面积96.42万平方公里，分布着土家族、苗族、瑶族、侗族、白族、回族、维吾尔族等民族，是我国少数民族主要的聚居地之一。此旅游区北部是我国自然地理南北分异的重要分界地域，也是东西之间的过渡地带。本区横跨我国地貌上的三大阶梯，地表结构复杂，江河纵横，湖泊众多，山脉雄奇，地形复杂，形成了特有的峡谷景观。本区生物种类繁多，有众多的自然保护区，同时，独特的蜀楚文化、引人入胜的三国胜迹、遍布全区的革命圣地，都是本区典型的旅游景观。

◆【任务目标】

根据本区的旅游特色，推荐本区旅游主题。

◆【任务分析】

要想推荐本区的旅游主题，首先要了解本区的地理环境，掌握本区旅游景观特色，了解本区特色旅游资源的类型、功能及成因。

◆【知识准备】

一、地表结构复杂，峡谷地貌景观突出

我国地势特点是自西向东呈三级阶梯状，本区位于我国大陆核心部分，横跨我国地貌三大阶梯，地形地貌复杂，以平原盆地为主，峡谷地貌突出。本区地貌可分为川西山地高原、四川盆地、渝湘鄂西山地、两湖平原以及其间的低山丘陵等。川西山地高原属于第一级和第二级之间的相交地区，地势由北向南平均海拔降低，河流峡谷地貌特别明显，形成了高山深谷、岭谷相间的形势。四川盆地内部地势北高南低，盆地中堆积了数千米的紫色和红色岩层，又称“紫色盆地”，盆地东部是由多条低山丘陵组成的平行岭谷，盆地中部是广阔的方山丘陵，丘陵的南部边缘山地石灰岩分布广泛，喀斯特地貌发育，西部是我国西南地区最大的平原——成都平原。渝、鄂西分布着巫山、武当山、大巴山

等中低山，长江从西向东流经巫山山脉，形成了举世闻名的长江三峡。两湖平原包括湖北的江汉平原和湖南的洞庭湖平原，地貌结构以平原低山丘陵为主，素有“鱼米之乡”美称。

二、河网稠密，湖泊众多，水体景观繁多

湿润的气候，使本区成为全国河网稠密、湖泊众多、水利资源极其丰富的地区。河流除与两岸峡谷形成本区特有优势的河流峡谷风光外，还在平原区形成巨川田园风光，在山区地势陡降处形成瀑布景观，在上游某些河段形成漂流河段，如湘西猛洞河漂流、鄂西神农溪漂流、清江漂流等。本区湖泊主要集中在两湖平原，其中又以有“千湖之省”的湖北最多，包括武汉东湖、洞庭湖等。

三、温暖湿润的亚热带季风气候，生物资源丰富

本区绝大多数地域属湿润的亚热带气候，具有冬暖夏热、四季分明、降水丰沛但季节分配不够均匀的特点，加上山地以中低山及丘陵为主，因而以常绿阔叶林为主的植物繁茂，山地以秀美为特色。

由复杂地形构成的局部地区，受人类干扰较少，自然生态环境良好，为某些野生动植物的生存创造了条件。本区拥有一批稀有的动植物资源，特别著名的有大熊猫、金丝猴、梅花鹿、牛羚、黑颈鹤、大鲵、水杉、银杉、珙桐、桫椤等。本区陆续建立了各种自然保护区，较好地保护了自然原貌，成为人们认识大自然、欣赏大自然、享受大自然，并培养保护大自然意识的极好去处。

四、巴楚文化特色鲜明

（一）巴蜀文化

3000多年前重庆是巴国首府，2400多年前成都是蜀国王都，四川历来以“蜀”相称，因而成长发育于四川盆地的区域文化被称为巴蜀文化。由于四川盆地的汉族人大多是元朝末年和明末清初移入的湖北人和湖南人，其文化特色多与两湖平原类似；而位于湘鄂西和川东山地的土家族人却是古代巴人的后裔，因此较多地保留了巴蜀文化特色。其文化特色主要表现在崇尚白虎、特别鲜明的民间体育——肉连响、无事不歌舞、独特的婚俗——哭嫁等。

（二）楚文化

楚文化是我国古代独放异彩的一支区域文化，在不断融合江南众多的部族文化的过程中成长壮大，在春秋中期崛起为统领南方的楚国，创造了能与中原文化相媲美的中国文化南支。其辉煌的成就、鲜明的特色主要表现在独步一时的青铜冶铸工艺、领袖绝伦的丝织与刺绣工艺、巧夺天工的髹漆工艺、精美绝伦的美术和乐舞、惊采绝艳的文学创作，另外，楚人“筚路蓝缕”的进取精神、“鸣将惊人”的创新意识、“抚夷属夏”的开放

气度和“深固难徙”的爱国情结，以及老子、庄子、屈原等一大批名人，深刻影响着后人。

五、三国文化遗迹蔚为大观

历史上魏、蜀、吴三国鼎立的半个世纪，是一个群雄争霸的时代，留下了很多脍炙人口的三国故事，川、鄂、湘是三国故事的主要发生地，留下了大量三国遗存。

四川成都曾是蜀国都城，至今留下了武侯祠、刘备墓、“一夫当关，万夫莫开”的剑门关、刘备托孤的白帝城、诸葛亮布下的水八阵和旱八阵军事遗迹，此外还有云阳张飞墓、姜维扎营地、姜维庙、姜维墓等众多三国遗迹。

湖北是三国争夺最激烈、故事发生最多的地方，荆州是当时三国竞相争夺的军事重镇，刘备借荆州、关羽大意失荆州的故事尽人皆知，至今保存完整的荆州石城就始建于三国，现城内还保存有关帝庙、关公刮毒处。其东南的芦花荡是孔明三气周瑜的地方，15 里外的八岭山为关羽当时驻兵扎营地，山坡上有“汉关公马跑泉”。襄樊隆中为诸葛亮出山前躬耕之处，家喻户晓的刘备三顾茅庐请军师的故事就发生在这里。此外，司马徽向刘备力举天下贤士的南漳水镜庄、孔明借东风的南屏山、火烧乌林映赤壁的蒲圻赤壁、东吴水军基地黄盖湖、赵子龙单骑救幼主的当阳长坂坡、关羽走麦城兵败身亡的麦城、东吴故都武昌城（今鄂州）及吴都明珠西山等都在湖北省境内。

湖南长沙是吴蜀频争的南方重镇，也是东吴发迹之地。关云长义释黄忠的故事就发生在这里。岳阳楼曾为赤壁之战以后东吴鲁肃的阅兵台，至今岳阳楼东南 300 米有鲁肃墓，附近有周瑜之妻小乔墓。益阳有关云长单刀赴会的鬼蛇山，还有马良湖及关王庙、关帝庙、三圣庙等。

六、古今水利工程闻名海内外

本区古今水利工程举世闻名。其中的都江堰已拥有 2000 多年历史，至今依然发挥作用，是我国古代四大水利工程之一，建于战国秦昭王时期，为当时的蜀郡守李冰父子主持修建，该工程设计巧妙、科学性强。葛洲坝是万里长江上的第一坝，是我国人民在 20 世纪 80 年代兴建起来的空前伟大的水利工程，它的建成充分表现中国人民伟大的气魄和高超的科技水平，不仅为解决我国的电力不足作出了巨大的贡献，而且其雄伟的工程建筑，科学的过船闸工程深深吸引着中外游客。三峡水利工程是举世瞩目的世界第一大水利工程，该工程为我国带来防洪、航运及发电三大效益，而且其高达 175 米、长 2400 米的拦江大坝雄伟英姿及高峡出平湖的壮丽景观，也是旅游的新热点。

七、革命圣地，红色旅游资源异彩纷呈

近现代，本区一直处于社会变革的前列。辛亥革命推翻了中国 2000 多年的封建制度，首次起义是在湖北武昌；对中国革命产生重大影响的秋收起义、湘南起义、平江起义、黄麻起义等也发生在本区；本区还建立过大别山、洪湖等革命根据地；在革命斗争中从

本区走出的伟人之多在全国首屈一指，包括伟大领袖毛泽东、邓小平，还有刘少奇、李先念、朱德、彭德怀、刘伯承、陈毅、贺龙、聂荣臻、罗荣桓等。因此，本区有大量的革命遗址遗迹、伟人故乡，红色旅游资源丰富，异彩纷呈。

[任务训练]

表8－1－1　川渝鄂湘旅游区旅游主题

名称	推荐理由	根据主题推荐的旅游景区或景点

[任务评价]

表8－1－2　川渝鄂湘旅游区旅游主题任务评价

评价指标	评价分值											
	自我评价				组间评价				教师评价			
	A	B	C	D	A	B	C	D	A	B	C	D
主题准确、鲜明												
推荐理由合理												
景点把握熟练												
团队合作												
总体印象												

A：优秀　B：良好　C：一般　D：欠佳

任务二 四川旅游区

四川，简称“川”或“蜀”，省会成都，位于中国大陆西南腹地，自古就有“天府之国”之美誉，是中国西部的重要门户。四川东部为川东平行岭谷和川中丘陵，中部为成都平原，西部为川西高原。四川省是一个少数民族聚居的省份，境内有中国第二大藏区（甘孜藏族自治州、阿坝藏族羌族自治州）、中国最大彝区（凉山彝族自治州）和中国唯一羌族自治县（北川羌族自治县），其中甘孜藏族自治州是康藏文化的核心区，民族民俗风情丰富多彩，吸引着国内外游客。

四川地大物博，人杰地灵，历史悠久，特色旅游资源极为丰富，拥有九寨沟、黄龙、都江堰、青城山、乐山大佛、峨眉山、三星堆、金沙遗址、武侯祠、杜甫草堂、阆中古城、海螺沟、四姑娘山等享誉海内外的旅游景区。

◆【任务目标】

1. 学生自行寻找四川旅游区游览图，根据下面旅游行程线路，在图中标注旅游线路。

“大美四川”7 日游：

D1: 北京乘坐飞机，前往天府之国四川的首府——成都；

D2: 成都—阿坝：黄龙景区；

D3: 阿坝：九寨沟景区；

D4: 阿坝—成都：九寨沟景区、川主寺；

D5: 成都—峨眉：乐山大佛、大佛禅院；

D6: 峨眉—成都：峨眉山；

D7: 成都—北京：成都自由行，体验成都的历史文化，然后乘坐飞机返回北京，结束愉快的四川之旅。

2. 根据四川旅游区游览图，了解四川旅游区的主要旅游景区景点。

◆【任务分析】

要想了解四川旅游区的主要旅游景区景点，首先要了解四川旅游区的旅游特色，掌握四川旅游景区景点分布情况，熟悉各旅游景区景点的情况。

◆【知识准备】

一、自然风光

（一）阿坝藏族羌族自治州游览区

1. 九寨沟

位于阿坝藏族羌族自治州九寨沟县境内，是国家级自然保护区、世界自然遗产、国家AAAAA级旅游景区。九寨沟是中国第一个以保护自然风景为主要目的的自然保护区。地处青藏高原向四川盆地过渡地带，距离成都市400多公里，是一条纵深50余公里的山沟谷地，因沟内有树正寨、荷叶寨、则查洼寨等九个藏族村寨坐落在这片高山湖泊群中而得名。九寨沟被誉为“童话世界”“人间仙境”，长海、剑岩、诺日朗、树正、扎如、黑海六大景观，呈“Y”字形分布，翠海、叠瀑、彩林、雪峰、藏情、蓝冰，被称为“六绝”。

日则沟是九寨沟风景线中的精华部分，沟中景点密集，有诺日朗瀑布、镜海、珍珠滩瀑布、珍珠滩、金铃海、孔雀河道、五花海、高瀑布、熊猫海、箭竹海、天鹅海、草海等。树正沟是九寨沟主沟，全沟共有各种海子40余个，约占九寨沟景区全部海子的40%，被誉为九寨沟的缩影。则查洼沟主要景点有五彩池、长海等。五彩池是九寨沟最小的海子，色彩最为丰富；长海海拔3150米，是九寨沟最大面积的湖，这里也是冬游九寨沟必到的景点。扎如沟是九寨沟的第四条沟，沟内主要景点有宝镜崖、扎如桥、扎如林道、扎如马道、扎如寺、扎如瀑布、扎依扎嘎神山、红池、褡裢海、黑海等。

2. 黄龙风景名胜区

位于阿坝藏族羌族自治州松潘县境内，是世界自然遗产、世界人与生物圈保护区，国家AAAAA级旅游景区，由众多雪峰和中国最东部的冰川组成的山谷。黄龙以规模宏大、结构奇巧、色彩丰艳的地表钙华景观为主景，以罕见的岩溶地貌蜚声中外，堪称人间仙境。黄龙风景名胜区因佛门名刹黄龙寺而得名，以彩池、雪山、峡谷、森林四绝著称于世，是中国唯一的保护完好的高原湿地，包括黄龙沟、迎宾池、洗身洞、盆景池、黄龙寺、牟尼沟景区、扎嘎大瀑布（我国最大的钙华瀑布）、红星岩、雪宝顶等。

3. 四姑娘山

位于阿坝藏族羌族自治州小金县四姑娘山镇境内，是世界自然遗产、国家AAAA级旅游景区、国家级地质公园、国家级自然保护区、全国十大登山名山。四姑娘山属青藏高原邛崃山脉，由四座绵延不断的山峰组成，四座山峰长年冰雪覆盖，素有蜀山之后、东方阿尔卑斯山之称。人们常说的“四姑娘”多数时候也指这座最高最美的雪峰。四姑娘山因其雄峻奇异的山峰，鬼斧神工的地貌，丰富独特的景观，被誉为东方圣山。四姑娘山的东面有奔腾急泻的岷江纵贯而过，西有“天险”之称的大渡河。山谷地带气候温和、雨量充沛、山花遍野、溪流清澈，山腰冰川环绕，山顶地势险峻、白雪皑皑。景区内自然生态保护良好，植被茂盛，生物种类繁多，有植物1200余种，盛产天麻、贝母、虫草等名贵药材。有国家保护动物31种，包括大熊猫、金丝猴、雪豹、苏门子、花海子等。

4. 若尔盖草原

位于四川省北部，隶属阿坝藏族羌族自治州，地处青藏高原东北边缘，系四川通往西北省区的北大门，素有“川西北高原的绿洲”之称，是我国三大湿地之一。若尔盖地区土地以沼泽居多，由于气候寒冷湿润，蒸发量小，排水不畅，地表经常处于过湿状态，有利于沼泽的发育，形成了我国最大的泥炭沼泽——若尔盖沼泽，是黄河上游最重要的水源涵养地和生态功能区。若尔盖沼泽类型较多，各种沼泽类型在湖群洼地、无流宽谷、伏流宽谷和阶地等不同地貌部位上，相互联结形成许多巨大的复合沼泽体。

5. 卧龙自然保护区

位于阿坝藏族羌族自治州汶川县西南部，邛崃山脉东南坡，是国家级第三大自然保护区，也是四川省面积最大、自然条件最复杂、珍稀动植物最多的自然保护区，主要保护西南高山林区自然生态系统及大熊猫等珍稀动物。保护区内共分布着100多只大熊猫，约占全国总数的10%，被誉为“大熊猫的故乡”。被列为国家级重点保护的其他珍稀濒危动物金丝猴、羚牛等共有56种，其中属于国家一级重点保护的野生动物共有12种，二级保护动物44种。据已采集的植物标本统计，区内植物有近4000种，被列为国家级保护的珍贵濒危植物达24种，其中一级保护植物有珙桐、连香树、水清树，二级保护植物9种，三级保护植物13种。保护区内建有大熊猫研究中心及繁殖场。游人可以看到国宝大熊猫在这里自由自在地生活。

（二）贡嘎山风景名胜区

以贡嘎山为中心的贡嘎山风景名胜区为国家级风景名胜区，位于甘孜藏族自治州泸定、康定、九龙三县境内，包括海螺沟、燕子沟、木格措、塔公、五须海、贡嘎西南坡等景区。

贡嘎山主峰海拔7556米，誉为“蜀山之王”，贡嘎山是横断山系的第一高峰，是四川省内第一高峰，也是世界著名高峰之一。贡嘎山地区是现代冰川较完整的地区，冰川运动造就了举世罕见的冰川奇观。区内有大型的冰川五条（海螺沟冰川、燕子沟冰川、磨子沟冰川、贡巴冰川、巴旺冰川），其中的海螺沟冰川海拔仅2850米，是国内同纬度海拔最低的冰川。晶莹的冰川、巨大的冰洞、险峻的冰桥、举世无双的大冰瀑布，高1080米，宽1100米，形成瑰丽非凡的景观。

（三）光雾山风景区

位于川陕交界处米仓山南麓，地处四川省巴中市南江县北部边缘，景区面积830余平方公里，主峰海拔2507米，因常年云雾缭绕而得名，为国家AAAA级旅游景区，被誉为中国红叶第一山。奇特的喀斯特峰丛地貌、古朴的原生态植被、迷人的瀑潭秀水和峡谷风光为景观特色，山奇、石怪、谷幽、水秀、峰险为其五绝。

光雾山不仅风光山水奇秀，还是一座文史宝库。区内有汉张鲁囤住汉王台、诸葛亮秣马牟阳城、张飞扎营落旗山、白发魔女征服巴蜀四杰的巴俗关、“川北民军”的大本营巴山游击队的遗址。景区腹地桃园，是在清朝时期为纪念三国的刘备、关羽、张飞在桃园三结义，建寺而得名。

（四）蜀南竹海

蜀南竹海是国家级风景名胜区，位于宜宾市长宁、江安两县交界之处，被誉为竹的海洋，与恐龙、石林、悬棺并称川南四绝。位于四川南部的宜宾市境内，面积120平方公里，核心景区44平方公里，共有134处景点。景区内共有竹子58种，7万余亩，是我国最大的集山水、溶洞、湖泊、瀑布于一体，兼有历史悠久的人文景观的最大原始“绿竹公园”；

植被覆盖率达 87%，为我国空气负离子含量极高的天然氧吧。林中溪流纵横，飞瀑高悬，湖泊如镜，泉水清澈甘洌。景点有仙寓洞、龙吟寺、天后寺、天皇寺、回龙寺、罗汉洞、天上宫、龙君庙、天宝寨、观云亭、翡翠长廊、翼五桥、忘忧谷、墨溪、七彩飞瀑、茶花岛、仙女湖、花竹湾、照彩潭等。

二、人文景观

（一）成都游览区

1. 都江堰

位于成都市都江堰市城西，是国家 AAAAA 级旅游景区，2000 年与青城山共同被联合国教科文组织列入《世界遗产名录》。都江堰坐落在成都平原西部的岷江上，建于秦昭王末年，是蜀郡太守李冰父子在前人鳖灵开凿的基础上组织修建的大型水利工程，是中国古代建设并使用至今的大型水利工程，被誉为“世界水利文化的鼻祖”，也是世界上迄今为止年代最久、唯一留存、仍在一直使用的以无坝引水为特征的宏大水利工程。其水利工程由创建时的分水鱼嘴、飞沙堰、宝瓶口三大主体工程和人字堤、百丈堤等附属工程组成。其中鱼嘴是修建在江心的分水坝，把汹涌的岷江分为外江与内江，外江泄洪，内江引水灌溉；飞沙堰起泄洪、排沙和调节水量的作用；宝瓶口则为天然的节制阀，因口的形状如瓶颈而得名。都江堰 2000 多年来一直发挥着防洪灌溉的作用，使成都平原成为水旱从人、沃野千里的“天府之国”。

2. 青城山

位于成都市都江堰市西南，东距成都市区 68 公里，处于都江堰水利工程西南 10 公里处，是世界文化遗产、国家 AAAAA 级旅游景区，主峰老霄顶海拔 1600 米。青城山群峰叠嶂，浓荫蔽日，36 座山峰如苍翠四合的城郭，自古以“青城天下幽”而闻名。相传轩辕黄帝遍历五岳，封青城山为“五岳丈人”，故又名为丈人山。

青城山是中国道教发祥地之一、中国四大道教名山之一。相传东汉时期，张道陵到达青城山，在此结茅传道，创立了中国的本土宗教——道教，即五斗米道，也称天师道，使青城山成为中国四大道教名山之首。因此，历代宫观林立，至今尚存 38 处，著名的有建福宫、天师洞、上清宫等，并有经雨亭、天然阁、凝翠桥等胜景。

3. 武侯祠

位于成都市南门武侯祠大街，始建于西晋末年，是中国唯一的君臣合祀祠庙，由武侯祠、汉昭烈庙及惠陵组成，人们习惯将三者统称为武侯祠。武侯祠是最负盛名的诸葛亮、刘备及蜀汉英雄纪念地，也是全世界影响最大的三国遗迹博物馆。武侯祠博物馆现分文物区、西区和锦里三部分，文物区主要由惠陵、汉昭烈庙、武侯祠、三义庙等组成，武侯祠内供奉刘备、诸葛亮等蜀汉英雄塑像 50 尊，馆内文物荟萃，唐及后代关于诸葛亮和三国文化的碑刻 50 余通，清代以来的匾额、楹联 70 多块，尤以唐“三绝碑”、清“攻心”联最为著名。惠陵陵寝建筑由照壁、山门、神道、寝殿、陵墓等组成。武侯祠锦里，系武侯祠博物馆打造的一条清末民初建筑风格的古街。它依托武侯祠，扩展了三国文化的外延，并融入川西民风、民俗，集吃、住、行、游、购、娱于一体，成为成都文化旅游的新亮点。

4. 杜甫草堂

杜甫草堂位于成都市西门外的浣花溪畔，是唐代伟大现实主义诗人杜甫流寓成都时的故居。759年冬天，杜甫为避“安史之乱”，携家入蜀，第二年在花溪畔建成茅屋一座，自称“草堂”。杜甫先后在此居住近四年，创作诗歌流传至今的有240余首，《茅屋为秋风所破歌》《闻官军收河南河北》等著名诗篇均在此写成。草堂完整保留着清代嘉庆重建时的格局，古朴典雅，规模宏伟，占地300多亩，著名景观有坐落在中轴线上的大廨、诗史堂、工部祠3座主要纪念性建筑物，廨堂之间，回廊环绕，工部祠前东穿花径，西凭水槛，祠后点缀亭、台、池、榭，是人文景观和自然景观相结合的著名园林。

5. 金沙遗址博物馆

位于成都市城西苏坡乡金沙村一处商周时代遗址，是公元前12世纪至公元前7世纪长江上游古代文明中心古蜀王国的都邑。金沙遗址博物馆是国家一级博物馆、国家AAAA级旅游景区。金沙遗址博物馆展示了神秘的古蜀文化和独特的青铜文明，遗址出土的最负盛名的是太阳神鸟金箔，被确定为中国文化遗产标志和成都城市形象标识主图案。金沙遗址博物馆对蜀文化起源、发展、衰亡的研究具有重大意义。

6. 三星堆博物馆

地处广汉城西鸭子河畔，南距成都40公里，北距德阳26公里，是中国一座现代化的专题性遗址博物馆。三星堆因三座突兀在成都平原上的黄土堆而得名，三星堆遗址发掘出大量古蜀国各种工具和器物，包括大量青铜器、玉石器、象牙、贝、陶器和金器等。三星堆博物馆现有两个独立的展馆：第一展馆为综合馆，主要陈列金、铜、玉、石、陶等类文物；第二展馆为青铜专馆，陈列着出土的各种青铜器具。三星堆现为全国重点文物保护单位。

（二）峨眉山—乐山游览区

1. 峨眉山

位于四川盆地西南部、峨眉山市境内，是国家AAAAA级旅游景区、国家重点风景名胜区。峨眉山于1996年12月6日，与乐山大佛作为文化与自然双重遗产被联合国教科文组织列入《世界遗产名录》。

峨眉山地处长江上游，屹立于大渡河与青衣江之间，最高峰万佛顶海拔3099.5米，自古以来就有“峨眉天下秀”的美誉。峨眉山气候多样，自然遗产极其丰富，素有天然“植物王国”“动物乐园”“地质博物馆”之美誉。峨眉山文化遗产极其深厚，是中国佛教圣地，被誉为“佛国天堂”，相传为普贤菩萨的道场，是中国四大佛教名山之一，有寺庙约26座。峨眉山有世界最大的金属建筑群，也有世界最壮丽的自然观景台，云海、日出、佛光、圣灯、金殿、金佛为其六大奇观。

2. 乐山大佛

位于乐山市南岷江东岸凌云寺侧，濒大渡河、青衣江和岷江三江汇流处。乐山大佛开凿于唐代开元元年（713年），完成于贞元十九年（803年），又名凌云大佛，和凌云山、乌尤山、巨型卧佛等景点组成的乐山大佛景区属于国家AAAAA级旅游景区。乐山大佛雕凿在岷江、青衣江、大渡河汇流处岩壁上，依岷江南岸凌云山栖霞峰临江峭壁凿造而成，为弥勒佛坐像，是唐代摩崖造像的艺术精品之一，是世界上最大的石刻弥勒佛坐像。

（三）阆中古城

位于四川盆地东北缘、嘉陵江中游，古城已有2300多年的建城历史，为古代巴国蜀国军事重镇。阆中古城是三国文化旅游线的重要组成部分，三国时蜀汉大将张飞，任巴西太守，驻阆中达7年之久（214～221年），最后在伐吴前夕，被部下范强、张达所杀，葬身于阆中，后人为其修建“桓侯祠”。此外，三国蜀汉名仕周群、谯周、程畿，镇北将军黄权，镇南大将军马忠等都是阆中人。阆中古城是第二次国内革命战争时期川陕苏区的重要组成部分，至今仍留有中共阆南县委旧址、阆南县苏维埃旧址、保宁镇红军石刻标语群、阆中红军纪念馆等众多红色遗迹。

阆中古城在古代是巴人活动的中心地区之一，形成了丰富多彩的巴文化，现在仍可以从“巴文化活化石”——巴人舞以及川北灯戏、傩戏、牛灯竹马等流传于阆中民间的民俗艺术中，看到饶有特色的巴人遗风。

（四）剑门关风景区

地处广元市剑阁县城境内，居于大剑山中断处，两旁断崖峭壁，直入云霄，峰峦倚天似剑，绝崖断离，两壁相对，其状似门，故称“剑门”，享有“剑门天下险”之誉，是国家AAAAA级旅游景区。剑门关因唐代大诗人李白《蜀道难》中“剑阁峥嵘而崔嵬，一夫当关，万夫莫开”的赞誉名扬海内外，它集蜀道文化、三国文化、战争文化、红色文化于一体，有“天下第一雄关”之称，是四川大九寨环线的重要节点和蜀道三国文化精品旅游线路的支撑中心。剑门关风景区的主要景点有剑门关关楼、孔明立关像、刘备过关像、姜维神像、平襄侯祠、红星广场、剑门栈道等。

（五）天台山风景区

位于邛崃市西南端，距成都110公里，主峰玉霄峰海拔1812米，是国家级风景名胜区。天台山为国内罕见的箱状向斜山地，丹霞地貌变化丰富，山体由西南向东北倾斜成U字形，山势亦由低到高，形成三级台地，故有“天台天台，登天之台”之说。景区气候温和，雨量充沛，动植物种类丰富，有珙桐、红豆杉、银杏等20余种国家保护的珍稀植物，以及大熊猫、红腹角雉、大鲵等7种国家保护的珍稀动物。

天台山具有深厚的历史文化底蕴。早在远古时代，天台山即为古“邛”族生息繁衍之地；巴蜀时期，古蜀国国王鳖灵在此“登高祭天”；汉代，道家在此相山凿洞，筑坛祭神；宋代，儒、佛、道“三教合流”，道观、佛寺、官房多达108处，形成庞大的宗教山城。天台山也是红军长征经过成都唯一战斗和工作过的地方，成都市唯一的红色旅游区，景区的红军长征邛崃纪念馆为“四川省爱国主义教育基地”“成都市爱国主义教育基地”。

（六）川主寺

位于阿坝藏族羌族自治州松潘县川主寺镇内，始建于270年，简称“卓仑贡巴”。新中国成立之初，寺院共有房屋86间，占地27亩，大殿雕梁画栋，雄伟壮观。寺内曾经供奉大小泥塑菩萨2018尊，铜铸菩萨1025尊，银子唢呐2对，大蟒号4对，唐卡350幅，经书3250卷，舍利塔2座，大小转经筒524个，木雕菩萨128尊，还存有黄金、白银等财产。“文革”期间，寺院和财产遭到损毁，仅镇寺之宝、部分文物和经书得以保存。

【知识链接】

自贡恐龙博物馆

位于自贡市的东北部，距市中心9公里。自贡恐龙博物馆是在世界著名的“大山铺恐龙化石群遗址”上就地兴建的一座大型遗址类博物馆，也是我国第一座专门性恐龙博物馆，世界三大恐龙遗址博物馆之一。自贡恐龙博物馆的外形，很像一座巨大的岩窟，造型奇特、美观。博物馆占地面积6.6万多平方米，馆藏化石标本几乎囊括了距今2.05亿～1.35亿年前侏罗纪时期所有已知恐龙种类，是世界上收藏和展示侏罗纪恐龙化石最多的地方之一。自贡恐龙博物馆被美国《全球地理杂志》评价为“世界上最好的恐龙博物馆”。

【任务训练】

以小组的形式，通过教材或其他方式了解四川旅游景点，获得旅游景点信息，以“四川世界遗产之旅”为旅游主题，推荐旅游景点。每组选出1名同学代表小组阐述任务完成的过程，讲解推荐的旅游景点及推荐的理由。

【任务评价】

表8－2－1　四川旅游区任务训练评价

评价指标	评价分值											
	自我评价				组间评价				教师评价			
	A	B	C	D	A	B	C	D	A	B	C	D
景点把握												
推荐理由												
阐述过程												
讲解水平												
团队合作												
总体印象												

A：优秀　B：良好　C：一般　D：欠佳

任务三　重庆旅游区

重庆，位于中国西南部、长江上游地区，地跨青藏高原与长江中下游平原的过渡地带，因嘉陵江古称“渝水”，故简称“渝”，别称巴渝、山城、渝都、桥都、雾都。渝东、渝东南临湖北和湖南，渝南接贵州，渝西、渝北连四川，渝东北与陕西和湖北相连。重庆是中西部水、陆、空综合交通枢纽。

重庆市旅游区的自然、人文旅游资源并胜，包括重庆都市旅游区、长江三峡旅游区、四面山和金佛山生态旅游区、合川钓鱼城古战场遗址旅游区、仙女山和芙蓉洞观光休闲旅游区、巫山小三峡旅游区等重要景区，这些景区品位高、特色浓，尤其是重庆古城、“三峡”平湖、大足石刻等都是世界级的旅游资源品牌。

◆【任务目标】

1. 学生自行寻找重庆旅游区游览图，根据下面旅游行程线路，在图中标注旅游线路。

“魅力重庆”5 日游：

D1: 北京乘坐飞机，前往重庆市；

D2: 重庆—宝顶山—重庆：大足石刻；

D3: 重庆—武隆—重庆：武隆风景区；

D4: 重庆—沙坪坝—重庆：渣滓洞、白公馆；

D5: 重庆—北京：重庆市区自由活动，感受巴蜀文化魅力，然后乘飞机返回北京。

2. 根据重庆旅游区游览图，了解重庆旅游区的主要旅游景区景点。

◆【任务分析】

要想了解重庆旅游区的主要旅游景区景点，首先要了解重庆旅游区的旅游特色，掌握重庆旅游景区景点分布情况，熟悉各旅游景区景点的特点。

◆【知识准备】

一、自然风光

（一）长江三峡

长江三峡位于中国的腹地，西起重庆奉节县白帝城，东至湖北宜昌市南津关，自西向东主要有三个大的峡谷地段——重庆瞿塘峡、重庆巫峡和湖北西陵峡，全长 193 公里，沿途两岸奇峰陡立、峭壁对峙，三峡因而得名。

瞿塘峡位于重庆奉节县境内，长 8 公里，是三峡中最短的一个峡，以雄伟险峻著称，两岸断崖壁立，相距不足 100 米，形如门户，名夔门山岩上有“夔门天下雄”五个大字。瞿塘峡虽短，却能“镇渝川之水，扼巴鄂咽喉”，有“西控巴渝收万壑，东连荆楚压摹山”

的雄伟气势。

巫峡位于重庆巫山县和湖北巴东县两县境内，西起巫山县城东面的大宁河口，东至巴东县官渡口，绵延45公里，峡谷特别幽深曲折，是长江横切巫山主脉背斜而形成的，以幽深秀丽著称。整个峡区奇峰突兀，怪石嶙峋，峭壁屏列，绵延不断，是三峡中最可观的一段，宛如一条迂回曲折的画廊，充满诗意。

西陵峡在湖北宜昌市秭归县境内，西起香溪口，东至南津关，是长江三峡中最长、以滩多水急闻名的山峡。整个峡区由高山峡谷和险滩礁石组成，峡中有峡，大峡套小峡，滩中有滩，大滩含小滩。

（二）巫山小三峡

巫山位于重庆市东北部，巫山小三峡是长江三峡的第一大支流大宁河下游在巫山县境内的龙门峡、巴雾峡、滴翠峡的总称，全长50公里。小三峡山奇雄、水奇清、峰奇秀、滩奇险、景奇幽、石奇美，峡中碧水奔流，奇峰耸立，树木葱茏，因其美丽奇特的峡谷风光被誉为“中华奇观”、天下绝景。

龙门峡是小三峡第一峡，长约3公里，峡口两山对峙，峭壁如削，天开一线，状若一门，被三峡旅游者赞为小夔门。船行峡中，可赏两岸奇峰怪石、流泉飞瀑、悬棺古洞、银窝滩、熊猫洞以及古栈道遗迹。

巴雾峡长10公里，山高谷深，云雾迷蒙，峡中有猴子捞月、马归山、虎出、龙进、回龙洞、仙女抛绣球、仙桃峰、观音坐莲台、八戒拜观音、悬棺等景观。

滴翠峡又名黄岩峡，是小三峡中最长，也是最秀美的一个峡，包括水帘洞、摩崖佛像、天泉飞雨、罗家寨、绵羊滩、马渡河、小小三峡、登天峰、栈道、索桥、赤壁摩天、船棺、双鹰戏屏、飞云洞等。

（三）巫山小小三峡

位于大宁河滴翠峡处的支流马渡河上，是长滩峡、秦王峡、三撑峡的总称，是大宁河小三峡的姊妹峡，全长15公里，因比大宁河小三峡更小，故名“小小三峡”。长滩峡，全长5公里。峡中有一段长约2公里的河滩，宽10余米，笔直一线，水平如镜，沙石洁白，两岸山水掩映，故名长滩峡。峡内有滴水岩、聪明泉、手爬岩、穿洞子等景致。秦王峡，全长4公里。这里山清水秀，幽深静谧，水流平缓，清澈见底，是漂流游览的最佳地段。三撑峡，全长5公里，是小小三峡第一峡。两岸悬崖峭壁，犹如斧劈，河道狭窄，天开一线，景幽水秀。逆水行舟，水流湍急而无拉纤之路，只能一篙篙前撑，故又名“长撑峡”。峡内有鹿回头、寿星峰、石柱湾、相思泉、龙虎潭、八戒过河、母亲石、月亮寨等景观。

（四）武陵山大裂谷

位于重庆市涪陵区城东南约45公里的武陵山乡境内，国家AAAA级旅游景区。景区以地球上最古老的“伤痕”——剧烈地壳运动所致绝壁裂缝称奇，有着“中国第一动感峡谷”美誉。景区森林覆盖率高达95%，生态环境极佳，自然条件得天独厚，主要以峡谷、田园、地缝、绝壁等资源为依托，以“云中漫步、丛林探险、地底探奇、徜徉田园”等主题产品为特色，集峡谷观光、主题游乐、生态养生、商务会议等功能于一体。

（五）武隆喀斯特旅游区

位于重庆市东南边缘，为国家级 AAAAA 级景区。景区拥有罕见的喀斯特自然景观，包括溶洞、天坑、地缝、峡谷、峰丛、高山草原等，主要景点有天生三桥、仙女山、芙蓉洞等。

天生三桥是全国罕见的地质奇观生态型旅游区，景区以天龙桥、青龙桥、黑龙桥三座气势磅礴的石拱桥称奇于世，属亚洲最大的天生桥群，具有雄、奇、险、秀、幽、绝等特点。

仙女山平均海拔 1900 米，最高峰 2033 米，以其江南独具魅力的高山草原、南国罕见的林海雪原、青幽秀美的丛林碧野景观而誉为“东方瑞士”。仙女山平均气温比重庆主城区低 15℃，由此又享有“山城夏宫”之美誉。

芙蓉洞是一个大型石灰岩洞穴，芙蓉洞主洞长 2700 米，洞高一般8～25米，最高48.3米，洞底总面积37000平方米，被誉为“世界三大洞穴”之一。洞中主要景点有金銮宝殿、雷峰宝塔、玉柱擎天、玉林琼花、犬牙晶花、千年之吻，以及动物王国、海底龙宫、巨幕飞瀑、石田珍珠、生殖神柱、珊瑚瑶池等。

（六）金佛山景区

位于重庆南部南川区境内，距南川城区 18 公里，距重庆市主城区 88 公里，东与武隆为邻，南与贵州接壤。金佛山属典型的喀斯特地质地貌，区内天然溶洞星罗棋布，自然风貌独特，融山、水、石、林、泉、洞为一体，主要景观有生态石林、金佛洞和古佛洞、永灵古道、卧龙潭峡谷等。

（七）缙云山风景区

位于重庆市北碚区嘉陵江温塘峡畔，距重庆市中心 35 公里，古名巴山。缙云山是具有 1500 多年历史的佛教圣地，与四川青城山、峨眉山并称为“蜀中三大宗教名山”。缙云山最高海拔 1030 米，山中古木参天，林涛如海，森林面积 2 万余亩（合 1330 公顷），生长着 1900 余种亚热带植物，水杉、红杉、伯乐树等更为世上罕见。缙云山上还有很多六朝及宋、明、清时代的古建筑和历史文物。山上的缙云寺为历代帝王看重，屡赐匾额，寺中藏有《敕赐迦叶造场》等梵经。

（八）酉阳桃花源景区

位于有“重庆凉都”之称的避暑胜地酉阳土家族苗族自治县城近郊大山之中，是陶渊明笔下《桃花源记》原型地，由世外桃源、伏羲洞、酉州古城、桃花源国家森林公园、二酉山等组成。伏羲洞全长约 3000 米，洞府庞大，气势磅礴，有五彩缤纷的钟乳石、石瀑飞流等景观，是大自然鬼斧神工的艺术宫殿，堪称“地下的世外桃源”。酉州古城是一条全长 1.3 公里的民族风情街，集土家族、苗族建筑、民俗风情于一体，是游人领略渝东南土苗文化的窗口。

二、人文景观

（一）大足石刻

位于重庆市大足区境内，造像最初开凿于晚唐景福元年（892 年），历经后梁、后唐、后晋、后汉、后周五代至南宋 1162 年完成，历时 250 多年，现存雕刻造像 4600 多尊，其中造像 264 龛窟，阴刻图 1 幅，经幢 8 座，是中国晚期石窟艺术中的优秀代表。大足石刻，以佛教题材为主，儒、道教造像并陈，有“东方艺术明珠”之称。大足石刻群规模宏大、艺术精湛、内容丰富、保存完好，比较重要的有北山（包括北塔）、宝顶山、南山、石门、石篆山石刻，其中以宝顶山和北山摩崖石刻最为著名。1999 年大足石刻被列入世界文化遗产。

（二）红岩革命历史博物馆

位于重庆市嘉陵江畔，是重庆红岩革命纪念馆、重庆歌乐山革命纪念馆、特园——中国民主党派陈列馆等九个革命纪念馆的总称。馆内现有馆藏文物、照片及资料的总数达到 10 万余件，其中馆藏文物 874 件，重要历史资料（含历史文献、档案资料）1500 余份，主要以红岩精神的传播宣传为主要工作任务，是全国优秀爱国主义教育基地。

（三）渣滓洞—白公馆

渣滓洞在重庆市歌乐山麓，距白公馆 2.5 公里。渣滓洞原是重庆郊外的一个小煤窑，是程尔昌于 1920 年开办的，因渣多煤少而得名。渣滓洞三面是山，一面是沟，位置较隐蔽。1939 年，国民党军统特务逼死矿主，霸占煤窑，在此设立了监狱。分内外两院，外院为特务办公室、刑讯室等，内院一楼一底 16 间房间为男牢，另有 2 间平房为女牢。

白公馆位于重庆市沙坪坝区，原是四川军阀白驹的别墅。1939 年，戴笠在歌乐山下选址时看中了它，便用重金将它买下，改造为迫害革命者的监狱。它和渣滓洞一并被人们称作“两口活棺材”。

（四）丰都鬼城

位于重庆市下游丰都县的长江北岸，旧名酆都鬼城，古为“巴子别都”，又称为“幽都”“鬼国京都 ”“中国神曲之乡”。鬼城距今已有近 2000 年的历史，以各种阴曹地府的建筑和造型而著名，鬼城内有哼哈祠、天子殿、奈河桥、黄泉路、望乡台、药王殿等多座表现阴间的建筑，它不仅是传说中的鬼城，还是集儒、道、佛为一体的民俗文化艺术宝库。现代的丰都“鬼城”是人们凭想象建造的“阴曹地府”，分为鬼城名山风景区和鬼王石刻风景区，用类似人间的法律机制先后建成“阎王殿”“鬼门关”“阴阳界”“十八层地狱”等一系列阴间机构。各关卡的鬼神形象又是千姿百态，峥嵘古怪。刑具令人恐怖万分，让人不寒而栗。丰都鬼城景区景点独特，内涵丰富，是长江黄金旅游线上最著名的人文景观之一。

【任务训练】

以小组的形式，通过教材或其他方式了解重庆旅游景点，获得旅游景点信息，以小组为单位，以“三峡之旅” 为主题，进行模拟导游训练。

【任务评价】

表8－3－1　重庆旅游区任务训练评价

评价指标	评价内容	组间互评				教师建议			
		A	B	C	D	A	B	C	D
导游仪容仪表	着装整洁大方得体，仪容仪表规范								
导游服务规范	服务讲解规范，合理运用态势语言								
导游对旅游景点介绍	推荐最佳旅游线路、经典景点								
	选择最佳介绍方法								
	突出核心介绍内容								
通用能力	与顾客之间的有效沟通								
	语言表达能力、应变能力								
努力方向:									

A：优秀　B：良好　C：一般　D：欠佳

任务四　湖北旅游区

湖北东连安徽，南邻江西、湖南，西连重庆，西北与陕西为邻，北接河南，简称“鄂”，省会武汉。湖北东、西、北三面环山，中部为“鱼米之乡”的江汉平原，长江自西向东，横贯全省1062公里，省内水网纵横，湖泊密布，湖北省因此又称“千湖之省”。全省的旅游景观开发形成了“二市、二山、二线”的格局。二市：武汉市、宜昌市。二山：武当山、神农架。二线：三峡旅游线、三国旅游线。此外，鄂西土家风情、编钟欣赏及炎帝神农故里、神农架回归自然、鄂东名人名寺、李时珍医药保健、武当朝圣等均极富魅力。

◆【任务目标】

1. 学生自行寻找湖北旅游区游览图，根据下面旅游行程线路，在图中标注旅游线路。

“灵山秀水养心记”6日游：

D1: 北京乘坐火车至武汉；

D2: 武汉—十堰市：武汉长江大桥、武当山景区；

D3: 神农架—宜昌：神农架景区；

D4: 宜昌：三峡人家、葛洲坝、三峡大坝；

D5: 宜昌—武汉，黄鹤楼、东湖风景区；

D6: 乘坐火车返回北京，结束愉快的湖北之旅。

2. 根据湖北旅游区游览图，了解湖北旅游区的主要旅游景区景点。

◆【任务分析】

要想了解湖北旅游区的主要旅游景区景点，首先要了解湖北旅游区的旅游特色，掌握湖北旅游景区景点分布情况，熟悉各旅游景区景点的特点。

◆【知识准备】

一、武汉游览区

（一）东湖风景区

位于武汉市中心城区，因位于武汉市武昌东部而得名，是中国第二大城中湖，是国家AAAAA级旅游景区。东湖生态旅游风景区面积88平方公里，由听涛、磨山、落雁、吹笛和湖北省博物馆五个片区组成，湖岸曲折，港汊交错，碧波万顷，青山环绕，岛渚星罗，行吟阁、九女墩、陶铸楼、屈原纪念馆、朱碑亭等历史文化遗址散布其间，楚风楚韵特色鲜明。

（二）黄鹤楼

位于武汉市长江南岸的武昌蛇山峰岭之上，与湖南岳阳楼、江西滕王阁并称为“江南三大名楼”，是武汉市标志性建筑，与晴川阁、古琴台并称武汉三大名胜。黄鹤楼始建于三国时代吴黄武二年（223 年），在唐代时已具规模，著名诗人崔颢的《黄鹤楼》一诗使它闻名遐迩。因为兵火频繁，黄鹤楼屡建屡废，现在的黄鹤楼是 1985 年重修落成的，高 5 层，总高度 51.4 米，建筑面积 3219 平方米，内部由 72 根圆柱支撑，外部为攒尖顶，有 60 个翘角向外伸展，屋面用 10 多万块黄色琉璃瓦覆盖构建而成。黄鹤楼各层大小屋顶交错重叠，翘角飞举，仿佛是展翅欲飞的鹤翼。楼内外彩绘以仙鹤为主，云纹、花草、龙凤为陪衬的图案，登临眺望，视野开阔，远山近水，一览无余。

（三）武汉长江大桥

位于武汉市武昌蛇山和汉阳龟山之间的江面上，是长江上的第一座大桥，新中国成立后在长江上修建的第一座复线铁路、公路两用桥，被称为“万里长江第一桥”，是武汉市的标志性建筑。武汉长江大桥全长 1670 余米。上层为公路桥，下层为双线铁路桥，桥身共有 8 墩 9 孔，除第 7 墩外，其他都采用我国首创的新型施工方法——“大型管柱钻孔法”，凝聚着我国桥梁工作者的机智和精湛的工艺。武汉长江大桥将武汉三镇连为一体，连接起中国南北的大动脉。作为新中国建设成就的一个重要标志，大桥图案入选 1962 年 4 月开始发行的第三套人民币。

（四）辛亥革命武昌起义纪念馆

位于武汉市武昌阅马厂，西邻黄鹤楼，北倚蛇山，南面首义广场，是国家 AAAA 级旅游景区。旧址占地面积 18000 多平方米，建筑面积近 10000 平方米，因旧址红墙红瓦，武汉人称为红楼。1911 年（农历辛亥年）10 月 10 日，在孙中山民主革命思想的旗帜下集结起来的湖北革命党人，勇敢地打响了辛亥革命的“第一枪”，并一举光复武昌。武昌因此被誉为“首义之区”，红楼则被尊崇为“民国之门”。

纪念馆内现有两个主题性的基本陈列：鄂军都督府旧址复原陈列和辛亥革命武昌起义史迹陈列。前者以旧址主楼为载体，复原和再现了都督府成立初期的场景与风貌；后者布置于旧址西配楼，以近 400 件展品，包括文物真迹、历史图片、美术作品以及图表、模型和场景等，全景式地展现了辛亥革命武昌起义的历史。

二、宜昌游览区

（一）三峡人家风景区

位于宜昌市的西陵峡境内，三峡大坝和葛洲坝之间，跨越灯影峡两岸，面积 14 平方公里，是国家 AAAAA 级旅游景区。其旅游景观可以用“一二三四”来概括，即：一个馆（石牌抗战纪念馆），两个特别项目（三峡人家风情项目和杨家溪漂流项目），三个第一（三峡第一湾——明月湾、中华第一神牌——石令牌、长江第一石——灯影石），天下第四泉——蛤蟆泉。其中，杨家溪因宋朝杨家将的后裔曾移居于此而得名，神秘的杨家溪漂流以军事漂流为主题，充满了浓厚的军训色彩；石牌抗战纪念馆是首批国防教育基地、三峡地区第一个综合性抗战纪念馆，修建在当年抗战的军事遗址之上，馆舍面积 440 平方米，由凭吊缅怀大厅、多媒体展览厅、图文展览厅、实物展览厅四部分组成。

（二）葛洲坝—三峡大坝

葛洲坝水利枢纽工程位于宜昌市境内的长江三峡末端河段上，距离长江三峡出口南津关下游2.3公里，1971年5月开工兴建，到1988年12月竣工。它是我国自行设计、建造和安装的长江上第一个综合性水利工程，也是世界上最大的低水头大流量、径流式水电站。它由拦江大坝、发电站、船闸、泄洪闸、冲沙闸组合而成。拦江大坝高70米，长2561米，年平均发电量为141亿度，27孔泄水闸和12孔冲沙闸全部开启后的最大泄洪量为11万立方米每秒。大坝两侧1、2号两座船闸大小相同，闸高280米，宽34米，可以通过万吨级大型船队。三峡大坝位于宜昌市夷陵区三斗坪，距下游葛洲坝水利枢纽工程38公里，是当今世界最大的水力发电工程——三峡水电站的主体工程、三峡大坝旅游区的核心景观。大坝为混凝土重力坝，坝顶总长3035米，坝顶高程185米，正常蓄水位175米，总库容393亿立方米，其中防洪库容量221.5亿立方米，能够抵御百年一遇的特大洪水。三峡大坝荣获世界纪录协会世界最大的水利枢纽工程世界纪录。

三、武当山

位于十堰丹江口市境内。古名太和山，相传上古玄武在此得道飞升，故又名玄武地。它西接秦岭山脉，南靠神农架林区，长江南绕，汉水北回，号称“八百里武当”。武当山有七十二峰、三十六岩、二十四涧、十一洞、三潭、九泉、十池等胜景，构成“七十二峰朝大顶”和“四十二涧水长流”的秀丽山川、奇特景观。

武当山是武当武术的发源地，也是道教四大名山之一，被称为“亘古无双胜境，天下第一仙山”。武当山上遍及全山的道教建筑始建于唐，明代达到鼎盛，历代皇帝都把武当山作为皇室家庙来修建。明永乐年间，“北建故宫，南修武当”。明成祖朱棣大建武当山，耗资数以百万计，日役使军民工匠30万人，历时12年，建成9宫、8观、36庵堂、72岩庙、39桥、12亭等建筑群，嘉靖年间又增修扩建。整个建筑群严格按照真武修仙的故事统一布局，并采用皇家建筑规制，形成了“五里一庵十里宫，丹墙翠瓦望玲珑，楼台隐映金银气，林岫回环画镜中”的“仙山琼阁”的意境，绵延70公里，是当今世界最大的宗教建筑群，堪称我国古代建筑史上的奇观，被誉为“中国古代建筑成就的博物馆”和“挂在悬崖峭壁上的故宫”。武当山上主要的建筑景点有太和宫、古铜殿、紫金城、净乐宫、玄岳门、玉虚宫等。

四、神农架风景区

位于湖北省西部边陲，是国家AAAAA级旅游景区，包括神农顶国家自然保护区、燕天景区、香溪源旅游区和玉泉河旅游区四大景区。景区有红石沟、长岩屋、红花营、神农顶、神农谷、阴峪河大峡谷、神农架群石槽河组地质奇观、大寨湾大峡谷、金丝燕洞等地文景观，山峰有6座海拔在3000米以上，其中主峰神农顶海拔3105米，是湖北地区最高峰，被誉为“华中屋脊”。同时，神农架拥有在世界中纬度地区唯一保持完好的亚热带森林生态系统，生活着古老且珍稀动植物，如冷杉、岩柏、桫椤、珙桐、金丝猴、白熊、苏门羚、大鲵、白鹳、金雕等。神农架原始风光奇异诱人，群山巍峨、怪石林立，千奇百怪的洞穴密布，有万燕栖息的燕子洞、时冷时热的冷热洞、一日三潮的潮水洞、盛夏冰封的冰洞、常年刮风的风洞、雷响出鱼的鱼洞、吞烟吐雾的云雾洞、树蛙成群的青蛙洞、悠扬悦耳的音乐洞、绝壁生花的水帘洞等。神农架由于地处偏僻深山，民间习俗多保持着固有的淳朴和浓厚的乡土气息，民歌、堂戏、刺绣等独具特色。

五、神龙溪纤夫文化旅游区

地处长江三峡巫峡与西陵峡之间的恩施土家族苗族自治州巴东县长江北岸，是国家AAAAA级旅游景区。神龙溪全长60公里，相对落差2900余米，平均宽度20米，最窄处不足5米。旅游区的主要景点有棉竹峡、龙昌洞峡、豌豆角等。

神农溪素有“一里三湾，湾湾见滩”之说，有长滩有浅滩，有险滩有湾滩，给拉纤漂流赋予了妙不可言的情致。独具特色的“豌豆角”扁舟漂流，更被誉为“神州第一漂”。船工号子、纤夫拉纤又是三峡地区保存最好的“纤夫文化”的活化石，更是万里长江上的一绝。旅游区所在的巴东县是巴（东）、（秭）归、兴（山）革命根据地的中心，在第二次国内革命战争时期，贺龙同志曾9次转战巴东，全县有20多处建立了红色政权，有10000多人参加红军、赤卫队和革命活动，有5000多人献出了生命。

【知识链接】

纤夫文化

纤夫文化是长江三峡地区，特别是神农溪流域的纤夫长期群体锻造积淀形成的地域性文化，核心精髓是齐心协力的团队精神、不畏艰险的拼搏精神、力争上游的进取精神。纤夫文化推崇热爱生活，尊重自然，善待环境，在积极追求生命价值的同时，也要理性地对待生命的轮回。

六、荆州游览区

荆州古称江陵，位于湖北省中部偏南，地处长江中游，江汉平原西部，因西扼天府，东拦江浙，北略中原，南下湘赣，古称“七省通衢”，自古以来为巴蜀门户和南水水陆交通要冲，被帝王兵家所垂青。三国时期的“刘备借荆州”“关羽大意失荆州”的故事就发生在此处。原城为蜀将关羽所建，如今的古称是清顺治三年（1646年）依照旧基重建，城墙高约9米，厚约10米，周长9.3公里，东西长，南北短，呈不规则多边形。城四周有护城河，城墙、城门、敌台、堞垛保存完好。古时6座城门上都有高大的城楼，分别是宾阳楼、望江楼、九阳楼、曲江楼、朝宗楼、景龙楼等，其中以曲江楼和景龙楼最为出名，现仅存“朝宗楼”。

七、襄阳游览区

襄阳，位于湖北省西北部，汉江中游平原腹地，因地处襄水之阳而得名。襄阳已有2800多年历史，自古为南北交通的要塞，历代为经济军事要地，有“南船北马，四省通衢”之称。襄阳市著名的中国历史文化名城，是楚文化、汉文化、三国文化的发源地，素有“华夏第一城池、铁打的襄阳、兵家必争之地”之称。

三国的许多故事就发生在襄阳，如“诸葛亮躬耕陇亩”“刘备三顾茅庐”“隆中对”“关羽水淹七军”等，因此，襄阳名胜古迹旅游以三国文化为主要特色。襄阳城城墙始建于汉朝，自唐至清多次修缮，襄阳城的两座城门和部分城墙至今保存完好。历史古迹有襄城、鹿门寺、古隆中、杜甫墓、曾乙侯墓、米公祠、绿影壁等。

八、赤壁游览区

又分为文赤壁和武赤壁。文赤壁，即东坡赤壁，因苏轼的《念奴娇·赤壁怀古》《前赤壁赋》《后赤壁赋》闻名，又名黄州赤壁，位于古城黄州的西北边，黄冈市公园路。因为有岩石突出像城壁一般，颜色呈赭红色，所以称为赤壁。景区分为古迹游览区、水上游览区、山林游览区、动植物观赏区、游乐区、商业服务区、度假区、广场区等，其风景名胜具体又分为“月波摇影”“栖霞挹爽”“东坡问天”“龙崐山松声”“竹楼夜雨”“镜湖观荷”“索桥飞瀑”“赤壁夕照”等主要景点。

武赤壁位于赤壁市西北长江之滨的南岸，是我国古代“以少胜多，以弱胜强”的七大战役中唯一尚存原貌的古战场，三国赤壁之战发生地。赤壁矶头临江悬崖上，有石刻“赤壁”二字，相传为周瑜所书，故也有人称此地为“周郎赤壁”，是赤壁现存最早的文化遗迹。景区主要景观有赤壁摩崖石刻、周瑜塑像、拜风台、凤雏庵、翼江亭、赤壁大战陈列馆、赤壁碑廊、千年银杏、三国雕塑园等数十处。

九、屈原故里文化旅游区

位于宜昌市秭归县，是国家AAAAA级旅游景区。秭归是屈原的故乡，也是楚文化发源地之一。景区内主要有屈原祠、屈原衣冠冢等景点。屈原祠是屈原故里文化旅游区的重要组成部分，唐代始建，新建屈原祠由山门、两厢配房、碑廊、前殿、乐舞楼、正殿、享堂、屈原墓等建筑组成。屈原衣冠冢也为屈原墓，随屈原祠迁徙而建。墓上青狮白象，鱼吻翘昆，墓前三排六柱八字开扇。外石柱镌有“汨水怀沙千古遗恨，归山枕抽万世流芳”楹联。四根内柱的楹联是“崔嵬丰碑矗在地，凛然浩气贯长虹”“千古忠贞千古仰，一生清醒一生忧”。上柱间嵌着一块《重修楚大大墓碑记》，将屈原生平及不朽精神镌刻其间。墓前两侧一对明代大石狮。墓中有一通道，透过石门可窥见一红漆古棺悬吊其内，棺被一巨大莲花石座所托，俗称“屈原吊棺”。

［任务训练］

以小组的形式，通过教材或其他方式了解湖北旅游景点，获得旅游景点信息，设计湖北旅游主题。每组选出 1 名同学代表小组阐述任务完成的过程，并讲解旅游主题中的主要旅游景点。

［任务评价］

表8－4－1　湖北旅游区任务训练评价

评价指标	评价分值											
	自我评价				组间评价				教师评价			
	A	B	C	D	A	B	C	D	A	B	C	D
主题设计												
阐述过程												
讲解水平												
团队合作												
总体印象												

A：优秀　B：良好　C：一般　D：欠佳

任务五 湖南旅游区

湖南省地处中国中部、长江中游，因大部分区域处于洞庭湖以南而得名“湖南”，因省内最大河流湘江流贯全境而简称“湘”，古称“潇湘”“湖湘”“三湘”，省会长沙。湖南东临江西，西接重庆、贵州，南毗广东、广西，北与湖北相连。地貌以山地、丘陵为主，全省三面环山，北为洞庭湖平原，中为丘陵与河谷盆地相间，全省形成从东南西三面向北倾斜的马蹄形状。省内河湖密布，水网纵横，有全国第二大淡水湖——洞庭湖。湖南全省的旅游资源分布为“东一线，西一片”。东一线指京广线和湘江谷地，以4000年的楚文化为主，文物古迹众多，以岳阳、长沙、南岳衡山为重点，包括郴州、宁远—九嶷山、永州—索溪岳阳（岳阳楼、洞庭湖）、衡阳—南岳、长沙—韶山等旅游风景区；西一片指以武陵源为中心的湘西片，以自然风景资源为主，有武陵源、猛洞河、吉首—凤凰、桃花源等旅游风景区。湖南少数民族众多，有土家族、苗族、瑶族、侗族、白族、回族、维吾尔族等40个少数民族，因此少数民族风情成为旅游的一大特色。

◆【任务目标】

1. 学生自行寻找湖南旅游区游览图，根据下面旅游行程线路，在图中标注旅游线路。

“秀美湖南”7日游：

D1：北京乘坐火车前往长沙；

D2: 长沙—韶山—张家界：橘子洲、毛泽东故居；

D3: 张家界：张家界国家森林公园；

D4: 武陵源—凤凰：武陵源景区；

D5: 凤凰—长沙：凤凰古城；

D6: 长沙—衡山—长沙：衡山风景名胜区；

D7：抵达北京，结束愉快的行程。

2. 根据湖南旅游区游览图，了解湖南旅游区的主要旅游景区景点。

◆【任务分析】

要想了解湖南旅游区的主要旅游景区景点，首先要了解湖南旅游区的旅游特色，掌握湖南旅游景区景点分布情况，熟悉各旅游景区景点的特点。

◆【知识准备】

一、湘西游览区

（一）武陵源风景名胜区

位于湖南省西北部，由张家界市的张家界国家森林公园、慈利县的索溪峪自然保护区和桑植县的天子山自然保护区组合而成。武陵源景区的主要景观是石英砂岩峰林地貌，境内共有3103座奇峰，姿态万千，蔚为壮观。武陵源的奇峰、怪石、幽谷、秀水、溶洞被誉为“五绝”。

张家界风景区位于武陵源风景名胜区南部，是我国第一个国家森林公园，素以林海茫茫、树木繁多而驰名，被誉为“世界最大的盆地”“中国山水画的原本”。这里的异峰巧石、山泉飞瀑、深林奇树及珍禽异兽共同组成了一幅幅相映成趣、妩媚动人的自然绝景。主要景点有黄狮寨、金鞭溪、天子山、鹞子寨等。

索溪峪又名索溪，因溪水如绳索而得名，有独特的地质地貌和丰富的野生动植物资源。其“山奇、水秀、桥险、洞幽”的特点使索溪峪成为武陵源风景名胜区中的一颗明珠。主要景点有地下明珠黄龙洞、天上瑶池宝峰湖、峰峦叠翠的百丈峡、风景如画的十里画廊等。

天子山因明初土家族领袖向大坤自号“向王天子”而得名。天子山东临索溪峪，南接张家界，北依桑植县，素有“峰林之王”的美称，以峰高、峰大、峰多著称天下，东、西、南三面石峰林立，沟壑纵横。主要景点有南天门、御笔峰、仙女献花、点将台、空中田园、仙人桥、神兵聚会等自然景观，以及天子阁、贺龙公园两个人文景观。

（二）凤凰古城

位于湘西土家族苗族自治州的西南部，人口由苗族、汉族、土家族等28个民族组成，为典型的少数民族聚居区，是国家AAAA级景区。古城建于清康熙四十三年（1704年），因背依的青山酷似一只展翅欲飞的凤凰而得名。凤凰老城依山傍水，清浅的沱江穿城而过，红色砂岩砌成的城墙伫立在岸边。古城以古街为中轴，连接无数小巷，沟通全城。城内青石板街道，江边木结构吊脚楼以及朝阳宫、古城博物馆、杨家祠堂、沈从文故居、熊希龄故居、天王庙、大成殿、万寿宫等建筑和浓厚的苗族风情，构成了凤凰独具一格的味道。

（三）黔阳古城

位于怀化市，是全国保存最为完好的明清古城之一，古城三面环水，是湘楚苗地边陲重镇，素有“滇黔门户”和“湘西第一古镇”之称。黔阳古城比云南丽江大研古镇早1400年，较湖南省内的凤凰古城早900年。黔阳古城是唐代“诗家天子”王昌龄的谪贬地，他的经典诗句“一片冰心在玉壶”就是写于该市芙蓉楼前。芙蓉楼为古典园林建筑，筑叠巧思、错落有致，被誉为“楚南上游第一胜迹”，是历代文人墨客吟诗作画之处。

古城内青石街巷纵横交错，明清建筑比比皆是。原有五个城门，今尚存四门遗址，其中西门又称中正门，其城门及门楼保存完好，门上“中正门”三字系民国时期戴笠所书。依附南北两条主要街道而形成的鱼骨状道路系统保存完整，古称九街十八巷，现存较完好的历史街区有南正街、上河街、下河街等。

（四）万佛山－侗寨风景名胜区

位于湖南省西南部，由丹霞地貌区、具有浓郁侗民族文化习俗的百里侗文化长廊和红军长征通道转兵会址恭城书院3部分组成，总面积168平方公里。

丹霞地貌区分布着万佛山、神仙洞、七星山、将军山、紫云山五大景区。景区内群峰挺立，象形景观众多，融幽、险、秀、奇为一体，植被丰茂，有“绿色万里长城”之美誉。景区内的“独岩挺秀”“七星古庵”“福地洞天”“雄狮望月”“擎天一柱”“美女望夫”“神州海螺”“金龟觅食”“天生鹊桥”“三十六弯森林迷宫”被誉为“十大绝景”。

百里侗文化长廊位于通道侗族自治县蜿蜒的坪坦河边，马田的鼓楼、阳烂的银饰、坪坦的芦笙、黄都的侗歌，特别是坪坦河上的普修桥、普济桥、回龙桥、回福桥，座座都是文物，整整百里丰富鲜活的侗文化。

恭城书院位于通道侗族自治县罗蒙山下，原称“罗蒙书院”，后被大火烧毁。清乾隆年间，侗家的一些能工巧匠将其在原址重建，更名为“恭城书院”，是中国现存最完整的侗族古书院。

（五）桃花源风景区

位于桃源县城西南部15公里，地处沅水下游，是国家AAAA级旅游景区。桃花源风景名胜区分桃花山、桃源山、桃仙岭、秦人村4个景区，其中桃花山、秦人村为桃花源的中心，有桃花山牌坊、桃花溪、桃树林、穷林桥、菊圃、方竹亭、遇仙桥、水源亭、秦人古洞、延至馆、集贤祠等70余处景点。景区人文景观古老神秘，自然景观丰富多彩，既有以自然山水为基础的旅游环境美，也有以神话寓言为主题的“人间仙境”美，还有以社会文明为依托的民俗行为美。

（六）莨山风景名胜区

位于邵阳市新宁县境内。莨山属典型的丹霞地貌，地质结构奇特，山、水、林、洞浑然一体。莨山风景名胜区包括天一巷、辣椒峰、夫夷江、八角寨、紫霞峒、天生桥六大景区，境内有“莨山六绝”，即形神兼备的将军石、惟妙惟肖的骆驼峰、鬼斧神工的“天下第一巷”、地造天设的鲸鱼闹海、气势磅礴堪称亚洲第一的天生桥和高耸入云而又十分逼真的辣椒峰。

（七）猛洞河风景名胜区

位于湘西土家族苗族自治州境内，地跨永顺、古丈两县，全长100多公里，整个风景区都处在武陵山脉的环抱之中。猛洞河水量丰富，河流坡降大，水急滩多浪奇，高大的峭壁直插水面，两岸并相靠拢，形成幽深的峡谷景观。沿河两岸古木苍天，苍翠欲滴，奇石错落，流泉飞瀑随处可见，下游一路水碧山青，风光秀丽，野猴成群，溶洞奇特。现在猛洞河上开展了上游的天下第一漂和下游的平湖生态游两个项目。天下第一漂，起点哈妮宫距王村约40公里，漂流水路长17公里，沿途绝壁百里，怪石嶙峋，滩奇水异，两岸苍翠的林木，云雾缭绕，飞瀑流泉与熔岩峰林交相辉映。

（八）芙蓉镇

位于湘西土家族苗族自治州永顺县的酉水之滨，是一座具有2000年历史的古镇。芙蓉镇原为西汉酉阳县治所，因得酉水舟楫之便，上通川黔，下达洞庭，自古为永顺通商口岸，素有“楚蜀通津”之称，享有酉阳雄镇、湘西“四大名镇”“小南京”之美誉。镇区内是曲折幽深的大街小巷、临水依依的土家吊脚木楼以及青石板铺就的五里长街，处处流露着淳厚古朴的土家族民风民俗。芙蓉镇不仅景观秀丽，民族风情浓郁，还有记载土家族政治军事历史的国家重点保护文物“溪州铜柱”和电影《芙蓉镇》外景拍摄现场等人文景观。

二、东线游览区

（一）长沙游览区

1. 岳麓山－橘子洲旅游景区

位于长沙市，已开放的景区有麓山景区、橘子洲景区。其中麓山景区系核心景区，景区内有岳麓书院、爱晚亭、麓山寺、云麓宫、新民学会旧址景点等。

岳麓书院早在宋代就是全国有名的四大学府之一，是古代著名的“四大书院”之一，也是中国现今保存最完好的一座古代书院。岳麓书院占地面积21000平方米，现存建筑大部分为明清遗物，主体建筑有大门、二门、讲堂、半学斋、教学斋、百泉轩、御书楼、湘水校经堂、文庙等，各部分互相连接，完整地展现了中国古代建筑气势恢宏的壮阔景象。除建筑文物外，岳麓书院还以保存大量的碑匾文物闻名于世。

爱晚亭与安徽滁县的醉翁亭、杭州西湖的湖心亭、北京陶然亭公园的陶然亭并称中国四大名亭。爱晚亭原名红叶亭，又名爱枫亭。后来根据杜牧“停车坐爱枫林晚，霜叶红于二月花”的诗句，更名为爱晚亭。1952年重修爱晚亭时，毛主席亲笔题写亭名。

麓山寺亦称“岳麓寺”“慧光寺”“鹿苑”“万寿寺”，系晋初古寺，是佛教入湘最早的一所大寺。明神宗时更名为万寿寺，民国初年复名。大雄宝殿等主要建筑，于1944年被炸毁，仅存山门和观音阁，现已修整一新。

云麓宫在岳麓峰顶，系道家第二十三洞虚福地。现存吕祖殿、祖师殿、三清殿三进。吕祖殿中置汉白玉浮雕吕祖仙师真像，并刻吕著《百字铭》，前厅竖关帝神像，三清殿按道家规制竖像三尊。

新民学会旧址即蔡和森故居，邓小平、陈云同志分别为旧址题写“蔡和森故居”和“新民学会成立会旧址”。内有古井、“沩痴寄庐”槽门、周公墓等。新建陈列室以全新的“新民学会 · 建党先声”陈列展览，用场景再现、浮雕等形式表现了新民学会3年的历程，突显了湖湘无产阶级先锋的群体形象，成为广大青少年及群众接受革命传统教育的重要场所。

2. 马王堆汉墓

位于长沙市，是西汉初期长沙国丞相利苍及其家属的墓葬。1972～1974年，在这里先后发掘了3座西汉时期墓葬，墓葬的结构宏伟复杂，椁室构筑在墓坑底部，由三椁、三棺及垫木所组成。墓葬内的随葬品十分丰富，共出土丝织品、帛书、帛画、漆器、陶器、竹简、印章、封泥、竹木器、农畜产品、中草药等遗物3000余件。特别是2号墓葬中还出土了一具保存完好的女尸以及中国迄今所能见到的最早的方剂书籍帛书《五十二病方》，为国内外所罕见。

（二）韶山旅游区

位于长沙、株洲、湘潭三市交界处，是伟大领袖毛泽东同志的故乡。韶峰为韶山境内第一高峰，奇丽险峻，遍地奇花异草、古树苍松。景区内主要景点有毛泽东故居、毛泽东铜像、毛泽东纪念馆、毛泽东遗物馆、毛泽东诗词碑林、毛泽东纪念园等人文景观，以及充满神秘色彩的“西方山洞”滴水洞、黑石寨等自然景观。

（三）岳阳楼－洞庭湖风景区

位于岳阳市区西北部，包括岳阳楼古城区、君山、南湖、芭蕉湖、汨罗江、铁山水库、福寿山、黄盖湖等景区，总面积1300多平方公里。现有二妃墓、湘妃庙、柳毅井、飞来钟、屈子祠、杜甫墓、慈氏塔、晋代文庙、鲁肃墓、黄盖湖、三国古战场等名胜古迹。

岳阳楼踞于岳阳市的西门之上，紧靠洞庭湖湖畔，是江南三大名楼中唯一一座保持原貌的古建筑。它的建筑构制独特，风格奇异。楼三层、飞檐、盔顶、纯木结构， 全楼高达25.35米，平面呈长方形，宽17.2米，进深15.6米，占地251平方米。楼中四柱高耸，金碧辉煌，远远而望，恰似一只凌空欲飞的鲲鹏，尤显雄伟壮丽。

洞庭湖是中国第四大湖，也是中国第二大淡水湖，古代曾号称“八百里洞庭”。洞庭湖，古称云梦泽、九江和重湖，湖中最著名的君山，原名洞庭山，洞庭湖也因此而得名。君山自然风光秀丽，名胜古迹众多，文化底蕴深厚，立有36亭、48庙、秦始皇的封山印、汉武帝的射蛟台、宋代农民起义的飞来钟等珍贵文物遗址。

（四）衡山

又名南岳、寿岳、南山，为中国“五岳”之一，位于衡阳市南岳区，绵亘于衡阳、湘潭两盆地间。衡山属于亚热带湿润气候区，山峰挺拔秀丽、古木参天、终年苍翠、奇花异草、四时飘香，自然景色十分秀丽，故而衡山有“五岳独秀”之美誉。衡山宗教文化十分厚重，是著名的佛教、道教圣地，是佛教禅宗南派祖庭。在中国人们常常用“福如东海，寿比南山”表达美好的祝愿，其中南山指的就是衡山。因为南岳是中国五岳之寿山，历来为祈福、求寿之圣地，福寿文化源远流长。人类人文始祖、南岳主神祝融氏生息于南岳衡山，是主管人间福、禄、寿之神。

衡山中祝融峰之高、藏经殿之秀、方广寺之深、水帘洞之奇合称为南岳四绝，72峰中以祝融、天珠、紫盖、芙蓉、石廪五峰最为有名。衡山历史上是读书人聚集讲学之地，建有南岳书院、邺侯书院等。

（五）九嶷山

又名苍梧山，位于湖南省南部永州市宁远县境内。九嶷山九峰耸立，主峰畚箕窝，海拔1985米。《水经注》云：“苍梧之野，峰秀数郡之间，罗岩九峰，各导一溪，岫壑负阻，异岭同势。游者疑焉，故曰：九嶷山。”九嶷山最著名的景点有舜源峰、舜帝庙、三分石、宁远文庙以及紫霞岩、玉琯岩等。九嶷山山峰耸翠，巍峨壮丽，溶洞密布，绿水常流，自然风光十分秀丽。九嶷山同时又是一个瑶族聚居区，瑶族的歌谣、长鼓舞，以及瑶家姑娘出嫁“坐歌堂”的婚俗别具一格。

[任务训练]

以小组的形式，通过教材或其他方式了解湖南旅游景点，获得旅游景点信息，设计湖南旅游主题。每组选出 1 名同学代表小组阐述任务完成的过程，并讲解旅游主题中的主要旅游景点。

[任务评价]

表8－5－1　湖南旅游区任务训练评价

评价指标	评价分值											
	自我评价				组间评价				教师评价			
	A	B	C	D	A	B	C	D	A	B	C	D
主题设计												
阐述过程												
讲解水平												
团队合作												
总体印象												

A：优秀　B：良好　C：一般　D：欠佳

[单元练习]

模拟训练

搜集相关资料，了解川渝鄂湘旅游区特色旅游资源，分别查找四川、湖南、湖北、重庆三省一市的世界遗产，用表格的形式总结出来。

表8－5－2　川渝鄂湘旅游区世界遗产

基本信息 / 景区名称	所在地	评定时间	重点景点	游览线路

单元九　岩溶洞乡、多彩民俗、西南文化游
——黔滇桂旅游区

任务一　黔滇桂旅游区旅游特色

本区包括贵州省、云南省、广西壮族自治区，地处我国西南边陲，西部接青藏高原和缅甸，南临北部湾和越南、老挝等国，自古就是我国与东南亚和南亚各国经济文化交往的陆路通道，我国的丝绸和工艺品经过该地区运往印度、缅甸等国，被誉为“西南丝路”。本区自然旅游资源独具特色，岩溶景观发育典型，分布广泛；大部分地区为亚热带季风性湿润气候，四季分异不明显，种群类型丰富多彩，多奇花异草、珍禽异兽，区内有茫茫雪山，雄奇的峡谷高山，秀美的湖光山色。本区也是我国少数民族聚居且人口最多的地区，少数民族人口量约占全国少数民族人口总数的一半，在长期的生产生活中，形成了各自的民族风俗，创造出富有特色的传统文化，少数民族的服饰、礼仪、习惯、建筑及喜庆活动等对旅游者均具有极大的吸引力。本区是一个以岩溶景观，热带、亚热带高山深谷风光，以及多民族的文化习俗为特色的旅游区。

◆【任务目标】

根据本区的旅游特色，推荐本区旅游主题。

◆【任务分析】

要想推荐本区的旅游主题，首先要了解本区的地理环境，掌握本区旅游景观特色，了解本区特色旅游资源的类型、功能及成因。

◆【知识准备】

一、气候宜人，四季如春

由于海拔和地理位置不同，本区气候有“一山有四季，十里不同天”的特点，但是本区大部分地区为热带、亚热带季风性湿润气候，距离海洋较近，气候湿润宜人，冬无严寒、夏无酷暑，四季分异不明显，皆宜旅游。2014 年中国十佳避暑旅游城市评选中，本区即有昆明、贵阳、六盘水、丽江、临沧五大城市名列其中。

【知识链接】

“春城”昆明

昆明地处低纬度高原，天气常如二三月，花开不断四时春，人称“春城”，是云南省的首府，位于我国西南边陲，云贵高原中部，云南省东部，滇池盆地北部，三面环山，南临滇池，河流纵横，形成了富腴肥沃的坝子。由于海拔高，纬度低，阳光明媚，雨量充沛，气候如春，景色宜人。昆明四季温暖如春，全年温差较小，市区年平均气温在15℃左右，最热时月平均气温19℃，最冷时月平均气温7.5℃。虽然昆明有“春城”的美称，但一日之间有四季。尤其是春、冬两季，早晚气温一般比较低，所以旅行者最好能准备几套保暖的衣服，以备不时之需。另外，昆明地处高原，白天的日照相对较强，所以戴上一副太阳镜，不失为明智之举，当然更要做好防晒。

二、分布广泛的岩溶景观

本区的岩溶地貌景观，如孤峰、石林、峰林、峰丛、天生桥、溶洞、岩洞瀑布等无所不有，堪称世界上岩溶地貌发育最典型、最完美的自然博物馆，也是闻名于世的岩溶风景游览胜地。著名的世界自然遗产“中国南方喀斯特”中云南石林、贵州荔波均在本区（另一个为重庆武隆）。

在距今2.3亿～4亿年前的古生代，这里除云南西部以外的大部分地区曾长期处于浅海状态，沉积了厚达3 000 ～ 6 000米以石灰岩为主的碳酸盐岩地层，隆升成陆地以后，在湿热条件下，广泛发育了热带岩溶地貌。云南以尚处于岩溶地貌发育初期的高大石芽为特色，云南石林即是其典型代表。贵州高原岩溶地貌的发育处于青壮年阶段，以同基连座的峰丛与岩溶洞穴广泛分布为特色，溶蚀谷地与断头缺尾的河流也比较多见，著名的织金洞、黄果树瀑布溶洞群及其周围的笔架状群峰即是其典型代表。广西盆地其岩溶侵蚀已进行到潜水面，密集如林的岩溶山峰彼此分离，清澈见底的河水环绕岩溶山峰静静流淌，呈现出“江作青罗带，山如碧玉簪”的绝妙图景，桂林—阳朔山水即是其典型代表。

三、雄奇壮观的高山峡谷

在距今2000多万年以前的新构造运动中，印度次大陆板块与欧亚大陆板块大碰撞，引发了青藏高原的强烈隆升，并在横断山区一带与刚性较大的地块产生强烈的挤压运动，形成了一系列几乎平行的南北向的深大断裂与高耸的山地，构成了高山与大江交替出现的景象。云贵高原部分随之隆升为高原，广西部分则相对沉降成为盆地。

山高谷深是横断山区的最大特色，特别是发源于青藏高原的大江——金沙江、澜沧江和怒江在云南省境内自北向南穿越横断山区的担当力卡山、高黎贡山、怒山和云岭等崇山峻岭时，不仅江面与两侧山峰相对高差达数千米，自然景观垂直变化十分显著，而且形成了三江并行奔流170多公里而不交汇的自然奇观。其间，澜沧江与金沙江最短直线距离为66公里，澜沧江与怒江的最短直线距离不到19公里，为世界所罕见。2003年7月2日，联合国教科文组织第27届世界遗产大会一致决定，将中国云南省西北部的“三江并流”自然景观列入联合国教科文组织的《世界遗产名录》，“三江并流”从此成为我国单纯以自然遗产进入世界遗产名录的四大世界级自然遗产之一。

四、丰富的动植物资源

由于纬度较低、地势差大，气候类型多样，水热条件优良，地形地貌复杂多样，横断山脉、云贵高原、四川盆地、青藏高原等高大地形能阻挡北方的干冷气流，本区非常适宜多种生物的生存，有着非常丰富的动植物资源。

（一）植物王国

云南自然地理条件复杂、气候复杂多样，在此多样化环境条件下发育出了丰富的植物区系，是世界公认的生物多样性保护热点地区。在全国约3万种高等植物中，云南省有274科，2076属，1.7万种，占全国植物总数的45.9%。目前尚有许多新种或新属在不断被发现，在众多的植物种类中，热带、亚热带的高等植物约1万种，中草药2000多种，香料植物69科，约400种。有2100多种观赏植物，其中花卉植物1500种以上，不少是珍奇种类和特产植物。因此云南拥有“植物王国”的美誉。西双版纳是我国最大的热带植物宝库，素有“物种基因库”的美称。这里保留着不少第三纪前的古老生物群落，如树蕨、鸡毛松、苏铁、竹柏等。

贵州省素有“宜林山园”的美称，发育了类型复杂的森林植被。全省有野生植物3800多种，其中药用植物3700余种，占中国中草药品种的80%，是中国四大中药材产区之一；有珍稀植物70余种，如银杉、珙桐、秃杉、桫椤皆为国家一级保护植物。

广西植物计有280多科1670属6000多种，乔木树种达千种以上，居全国第四位，中国特有的植物活化石——银杉最早就发现于广西龙胜。还有龙州舰木玉、资源冷杉、那坡擎天树、猫儿山华南铁杉、十万大山华南坡垒、广西桫椤、金茶花等都属珍稀树种之列。广西还是闻名全国的“水果之乡”，许多热带、亚热带水果在全国占有重要地位。

（二）动物乐园

云南独特的气候和地理环境，使它能供种类繁多的野生动物栖息，显现出动物资源方面的极大优势，素有“动物王国”之美誉。云南拥有脊椎动物1737种，占全国种类的58.9%；国内见于名录的昆虫2.5万种，云南有1万多种。在脊椎动物中，兽类有300种，占全国种数的51.1%；鸟类有793种，占63.7%；爬行类143种，占37.6%；两栖类102种，占46.4%；淡水鱼类366种，占45.7%。本省特有种类包括灰叶猴、滇金丝猴、熊狸、亚洲象、亚洲野牛、鬣羚、黑颈长尾雉、双角犀鸟、绿孔雀等。

贵州省有1000多种野生动物，其中黔金丝猴、黑叶猴、华南虎、黑颈鹤等被列为国家一级保护动物。

广西野生动物中列为国家重点保护的珍稀动物达38种，桂西南的白头叶猴、大瑶山的鳄蜥为广西独有的世界级珍稀动物。

五、绚丽多姿的民族风情

本区是我国少数民族聚居且人口最多的地区，少数民族人口量约占全国少数民族人口总数的一半，中国拥有56个民族，有傣族、白族、彝族、纳西族、哈尼族、布朗族、苗族、藏族、侗族等30多个少数民族生活在本区，仅云南一省就有25个少数民族聚居。淳朴的民风、独特的地域文化，诸如农耕、游牧、节庆、服饰、饮食起居、婚丧、建筑、语言文字、图腾崇拜、宗教信仰等，构成了一幅浓郁而又色彩斑斓的中国民俗风情图画。

众多的少数民族，各有各的历史，各有各的信仰与传统，因此，也各有各的节日。据不完全统计，西南地区少数民族的节日多达数千个，覆盖了全年的每个月，而且各地周期性的节会也是五彩缤纷、十分热闹的。所以，一年365天，几乎天天都可以赶上少数民族的节会。本区各地的少数民族都能歌善舞，民族文化独特，节日活动丰富多彩，有对歌、跳舞、吹芦笙、打大鼓、击铜鼓、斗牛、赛马、斗鸡、斗雀、摔跤、泼水、傩戏、赛龙舟、玩龙灯、碰彩蛋、抛绣球等，应有尽有。由于每一个节日都有自己的来历，有关的历史渊源、文化传说等文化内涵耐人寻味，因此，繁多的少数民族节庆既是当地人文地理环境的一大特征，也是其旅游最大吸引力之所在。

六、特色鲜明的旅游商品

本区旅游商品非常丰富，地域特色鲜明。包括：云南的建水陶瓷、华宁陶器、永胜瓷器等陶瓷器，傣锦、简帕、蜡染、扎染等丝织刺绣品，玉雕、木雕、乌铜走银、户撒刀等工艺品，三七、虫草、云归等名贵药材，普洱、滇红、滇绿等名茶，杨梅、石榴、宝珠梨等水果；贵州的银饰、刺绣、漆器、蜡染、剪纸、竹编等民族特色工艺品，紫袍玉带石、红河石、晴隆贵翠、重晶石等奇石制品及思州砚、龙溪砚等石雕，猕猴桃、刺梨、金钱橘、夏橙等水果；广西的龙眼、荔枝、罗汉果、桐油、沙田柚、火龙果以及壮锦、南珠、坭兴陶、铜鼓、画扇、绣球等。

【任务训练】

表9－1－1　黔滇桂旅游区旅游主题

名称	推荐理由	根据主题推荐的旅游景区或景点

[任务评价]

表9－1－2　黔滇桂旅游区旅游主题任务评价

评价指标	评价分值											
	自我评价				组间评价				教师评价			
	A	B	C	D	A	B	C	D	A	B	C	D
主题准确、鲜明												
推荐理由合理												
景点把握熟练												
团队合作												
总体印象												

A：优秀　B：良好　C：一般　D：欠佳

任务二　贵州旅游区

贵州，简称“黔”或“贵”，地处西南腹地，省会贵阳，与重庆、四川、云南、广西接壤，是西南交通枢纽。境内地势西高东低，全省地貌可概括分为高原、山地、丘陵和盆地四种基本类型，高原山地居多，素有“八山一水一分田”之说，是全国唯一没有平原的省份。境内属亚热带湿润季风气候，是世界上岩溶地貌发育最典型的地区之一，有绚丽多彩的喀斯特景观。贵州以奇特的山水风光、浓郁的民族风情、古朴多彩的文物古迹、宜人的气候吸引着中外游客，拥有黄果树、龙宫、织金洞、红枫湖、㵲阳河、马岭河峡谷、赤水、百里杜鹃、梵净山等著名景区。

◆【任务目标】

1. 学生自行寻找贵州旅游区游览图，根据下面旅游行程线路，在图中标注旅游线路。

“黔景无忧”9 日游：

D1: 北京乘坐飞机前往贵阳市；

D2: 贵阳—安顺：织金洞；

D3: 安顺—兴义：黄果树瀑布；

D4: 兴义—贞丰：马岭河峡谷、万峰林景区；

D5: 贞丰—贵阳：双乳峰景区；

D6: 贵阳—荔波：荔波漳江景区；

D7: 荔波—凯里：西江千户苗寨；

D8: 凯里—镇远：㵲阳河风景区；

D9: 镇远—贵阳—北京：甲秀楼，之后乘飞机至北京，结束愉快的贵州之旅。

2. 根据贵州旅游区游览图，了解贵州旅游区的主要旅游景区景点。

◆【任务分析】

要想了解贵州旅游区的主要旅游景区景点，首先要了解贵州旅游区的旅游特色，掌握贵州旅游景区景点分布情况，熟悉各旅游景区景点的特点。

◆【知识准备】

一、黔中游览区

（一）黄果树瀑布风景名胜区

位于安顺市镇宁布依族苗族自治县，是国家 AAAAA 级景区。景区的核心黄果树瀑布，古称白水河瀑布，亦名“黄葛墅”瀑布或“黄桷树”瀑布，因本地广泛分布着“黄葛榕”而得名。黄果树瀑布是中国第一大瀑布，也是世界著名大瀑布之一，以水势浩大著称。夏秋盛水期时，瀑布高度为77.8米，其中主瀑高67米，瀑下犀牛潭最深点近18米；瀑布宽101米，其中主瀑顶宽83.3米。滔滔河水从河的断面倾泻而下，声如雷鸣，震天动地，气势磅礴。黄果树瀑布在大水时，流量达每秒1500立方米，瀑布激起的水珠，洒落在上面的黄果树街市，即使晴天，也要撑伞而行，故有“银雨洒金街”的称誉。黄果树瀑布独有奇特之处就是隐在大瀑布半腰上的水帘洞。水帘洞位于大瀑布40～47米的高度上，全长134米，有6个洞窗、5个洞厅、3股洞泉和6水帘洞个通道。在水帘洞，从各个洞窗中观赏到犀牛潭上的彩虹，只要天晴，从上午9时至下午5时，都能看到，并随人的走动而变化和移动。前人说“天空之虹以苍天作衬，犀牛潭之虹以雪白之瀑布衬之”，故题“雪映川霞”。黄果树瀑布处在典型的喀斯特地貌区，因此瀑布附近有众多岩溶洞穴，洞内不仅有各种形态的钟乳石，且多暗河、暗湖及地下瀑布，可供游人泛舟游览“地下龙宫”。景区内除了黄果树瀑布以外，还有天星桥、神龙洞、郎宫、滴水滩、陡坡塘等主要景点。此外，这一带也是布依族、苗族的聚居区，民族风情浓郁。

（二）龙宫景区

位于安顺市南郊，与举世闻名的黄果树大瀑布毗邻，距贵州旅游中心城市——安顺市27公里，距贵州省会贵阳市116公里。龙宫景区以水溶洞群为主体，更集旱溶洞、瀑布、峡谷、峰丛、绝壁、湖泊、溪河、民族风情、宗教文件于一身，步入龙宫，就是步入“喀斯特景观博物馆”，翻开了一幅“喀斯特的清明上河图”。龙宫内有许多神奇秀丽的喀斯特景观：被誉称为“中国第一水溶洞”的地下暗河溶洞、全国最大的洞中寺院——龙宫观音洞、全国最大的洞中瀑布——龙宫龙门飞瀑、山不转水转的旋水奇观——龙宫漩塘等。

地下暗河溶洞，长达15公里，为国内之冠。洞内钟乳千姿百态，其洞厅构造宛如神话中的龙王宫殿。观音洞，最大的特点就是所有的殿堂都是天然溶洞。人工雕刻佛像32尊，其中观音像高达12.6米，主殿上有一天然神似观音的钟乳石，天然和人造的佛像融为一体。龙宫龙门飞瀑，高50余米，宽26米，流水以喷泻之势钻山劈石，气势磅礴，万马奔腾，十分壮丽。龙宫漩塘是一个面积达万余平方米的圆塘，池水不借风力，日日夜夜、年年岁岁永不停歇地沿着顺时针方向旋转着。

（三）织金洞

位于织金县境内，分为织金古城、织金洞、裸结河峡谷、洪家渡四大景区。织金古城始建于明洪武十五年（1382年），三面环山，一水贯城，城内有清泉71处，庵、堂、庙、寺50余处，其中财神庙以结构奇特著称，保安寺以与山洞地势结合巧妙称奇。

规模宏大、形态万千、色彩纷呈是织金洞景观的显著特色。织金洞长13.5公里，最宽处175米，相对高差150多米，全洞容积达500万立方米，囊括了全世界溶洞堆积物类别的40多种堆积形态，堆积物平均高度为40米左右，最高的达70米，比世界之最的古巴马丁山溶洞最高的石笋还要高 7 米多。根据不同的景观和特点，织金洞分为迎宾厅、讲经堂、雪香宫、寿星宫、广寒宫、灵霄殿、十万大山、塔林洞、金鼠宫、望山湖、水乡泽国等景区，洞道纵横交错，石峰四布，流水、间歇水塘、地下湖错置其间，被誉为“岩溶瑰宝”“溶洞奇观”。

（四）红枫湖景区

位于贵阳市西郊，景区面积 200 平方公里，融高原湖光山色、岩溶地貌、少数民族风情为一体。因湖边的红枫岭上及湖周多枫香树，每到深秋时节，枫叶红似火，红叶碧波，风景优美而得名“红枫湖”。

红枫湖的湖域水面东西可达 2 公里，南北长达 25 公里，由中、南、北、后四湖组成。其中北湖以岛著称，较有名气的如鸟岛、蛇岛、龟岛等都是以形象而命名，诸多岛屿如散落的珍珠一般点缀在万顷碧波之上，形成了独特的景观，沿岸有西汉时代的古墓群以及明代的苗王营垒等名胜古迹；南湖以洞闻名，洞中各种怪异钟乳石令人咋舌；中湖处于南北二湖之间，以奇石异峰著称，山上松柏苍翠，峭壁陡岩，颇具气势；后湖汊众多，纵横交错，看似山穷水尽，忽又柳暗花明，船头一转，山水如画，尽收眼底。

红枫湖沿岸不但可看到田园风情，而且还有若干古战场遗址，如芦荻哨、小关堡、营盘、石城等，其中以芦荻哨古城遗址最具代表性。

（五）甲秀楼

位于贵阳市城南，始建于明，后楼毁重建，改名“来凤阁”，清代多次重修，恢复原名。楼上下三层，白石为栏，层层收进，由桥面至楼顶高约 20 米。楼侧由石拱“浮玉桥”连接两岸，桥上原有小亭一座叫“涵碧亭”。甲秀楼朱梁碧瓦，四周水光山色，名实相符，堪称甲秀。明清以来甲秀楼便是文人骚客聚集之处，高人雅士题咏甚多。现楼内古代真迹石刻、木皿、名家书画作品收藏中，清代贵阳翰林刘玉山所撰 206 字长联为一绝，比号称天下第一长联的昆明大观楼长联还多 26 个字。

【知识链接】

甲秀楼长联

五百年稳占鳌矶，独撑天宇，让我一层更上，茫茫眼界拓开。看东枕衡湘，西襟滇诏，南屏粤峤，北带巴衢；迢递关河，喜雄跨两游，支持那中原半壁。却好把猪拱箐扫，乌撒碉隳，鸡讲营编，龙番险扼，劳劳缔造，装构成笙歌间，锦绣山川。漫云竹壤偏荒，难与神州争胜概。

数千仞高凌牛渡，永镇边隅，问谁双柱重镌，滚滚惊涛挽住。忆秦通棘道，汉置牂河，唐靖且兰，宋封罗甸；凄迷风雨，叹名流几辈，销磨了旧迹千秋。到不如成月唤狮冈，霞餐象岭，岗披凤峪，雾袭螺峰，款款登临，领略这金碧亭台，画图烟景。恍觉蓬州咫尺，频呼仙侣话游踪。

二、黔北游览区

（一）遵义旅游区

遵义，简称“遵”，位于贵州省北部，北依大娄山，南临乌江，古为梁州之城，是由黔入川要冲，黔北重镇。1935 年，红军二万五千里长征途中召开了著名的“遵义会议”，成为党的生死攸关的转折点，因此，遵义又被称为“转折之城，会议之都”。现有遵义会议会址、娄山关红军战斗纪念碑、遵义红军烈士陵园、红军街、红军遵义总政治部旧址、遵义会议陈列馆等著名红色旅游景点。遵义山川秀丽，风光独特，尤以山、水、林、洞为主要特色，有宽阔水自然保护区、习水长嵌沟景区、余庆飞龙湖等自然景观，还有湘山寺、桃溪寺、海龙屯军事遗址、丙安古镇、杨粲墓、金鼎山等人文景观。

（二）赤水风景名胜区

位于贵州省西北部的赤水市，北接川南，东邻重庆，是黔北通往巴蜀的重要门户。景观以瀑布、竹海、桫椤、丹霞地貌、原始森林等自然景观为主要特色，有楠竹约 1800 公顷，与恐龙同生共荣的孑遗植物——桫椤 4 万多株，1200 多平方公里全国面积最大、发育最美丽壮观、最具典型性和代表性、最年轻的丹霞地貌，赤水也因此被誉为 “竹子之乡”“桫椤王国”“丹霞之冠”。赤水水系极为发达，河溪遍布各处，高原湖泊数量众多，飞瀑无数，据统计，3 米宽以上的瀑布达 4000 多条，是亚洲最大的瀑布群。因此，赤水也被誉为“千瀑之市”。其中，赤水大瀑布高 76 米，宽 80 米，是我国丹霞地貌上最大的瀑布，也是长江流域第一大瀑布，被地质专家誉为 “中国丹霞第一瀑”。赤水现在主要的景点有中国侏罗纪公园、红石野谷景区、五柱峰景区、四洞沟景区、燕子岩国家森林公园等，还有丙安、大同、复兴等古镇。

赤水是革命老区，中国工农红军二万五千里长征的途经之地，也是“四渡赤水”战役的主战场之一。现有赤水红军烈士陵园、丙安红一军团纪念馆、四渡赤水纪念地、黄陂洞战斗遗址等全国红色旅游经典景点。

（三）梵净山风景区

位于铜仁地区的江口、印江、松桃交界处，原名“三山谷”，得名于“梵天净土”，系武陵山脉主峰，海拔 2493 米，有“武陵第一峰”之称。传说，梵净山是弥勒菩萨的道场，与文殊菩萨的道场山西五台山、观音菩萨的道场浙江普陀山、普贤菩萨的道场四川峨眉山、地藏菩萨的道场安徽九华山齐名，是中国五大佛教名山。因山上多梵寺，故得此名。同时，古老的地层和优良的生态环境，使其具有独特的风光，其中蘑菇石、金顶、黔金丝猴，都是独一无二的，闻名世界的“中国鸽子树”（珙桐）也是在这里被发现后走向世界的。现梵净山自然保护区，除拥有世界上稀有的我国一类保护动物灰金丝猴外，还有我国最大的两栖类大鲵（娃娃鱼），以及红腹角雉、麝、云豹、华南虎、猕猴等十几种珍禽异兽，这些珍稀动植物和众多自然资源形成了一个完整的、平衡的、自成体系的生态系统。

（四）百里杜鹃景区

位于贵州西北部，毕节市中部，享有“地球彩带、杜鹃王国、养身福地、清凉世界”之美誉。景区绵延50余公里，包括百花坪、锦鸡箐、画眉岭、览胜峰、数花峰、花海神龟等，总面积125.8平方公里，是地球上最大的原始杜鹃林带，分布着杜鹃花60多个品种，占世界杜鹃花种属5个亚属中的全部。最难得的是一树不同花，可在一棵树上开出不同颜色的花朵，达7种之多。树龄千年的杜鹃花王，花开季节繁花万朵，独树成春，是迄今为止地球上发现的最大杜鹃花树。

（五）九龙洞风景名胜区

位于铜仁市东南方向约17公里处。九龙洞是一个大型天然喀斯特溶洞，洞内有7个大厅，洞长2258米，总面积约7万平方米，已开放3个大厅共12个景区。洞内钟乳石林立，五光十色，晶莹剔透，千姿百态，妙趣横生，各种石花、石幔、石鸟、石兽随处可见，栩栩如生。其中高20米以上的钟乳石柱有数十根之多，最高一根高达39.98米，直径16.4米，为世界罕见。

三、黔南游览区

（一）荔波樟江风景名胜区

荔波樟江风景名胜区是国家级风景名胜区、贵州首个世界自然遗产，位于贵州省黔南布依族苗族自治州荔波县境内，由大、小七孔景区、水春河景区和樟江风光带组成。景区内以丰富多样的喀斯特地貌、秀丽奇特的樟江水景和繁盛茂密的原始森林、各类珍稀品种动植物为特色，集奇特的山水自然风光与当地布依族、水族、瑶族等民族特色于一身。

（二）㵲阳河风景区

位于贵州省黔东南苗族侗族自治州所辖的镇远、施秉、黄平三县境内，面积625平方公里，分为历史名城镇远、铁溪、上㵲阳、下㵲阳、云台山、杉木河、黑冲、飞云崖、旧州古镇、重安江十大景区共394个景点。风景区以㵲阳河水系为纽带，以峡谷奇峰、云景水色为韵，以“雄、奇、秀、幽”为特色而名扬天下。其主体由喀斯特岩溶地貌奇观，平湖瀑泉、幽谷林海景观，山岳云岫、幽壑深涧、天象生物、古刹人文等景观构成㵲阳河风景区神奇迷离、令人神往的绝色风光。

（三）榕江苗山侗水风景名胜区

位于黔东南苗族侗族自治州榕江县境内，总面积168平方公里。景区资源类型丰富，苗族、侗族文化与自然山水环境融合，原生性与多样性相结合。主要分为六大景区：三宝千户侗寨景区、宰荡侗族大歌景区、七十二寨侗乡景区、都榕景区、龙塘奇观景区、十里百瀑景区以及其他20个独立景点。景区内有世界唯一的苗民祭祖庙“苗王庙”，侗族琵琶歌、萨玛节、侗族大歌、摆贝苗族服饰、《珠郎娘美》等都已被列入国家非物质文化遗产名录。

（四）都匀斗篷山—剑江风景名胜区

位于黔南布依族苗族自治州首府都匀市的西北面，距离市中心 22 公里，是中国距离城市最近的原始森林和国家级风景名胜区之一。景区总面积 128.7 平方公里，包括斗篷山景区、剑江景区、螺丝壳景区、都柳江景区四大片区。斗篷山景区展现大自然之和谐、生态环境之优美，剑江景区则以众多的人文景观吸引着八方游客。都匀境内聚居着布依族、苗族、水族、畲族等各少数民族，他们艳丽的服饰、奔放的歌舞、古朴典雅的婚嫁习俗、举寨同庆的节日庆典、神秘的宗教文化，能让人感受到少数民族特有风情的神韵。

（五）马岭河峡谷

位于黔西南布依族苗族自治州兴义市境内，距贵阳 334 公里，由马岭河峡谷、万峰林、万峰湖三部分组成。马岭河峡谷是一条在造山运动中剖削深切的大裂水地缝，谷内群瀑飞流，翠竹倒挂，溶洞相连，两岸古树名木点缀其间，千姿百态，集雄、奇、险、秀为一体，被誉为“地球上一道美丽的疤痕”。约 700 平方公里的奇峰异石，聚集为东、西峰林，且景观各异。东峰林层峦叠嶂；西峰林山寨田园交相辉映，人文景观丰富多彩，民族风情古朴浓郁。此外，还有点缀着上万个岛屿的万峰湖景区、猫猫洞古人类遗址、万屯汉墓群、10 余万平方米的石灰岩悬崖壁画，以及马别布依寨、苗寨的民族风情博物馆等，马岭河峡谷漂流已成为大批中外游客的最爱。

（六）黎平侗乡风景名胜区

位于黔东南苗族侗族自治州黎平县境内，地处湘、黔、桂三省（区）交界。贵州是全国聚居侗族最多的省份，而黎平县聚居的侗族人口为全省最多，是中国最典型的侗乡，誉为“天下侗乡第一县”。黎平侗乡景区总面积约为 153 平方公里，含“四区两点一群”，即肇兴—地坪、坝寨—九潮、岩洞—口江、八舟河—天生桥四个景区，尚重、洪州两个独立景点和德凤翘街古建筑景群。景区内侗族建筑群古朴完整、侗族文化悠久迷人、民俗民风淳朴浓郁、岩溶天桥举世无双、红色旅游文化经典、风光绚丽多姿、气候舒适宜人，自然风光和少数民族文化有机融合，是进行观光游览和文化教育活动的胜地。

（七）西江千户苗寨

位于黔东南苗族侗族自治州雷山县，是一个保存苗族“原始生态”文化完整的地方，由十余个依山而建的自然村寨相连成片，是目前中国乃至全世界最大的苗族聚居村寨。西江千户苗寨是一座露天博物馆，展览着一部苗族发展史诗，成为观赏和研究苗族传统文化的大看台。西江每年的苗年节、吃新节，十三年一次的牯藏节等均名扬四海。有吊脚楼、风雨桥、千户灯夜景等景观。

【任务训练】

以小组的形式，通过教材或其他方式了解贵州旅游景点，获得旅游景点信息，选出小组最喜欢的旅游景点。每组选出 1 名同学代表小组阐述任务完成的过程，讲解选出的旅游景点。

【任务评价】

表9－2－1　贵州旅游区任务训练评价

评价指标	评价分值											
	自我评价				组间评价				教师评价			
	A	B	C	D	A	B	C	D	A	B	C	D
景点把握												
阐述过程												
讲解水平												
团队合作												
总体印象												

A：优秀　B：良好　C：一般　D：欠佳

任务三　云南旅游区

云南即“彩云之南”“七彩云南”，另一说法是因位于“云岭之南”而得名，简称云或滇，省会昆明，位于中国西南的边陲，与四川、贵州、广西、西藏自治区相邻，有缅甸、老挝和越南3个邻国，北回归线从云南省南部横穿而过。云南是人类文明重要发祥地之一，生活在距今170万年前的云南元谋人，是目前为止发现的中国和亚洲最早人类。战国时期，这里是滇族部落的生息之地。

云南自然风光绚丽，历史文化悠久，民俗风情丰富多彩，拥有北半球最南端终年积雪的高山，茂密苍茫的原始森林，险峻深邃的峡谷，奔腾澎湃的大江河流，宁静清新的高原湖泊浑厚壮丽的火山热地，发育典型的喀斯特岩溶地貌，储量丰富的资源，使得云南省素有“动物王国”“植物王国”“有色金属王国”的美誉。云南拥有丽江古城、三江并流、石林、大理古城、玉龙雪山、洱海、滇池、松赞林寺、西双版纳热带雨林等著名旅游景区。

◆【任务目标】

1. 学生自行寻找云南旅游区游览图，根据下面旅游行程线路，在图中标注旅游线路。

“昆大丽休闲”之旅8日游：

D1: 北京乘坐飞机至昆明；

D2: 昆明—西双版纳：野象谷；

D3: 西双版纳—丽江：西双版纳傣族园、西双版纳热带植物园；

D4: 丽江：丽江古城、玉龙雪山、《印象丽江》演出；

D5: 丽江—大理：虎跳峡、大理古城；

D6: 大理—安宁：崇圣寺三塔、安宁温泉；

D7: 安宁—昆明：世博园、石林；

D8: 昆明—北京：昆明乘坐飞机至北京，结束愉快的行程。

2. 根据云南旅游区游览图，了解云南旅游区的主要旅游景区景点。

◆【任务分析】

要想了解云南旅游区的主要旅游景区景点，首先要了解云南旅游区的旅游特色，掌握云南旅游景区景点分布情况，熟悉各旅游景区景点的特点。

◆【知识准备】

一、滇中游览区

（一）石林风景区

位于昆明市石林彝族自治县境内，距省会昆明市78公里，面积400平方公里，是以石林地貌景观为主的岩溶地质公园，因为这里连片出现的奇石密集如林，故称为“石林”。石林的形态主要为剑状、塔状、蘑菇状及不规则柱状等，造型优美，似人似物，在美学上达到了极高的境界，具有很高的旅游价值。园区内彝族风情浓厚，环境宜人，石林壁峰之中，翠蔓挂石，金竹挺秀，山花香溢，季鸟和鸣，使千座崖峰显得生机盎然。附近还有芝云洞、奇风洞、长湖、月湖、飞龙瀑等景点，这一切与石林地貌相配合形成了和谐美景。

（二）九乡风景区

位于宜良县九乡彝族回族自治乡境内，南距石林仅22公里，与石林景区共同形成“地上看石林，地下游九乡”的喀斯特立体景观，是国家AAAA级旅游景区。九乡是以溶洞景观为主、溶洞外的自然风光、人文景观、民族风情为一体的综合性风景名胜区，分为叠虹桥、三脚洞、大沙坝、阿路龙、明月湖、万家花园、阳宗海等7个景区。景区内拥有上百座大小溶洞，为国内规模最大、数量最多、溶洞景观最奇特的洞穴群落体系，被誉为“溶洞博物馆”。景区内的张口洞古人类居住遗址，代表了我国南方一种独特的旧石器文化，被称为“九乡一绝”。

（三）昆明滇池风景名胜区

位于昆明市区，包括昆明城内城外、滇池、滇池沿岸及滇池四围群山的风景名胜，总面积770平方公里。

滇池亦称昆明湖、昆明池，是云南省最大的淡水湖，有高原明珠之称。滇池风光秀丽，碧波万顷，风帆点点，湖光山色，令人陶醉。滇池的沿岸，游览胜景甚多，如有云南民族村、云南民族博物馆、西山华亭寺、太华寺、三清阁、龙门、筇竹寺、大观楼及晋宁盘龙寺、郑和公园、海埂公园、世博园、西山等风景区。

世界园艺博览园又称世博园，位于昆明东北郊鸣凤山下金殿公园景区内，距市区约6公里，是1999年昆明世界园艺博览会的主会址，占地面积218公顷。全园由5大主场馆、6大专题园、34个国内展园和30个国际展园组成，是一个汇集了全世界园艺风景、具有中国特色和云南地方特色的世界一流园林园艺大观园，而且展区内山、水、林有机融合，构成了一个有机整体，具有极其良好的生态环境，充分体现了“人与自然”的主题。

西山坐落在滇池的西岸，又称碧鸡山，元代为“滇南八景”之首，明代居“云南四大名山”之冠，清代“昆明八景”中“滇池夜月”即滇池西山夜月；而在当代又是“昆明十六景”之一——“睡美人山，龙门飞峙”。远眺西山群峰，既像一尊庞大的睡佛，又似一个美丽少女屈腿仰卧在滇池畔，青丝垂海，因此西山称为“卧佛山”，或“睡美人山”。西山是昆明“金碧湖山”的象征，以雄、险、奇、秀、美著称。有华亭寺、太华寺、三清阁、聂耳墓、玉兰园等景点。

二、滇西北游览区

（一）玉龙雪山风景名胜区

位于玉龙纳西族自治县、宁蒗彝族自治县、香格里拉市境内，以玉龙雪山为中心，包括玉龙雪山、丽江古城、虎跳峡和宁蒗泸沽湖四个片区，是国家AAAAA级景区。

玉龙雪山是纳西族及丽江各民族心目中一座神圣的山，纳西族的保护神“三朵”就是玉龙雪山的化身，至今丽江还举行每年一度盛大的“三朵节”。玉龙雪山是中国最南、北半球最南的雪山，也是横断山脉沙鲁里山南段的名山。玉龙雪山主峰最高海拔5596米，上插云天，下俯丽水，相对高差达3000米，气候与植被的垂直变化明显，形成“山高一丈，大不一样”之奇观，也是玉龙雪山成为美丽的植物园和自然风景宝库的原因所在。玉龙雪山以险、奇、美、秀著称于世，景观分为雪域冰川景观、高山草甸景观、原始森林景观、雪山水景等，主要景点有玉柱擎天、云杉坪、雪山索道、黑水河、白水河、蓝月谷及宝山石头城等。

丽江古城因其主要位于大研镇，又名“大研古城”，其主要由大研古镇和束河古镇两部分组成，是中国历史文化名城之一，也是中国仅有的以整座古城申报世界文化遗产获得成功的两座古城之一（另一座为山西平遥古城），是一座集自然遗产、文化遗产和记忆遗产于一身，也是中国罕见的保存相当完好的少数民族聚集城市。丽江古城始建于南宋，距今约有800年的历史。古城处于滇、川、藏交通要冲，是历史上茶马古道的重镇。古城以“条条街道见流水、户户门前有清溪”的江南水乡般的美景，街道布局中“经络”设置和“曲、幽、窄、达”的风格，以及依山就水、错落有致的纳西风格的民居设计艺术为特色，获得了“东方威尼斯”“高原姑苏”等称号。丽江古城有着绚丽多彩的地方民族习俗和娱乐活动，如纳西古乐、东巴仪式、占卜文化、古镇酒吧以及纳西族火把节等，别具一格。主要景点有古街、古桥、木府、五凤楼、四方街等。

虎跳峡位于香格里拉市虎跳峡镇境内，距香格里拉市96公里，距丽江市80公里，因猛虎跃江心石过江的传说而得名。发源自青海各拉丹冬雪山的金沙江迢迢千里奔波到此，突遇玉龙、哈巴两座雪山的阻挡，原本平静祥和的江水顿时变得怒不可遏，江水在玉龙、哈巴两座雪山的夹峙下奔流向前，气势不凡。虎跳峡以奇险雄壮著称于世，分为上虎跳、中虎跳、下虎跳3段，多处险滩，虎跳峡一向以“险”而闻名天下，是万里长江第一大峡谷。

泸沽湖古称鲁窟海子，又名左所海，俗称亮海，位于丽江市宁蒗彝族自治县与四川省凉山彝族自治州盐源县之间。湖面海拔约2690.75米，面积约48.45平方公里，平均湖深40.3米，湖水清澈透明，最大能见度达12米。泸沽湖被当地人奉为“母亲湖”，四周森林茂密，空气清新，由于人烟稀少，目前仍是我国自然生态保护得最好的地方之一。湖畔居住着至今还保留着母系社会遗风的纳西族支系——摩梭人，这里也是民间传说中的“女儿国”。摩梭人是中国唯一仍存在的母系氏族社会，实行“男不娶，女不嫁”的“走婚”制度。走婚的男女双方分别叫“阿注”和“阿夏”，故称“阿注婚”。主要景点有草海、走婚桥、黑喇嘛寺、里务比岛等。

（二）大理游览区

大理白族自治州地处云南省中部偏西，东巡洱海，西及点苍山脉，是中国西南边疆开发较早的地区之一。全州辖一市十一县，居住着汉、白、彝、回、傈僳、藏、纳西等

26个民族，是一个以白族为自治民族的自治州，是闻名于世的电影《五朵金花》的故乡。州府所在地大理市，是滇缅、滇藏公路交会地，滇西的交通枢纽，历史上是我国与东南亚各国开展文化交流、通商贸易的重要门户，唐代南诏国和宋代大理国500年都邑所在地。大理地处低纬高原，四季温差不大，常年气候温和，土地肥沃，地域辽阔，资源丰富，山川秀丽，四季如春，以“风、花、雪、月”著称。其主要景区景点有大理古城、崇圣寺三塔、剑川石宝山石窟、宾川佛教圣地鸡足山，以及挺拔雄伟的苍山、明媚清澈的洱海、神奇美丽的蝴蝶泉等。

1．大理古城

大理古城简称叶榆，又称紫城，距大理市下关13公里，是中国首批24个历史文化名城之一。古城历史可追溯至唐天宝年间，南诏王阁逻凤筑的羊苴咩城，现存的大理古城是在明朝初年阳苴咩城的基础上恢复的，古城东临碧波荡漾的洱海，西依常年青翠的苍山，形成了“一水绕苍山，苍山抱古城”的城市格局，古城方圆12公里，规模壮阔，原城墙高7.5米，厚6米，东西南北各有城门一座，其上有城楼，壮丽雄伟。整座古城古朴幽静，城内流淌着清澈的溪水，白族传统民居古朴幽雅，呈现出“家家流水，户户养花”的景象。

2．崇圣寺三塔

位于大理古城西北部，西对苍山应乐峰，东对洱海，南有桃溪向东流过，北有梅溪，东靠滇藏公路。崇圣寺是大理历史上规模最为宏大的古刹，南诏丰祐年间曾有殿宇千间，大理国时期是皇家的寺院。崇圣寺三塔由一大二小三阁组成，大塔又名千寻塔，当地群众称它为“文笔塔”，通高69.13米，是大理地区典型的密檐式空心四方形砖塔。南北小塔均为十级，高42.17米，为八角形密檐式空心砖塔。三座塔鼎足而立，千寻塔居中，二小塔南北拱卫，雄伟壮观，显示了古代劳动人民在建筑方面的卓越成就。

3．蝴蝶泉

位于点苍山云弄峰麓神摩山下，是电影《五朵金花》的主景拍摄地。泉、蝶、夜合欢为蝴蝶泉“三绝”。泉水从岩缝沙层中涌出汇集成池，水质清冽；3～5月，种类繁多的蝴蝶汇集蝴蝶泉，并形成五彩缤纷、大小悬殊的蝴蝶成串悬挂于泉边合欢树上的情景，为一大奇观。泉边夜合欢树的花瓣昼开夜合，清香醉人。在白族人民心中，蝴蝶泉是一个象征爱情忠贞的泉。每年蝴蝶会，四方白族青年男女都要到这里，“丢个石头试水深”，用歌声找到自己的意中人。

4．剑川石宝山石窟

位于剑川县城西南25公里处，因山上的红砂石呈龟背状裂纹，如狮似象像钟，得石宝之名。剑川石窟位于云南剑川石宝山中，始凿于南诏时期。石窟分布在石钟寺、沙登箐、狮子关三个地点，共17窟，造像139躯。内容分为两类：一类是佛教题材，如佛、菩萨、观音、天王、明王、力士、胁侍、罗汉等；另一类是世俗题材，如南诏王、清平官、醉酒汉、阿央白等。剑川石窟以其典雅细腻的风格堪称中国石窟艺术的一绝，享有“西南敦煌”的美誉。

5. 鸡足山

位于云贵高原滇西北宾川县境内西北隅，西与大理、洱源毗邻，北与鹤庆相连，因其山势顶耸西北，尾迤东南，前列三支，后伸一岭，形似鸡足而得名。鸡足山是享誉南亚、东南亚的佛教圣地，中国十大著名佛教名山之一，是中国汉传藏传佛教交会地和世界佛教禅宗发源地，是迦叶菩萨的道场，是以展示佛教文化和生态景观为主的集佛事朝拜、佛学研究、观光旅游、科普科考为一体的多功能旅游景区东南亚著名佛教圣地，素有“鸡足奇秀甲天下”之美誉。景区内有金顶寺、楞严塔、铜佛殿、太子阁、迦叶殿、祝圣寺等寺庙。鸡足山素以“四观八景”的闻名于世，四观为东观日出、南瞰彩云、西望洱海、北眺雪山；八景为天柱佛光、华首晴雷、太子玄关、古洞别天、飞瀑穿云、万壑松涛、壁绝夕照、塔院月。

6. 苍山

又名点苍山，是云岭山脉南端的主峰，由十九座山峰由北而南组成，北起洱源邓川，南至下关天生桥。苍山十九峰，巍峨雄壮，与秀丽的洱海风光形成强烈对照，海拔一般均在 3500 米以上，有七座山峰海拔高达 4000 米以上，最高的马龙峰海拔 4122 米。苍山十九峰，每两峰之间都有一条溪水奔泻而下，流入洱海，形成著名的十八溪。雄伟壮丽的苍山横亘大理境内，峰顶异常严寒，终年白雪皑皑，在阳光下晶莹洁白，蔚为壮观。经夏不消的苍山雪，是素负盛名的“风花雪月”之最。

7. 洱海

位于云南大理市郊区，为云南省第二大淡水湖。洱海古称叶榆泽、昆弥川、西洱河、西二河等，由西洱河塌陷形成，因外形如同耳朵，故名。洱海是大理“风花雪月”四景之一“洱海月”之所在，是一个风光秀媚的高原淡水湖泊。洱海风光绮丽，景色宜人，岛屿、岩穴、湖沼、沙洲遍布，其景观可以概括为“三岛、四洲、五湖、九曲”，素有“银苍玉洱”“高原明珠”之称。

（三）香格里拉

位于云南省西北部，是滇、川及西藏三省区交会处，也是“三江并流”风景区腹地。“香格里拉”一词是迪庆中甸地区的藏语，其意为“心中的日月”，它是藏族同胞心目中的理想生活环境和至高无上的境界，香格里拉除主体民族藏族外还有汉族、纳西族、彝族、白族等十几个民族，是云南省面积最大、人口密度最低的市份之一。香格里拉市历史文化悠久，自然风光绚丽，拥有普达措国家公园、独克宗古城、噶丹松赞林寺、哈巴雪山等景点。

[知识链接]

香格里拉的来源及含义

“香格里拉”是英国小说家詹姆斯 · 希尔顿 (James Hilton) 在 1933 年发表的小说《消失的地平线》(*Lost Horizon*) 中所描绘的一块永恒的和平与宁静的土地。它是一个有着雪峰峡谷、金碧辉煌且充满神秘色彩的庙宇、被森林环绕着的宁静的湖泊、美丽的大草原及成群牛羊的世外桃源，而位处三江并流景区腹地的迪庆藏族自治州，却拥有《消失的地平线》中描写的一切，更加巧合的是，“香格里拉”一词是迪庆中甸地区的藏语，其意为“心中的日月”，它是藏族同胞心目中的理想生活环境和至高无上的境界，所以人们认定迪庆高原就是人们寻找了半个世纪的“香格里拉”，现迪庆州的中甸县已更名为香格里拉市。

1．三江并流

三江并流自然景观由怒江、澜沧江、金沙江及其流域内的山脉组成，涵盖范围达170万公顷，是世界上罕见的高山地貌及其演化的代表地区、世界上蕴藏最丰富的地质地貌博物馆，也是世界上生物物种最丰富的地区之一。景区跨越丽江市、迪庆藏族自治州、怒江傈僳族自治州三个市州。

景区内高山雪峰横亘，海拔变化呈垂直分布，从760米的怒江干热河谷到6740米的卡瓦格博峰，梅里雪山主峰卡瓦格博峰上覆盖着万年冰川，晶莹剔透的冰川从峰顶一直延伸至明永村森林地带，这是目前世界上最为壮观且稀有的低纬度、低海拔季风海洋性现代冰川。

景区有怒江、独龙江、澜沧江、金沙江等风景片区。奇特的“三江”并流、雄伟的高山雪峰、险要的峡谷险滩、秀丽的林海雪原、幽静的冰蚀湖泊、壮丽的白水台、广阔的雪山花甸以及独特的民族风情，构成了雄、险、秀、奇、幽的特色。

2．普达措国家公园

普达措是国家AAAAA级旅游景区、中国政府确立的第一个国家公园，位于迪庆藏族自治州香格里拉市境内，最高海拔4159米。拥有地质地貌、湖泊湿地、森林草甸、河谷溪流、珍稀动植物等，至今保持完整的原始森林生态系统，碧塔海、属都湖为其主要组成部分。

3．哈巴雪山

位于香格里拉市东南部，是喜马拉雅山造山运动及其以后第四纪构造运动的强烈影响下急剧抬高的高山，最高峰海拔5396米，而最低江面海拔仅为1550米。山势上部较为平缓，下部则陡峭壁立。整个雪山4000米以上是悬崖陡峭的雪峰、乱石嶙峋的流石滩和冰川。海拔4000米以下地势较缓，地貌呈阶梯状分布依次分布着亚热带、温带寒温带、寒带等气候带，山脚与山顶的温差达22.8℃。哈巴雪山分布着众多的高山冰湖群，其中，以黑海、圆海、黄海、双海风景最佳。

4．独克宗古城

位于迪庆藏族自治州香格里拉市，已有1300多年的历史，曾是雪域藏乡和滇域民族文化交流的窗口、川藏滇地区经济贸易的纽带、茶马古道的枢纽，也是马帮进藏后的第一站。“独克宗”，在藏语中包含了两层意思：一是“建在石头上的城堡”，二是“月光城”。后来的古城就是环绕山顶上的寨堡建成的，与此呼应的是在奶子河边的一座山顶上建立的“尼旺宗”，为“日光城”。2014 年 1 月，整个古城 2/3 面积被大火殃及，让数百座传承久远的建筑化为灰烬。

5．噶丹·松赞林寺

又称归化寺，是一座古镇规模的古堡群建筑。于 1679 年兴建，1681 年竣工。五世达赖喇嘛亲赐名“噶丹·松赞林”，是云南省规模最大的藏传佛教寺院，还是川滇一带的黄教中心，被誉为“小布达拉宫”。该寺依山而建，外形犹如一座古堡，集藏族造型艺术之大成，又有“藏族艺术博物馆”之称。寺院外围筑有椭圆形城垣，主殿威严而华美，殿内壁画色彩鲜艳，笔法细腻，以描述史迹典故，弘扬佛教教义为主。扎仓、吉康两大主寺建于最高点，居全寺中央。大寺坐北朝南，为五层藏式雕楼建筑，荟萃了藏族宗教文化的精华，金碧辉煌，造型丰富多彩。

三、滇西南游览区

（一）西双版纳风景名胜区

位于云南南部西双版纳傣族自治州境内，距昆明 740 公里。“西双版纳”一词系傣语，意为“十二个田赋单位”。景区包括景洪市风景区、勐海县风景区、勐腊县风景区三大片区，每一区内又有若干景区，共有 19 个风景区，800 多个景点，总面积 1202.13 平方公里。景观以丰富迷人的热带亚热带雨林、季雨林、沟谷雨林风光、珍稀动物和绚丽多彩的民族文化、民族风情为主体。该区有种类繁多的动植物资源，被称为动、植物王国，还有“植物物种资源的基因库”“植物王国桂冠上的一颗绿宝石”等美称。区内有许多珍稀、古老、奇特、濒危的动、植物，其中有罕见的冰川时期的天料木、老态龙钟的大榕树、坚硬的铁刀木、奇异的龙血树、美登木、被称为“活化石”的孑遗植物望天树、桫椤等，还有亚洲象、白腹黑啄木鸟、熊猴、绿孔雀等国家重点保护动物，有“孔雀之乡”“大象乐园”等美誉。世居西双版纳的有傣、汉、哈尼、布朗、拉祜、基诺、苗、佤等民族，其中 1/3 为傣族。西双版纳的傣族人大多是虔诚的南传上座部佛教教徒，男子从小都要去寺庙当一段时间的僧侣，学习傣族文化与佛教教义，所以这里几乎处处可见充满东南亚风情的佛寺、佛塔及披着袈裟的小和尚。

1．西双版纳傣族园

国家AAAA级旅游景区，是西双版纳唯一集中展示傣族历史、文化、宗教、体育、建筑、生活习俗、服饰、饮食、生产生活的民俗生态旅游精品景区。景区由五个保存最完好的傣族自然生态村寨群落组成，绿树掩映，竹楼环抱，梵音缭绕，浑然天成。千年不变的村寨群落，千年积淀的民俗风情，旖旎的亚热带庭院风光，神奇的佛教文化，花果飘香的世外桃源，西双版纳傣族园素有孔雀羽翎之美称，是傣家人的“人间天堂”。

景区主要活动内容有曼春满佛寺参观、傣家民居参观、赶摆、赕佛、天天泼水节、民族歌舞表演、孔雀观赏、曼听佛寺活动等。

2. 西双版纳热带植物园

全称中国科学院西双版纳热带植物园，当地人称勐仑植物园，是国家AAAAA级旅游景区，地处我国西南边陲的热带林海之中，位于罗梭江与勐仑地区交汇处的“葫芦岛”上，距离景洪75公里。植物园占地面积约为11.25平方公里，收集活植物12000多种，建有38个植物专类区，还保存有一片面积约2.5平方公里的原始热带雨林。园内有热带雨林区、名人名树园、百竹园、国树国花园、滇南热带野生花卉园、珍稀濒危植物迁地保护区、野生兰、奇花异木园、野生食用植物园、水生植物园、百花园、百香园、野生姜园等分区。

3. 野象谷

位于景洪市北部47公里的勐养镇，野象谷内沟河纵横，森林茂密，亚洲野象、野牛、绿孔雀、巨蜥、蟒蛇、犀鸟、豚尾猴、猕猴、黑熊、穿山甲、大灵猫，以及大量蝴蝶、鸟类和两栖类动物等在此栖息。这里是野象活动最为集中、频繁的地方，同时可观赏林间植物绞杀、植物板根及老茎生花等独特的热带森林景观，现已成为西双版纳的旅游热点。象谷通过高空观象栈道、雨林观光索道、亚洲象博物馆、亚洲象种源繁育基地、亚洲象表演学校等多个游览项目，游客得以在不干扰亚洲象生活的条件下安全地观察亚洲野象及其生存环境，这里成为中国唯一一处可以与亚洲野象近距离交流的地方，被誉为“人类与亚洲野象沟通的桥梁”。

（二）澜沧江

源出青海省唐古拉山，主干流总长度4909公里，其中国内长2139公里，流经青海、西藏和云南三省区，在云南省西双版纳傣族自治州勐腊县出境成为老挝和缅甸的界河，出境后始称湄公河，湄公河流经老挝、缅甸、泰国、柬埔寨和越南，注入南海。澜沧江藏语拉楚，意思为“獐子河”，是中国西南地区的大河之一，是世界第七长河，亚洲第三长河，东南亚第一长河，被誉为“东方多瑙河”。游览澜沧江可分上下两段：上段游览线从景洪出发，逆水而上至虎跳石，在虎跳石处，江面已渐渐收缩，最窄处仅20米左右，江水因此汹涌澎湃，两岸巨石参差不齐；下段游览线从景洪乘船而下，经橄榄坝至中、老、缅三国交界处，两岸礁石林立，山势险峻。澜沧江第一漂位于普洱市思茅区，离西双版纳水路85公里，漂流段水快流急，两岸植被丰厚，翠竹婆娑，怪石嶙峋，古树遮天蔽日，藤蔓攀崖附壁，野生动物繁多，风光秀丽无比。

四、滇西游览区

（一）腾冲

古称腾越，位于云南省西部，西北与缅甸为邻，历史悠久，古为“滇越国”，是古代西南丝绸之路的要隘，现在是云南缅玉的加工与集散地，又有“翡翠城”的美称。

腾冲素有“天然地质博物馆”之誉，是我国最为著名的火山密集区之一。它地处世界瞩目的阿尔卑斯—喜马拉雅地质构造带之印度板块和欧亚板块急剧聚敛的结合线上，地下断层非常发达，岩浆活动也十分剧烈，形成了典型的火山地热景观。境内分布着大大小小高高矮矮的火山，构成了一个庞大火山群景观，区内共有休眠期火山 97 座，其中火山口保存较完整的火山达 23 座，火山类型多样，火山堰塞湖、火山口湖、熔岩堰塞瀑布、熔岩巨泉等景观十分丰富，是名副其实的中国规模最大的天然火山博物馆。主要景点有大滚锅、黄瓜箐、鼓鸣泉、珍珠泉、眼镜泉、美女池等。

腾冲素有“天然植物园物种基因库”之称，国内和世界上稀有树种在腾冲得到了很好的保存，尤以大树杜鹃和云南山茶花闻名中外，其他的珍稀树种还有秃杉、红花油茶、银杏、红豆杉、香柏等。

除此之外，腾冲还有为纪念在反法西斯战争中牺牲在腾冲的 9168 名远征军官兵和 19 名盟军阵亡将士而建的腾冲国殇墓园，墓园肃穆壮观，值得后人凭吊游览。

（二）瑞丽江—大盈江风景名胜区

位于德宏傣族景颇族自治州，与缅甸接壤。景区内瑞丽江、大盈江，江水荡漾，白鹭、野鸭群飞，两岸熔岩千姿百态，树葱竹翠，缅寺、古塔众多，别具风姿。这里还保持着原始生态群落，珍稀濒危动植物较多，包括白眉长臂猿、绿孔雀等 43 种国家级保护动物，娑罗双树、岩胡桐等 14 种濒危植物，还有独树成林的大叶榕树王和我国最早引种的橡胶母树。景区以山绿、树奇、水美而闻名，有峡谷、溶洞、温泉等自然景观。这里还是傣族、景颇族、阿昌族、德昂族主要居住地，民俗风情浓郁多姿，还有众多的新石器时代的古人类活动遗址、“西南丝道”遗址以及古城、关隘等人文景观。

五、滇东南游览区

（一）普者黑风景名胜区

位于文山壮族苗族自治州丘北县城以北 13 公里处，距昆明 286 公里。在景区内有孤峰 312 座，大溶洞 83 个，天然湖泊 54 个，河流 15 条，地下暗河总长达 120 公里，在一座座散落的孤峰间，延绵环绕着 40 里水路、万亩野生荷花、一望无际的桃园和世界最大的岩溶湿地，被誉为“世间罕见、中国独一无二的喀斯特山水田园风光”。景区由普者黑、温浏和冲头三个片区，及革雷、歹马两条瀑布组成。景区景观独特、类型多样、内容丰富，具备了秀、奇、古、纯、幽的特点。它将幽静秀丽的高原湖泊群、苍翠叠嶂的孤峰群、鬼斧神工的溶洞群，以及险恶的峡谷、壮观的瀑布、仙境般的云海、罕见的古代文化遗址、绚丽多彩的民族风情巧妙融为一体，包含了以喀斯特湖群、洞群、峰群和峡谷景观为主的自然景观，以及古崖画、革命纪念地、少数民族风情等人文景观。

（二）建水风景名胜区

位于建水县境内，距昆明 299 公里。景区包括中国历史文化名城建水古城和著名的风景区燕子洞两大部分。

建水古称临安，自元代以来就是滇南政治、文化、交通中心，文化发达，人才辈出。有保存完好、规模宏大的文庙，以及朝阳楼、双龙桥、指林寺、朱家花园等一大批古建筑。整座古城有古寺庙近百所，还有许多保存完好的古式民居，以哈尼族草顶房和彝族土掌房为代表，堪称“古建筑博物馆”。此外，还有以朱德故居为代表的遍布革命先辈足迹的革命遗址纪念地。

燕子洞是“亚洲最大、最壮观的溶洞之一”，这里春夏有百万只雨燕飞舞巢居，还有丰富多彩的钟乳奇观、峭壁悬匾以及当地人采撷燕窝的绝技，每年都吸引着无数中外游人前来一饱眼福。

【任务训练】

以小组的形式，通过教材或其他方式了解云南旅游景点，获得旅游景点信息，以“七彩云南之旅”为旅游主题，推荐相应的旅游景点。每组选出 1 名同学代表小组阐述任务完成的过程，讲解推荐的旅游景点及推荐的理由。

【任务评价】

表9－3－1　云南旅游区任务训练评价

评价指标	评价分值											
	自我评价				组间评价				教师评价			
	A	B	C	D	A	B	C	D	A	B	C	D
景点推荐												
推荐理由												
阐述过程												
讲解水平												
团队合作												
总体印象												

A：优秀　B：良好　C：一般　D：欠佳

任务四　广西旅游区

广西壮族自治区，位于中国华南地区西部，自东至西分别与广东、湖南、贵州、云南接壤，南濒北部湾、面向东南亚，西南与越南毗邻，是西南地区最便捷的出海通道，在中国与东南亚的经济交往中占有重要地位。因大部分地区属于秦统一岭南设置桂林郡而简称桂，是中国五个少数民族自治区之一，中国唯一一个沿海自治区，首府南宁市。广西属亚热带季风气候区。广西旅游资源得天独厚，丰富多彩，山海兼备，有自然景观、人文景观、民俗风情等。

◆【任务目标】

1. 学生自行寻找广西壮族自治区旅游区游览图，根据下面旅游行程线路，在图中标注旅游线路。

瀑布海岛风情 6 日游：

D1: 北京乘坐飞机至桂林；

D2: 桂林：龙脊梯田、义江缘景区；

D3: 桂林—漓江—阳朔：漓江、银子岩、《印象 · 刘三姐》山水实景演出；

D4: 阳朔—北海：南溪山公园、榕杉湖景区；

D5: 北海：银滩、北海老街；

D6：北海—南宁—北京：游览青秀山后，前往机场乘坐飞机返回北京。

2. 根据广西壮族自治区旅游区游览图，了解广西旅游区的主要旅游景区景点。

◆【任务分析】

要想了解广西旅游区的主要旅游景区景点，首先要了解广西旅游区的旅游特色，掌握广西旅游景区景点分布情况，熟悉各旅游景区景点的特点。

◆【知识准备】

一、桂林游览区

桂林位于广西壮族自治区东北部，是世界著名的旅游城市、国家历史文化名城，其境内的山水风光举世闻名，千百年来享有“桂林山水甲天下”的美誉。桂林北接湖南、贵州，西面、南面与柳州市相连，东面与贺州市毗邻，属山地丘陵地区，为典型的“喀斯特”岩溶地貌，遍布全市的石灰岩经亿万年的风化侵蚀，形成了千峰环立、一水抱城、山清水秀、洞奇石美的独特景观。其中最具有代表性的景点有漓江、象鼻山、伏波山、南溪山、尧山、独秀峰、七星岩、芦笛岩、甑皮岩、冠岩、明代王城、靖江皇陵、榕湖、杉湖、木龙湖等。

桂林作为历史文化名城有七大主要特色文化：以甑皮岩遗址为代表的史前人类文化；以灵渠为代表的古代军事水利文化；以桂海碑林为代表的摩崖石刻和山水诗文文化；以靖江王府、王陵为代表的明代藩王文化；以西南剧展为代表的抗战文化；以八路军桂林办事处旧址和红军长征突破湘江烈士纪念碑园为代表的中国革命文化；以李宗仁官邸及故居、徐悲鸿故居为代表的名人故居文化。桂林现拥有《印象·刘三姐》、愚自乐园、五通农民画 3 个全国文化产业示范基地。

（一）漓江景区

漓江，历史上曾名桂水，或称桂江、癸水、东江，漓江属珠江水系的桂江上游河段，发源于桂林东北兴安县猫儿山，流经桂林、阳朔、至平乐县恭城河口。

从桂林至阳朔的 83 公里漓江河段，呈现“江作青罗带，山如碧玉簪”的胜景，以漓江风光和溶洞为代表的山水景观有山清、水秀、洞奇、石美“四绝”，又有深潭、险滩、流泉、飞瀑“四胜”，令人有“船在水中游，人在画中游”之感。沿途奇峰夹岸、碧水潆洄、青山浮水等奇妙风光不断涌现，主要景点有净瓶卧江、鲤鱼挂壁、童子拜观音、九马画山等数十处。

（二）独秀峰—王城景区

位于桂林市漓江之畔，包含山形秀美的独秀峰和整个明代靖江王府。景区内自然山水风光与历史人文景观交相辉映，自古以来就有“城中城”的美誉。

独秀峰位于桂林靖江王城内，史称桂林第一峰，有“南天一柱”的赞誉。山峰突兀而起，形如刀削斧砍，周围众山环绕，孤峰傲立，有如帝王之尊。峰壁摩崖石刻星罗棋布，纵横出世，特别是“桂林山水甲天下”这千古名句的真迹就题刻于此。峰下的太平岩洞内有世界文化奇观“太岁”摩崖石刻。此外，山上建有玄武阁、观音堂、三客庙、三神祠等，山下有月牙池等景观。

自古以来，靖江王城景区被奉为桂林的风水宝地，更是整个桂林城市的发祥地。王城坐落于桂林市中心，是明太祖朱元璋的侄孙朱守谦被封为靖江王时修造的，至今已有 640 多年的历史，比北京故宫建成的时间还早。它有承运门、承运殿、寝宫，左建宗庙，右筑社坛。围绕主体建筑还有 4 堂、4 亭和台、阁、轩、室、所等 40 多处，占地 19.78 公顷。王城内红墙黄瓦，云阶玉壁，辉煌壮观。

（三）阳朔

位于广西壮族自治区东北部，属桂林市管辖，县城距桂林市区 65 公里，独特秀美的山水风光得到了“阳朔山水甲桂林”的美誉。阳朔建县始于隋开皇十年（590 年），距今已 1400 余年。在 2014 年中国最美丽县名单中，阳朔以秀领天下美位居第一。阳朔境内有各种奇特的山峰 20000 多座，蜿蜒于万山丛中的大小河流 16 条，我国明代著名的旅行家徐霞客将其称为“碧莲玉笋世界”。此外，阳朔还有传说中壮族歌仙刘三姐抛绣球定情的千年古榕，有国内外游客叹为观止的月洞奇观，以及有“小漓江”之称的遇龙河；镇内碧莲峰下古道摩崖石刻及古朴的街道与建筑等构成了阳朔独特的人文风光，特别是声名远播的阳朔西街，是众所周知的“洋人街”。

（四）龙脊梯田

位于龙胜各族自治县龙脊镇平安村龙脊山，梯田分布在海拔 300 ～ 1100 米，最大坡度达 50 度，前往梯田几乎都是盘山公路，一直升到海拔 600 米以上，到梯田时海拔达到 880 米。

龙脊梯田始建于元朝，完工于清初。梯田分为金坑（大寨）瑶族梯田观景区和平安壮族梯田观景区。两处梯田既有大刀阔斧的砍削，又有丝丝入扣的精雕细琢，既显得气势磅礴，又含着清秀的艺术情调。由于山行各异，呈现两种互不雷同的诗域画境。两者一南一北如双壁辉映，分别构成北壮和红瑶两个文化空间，可谓组合巧妙，相互辉映。平安梯田内有“九龙五虎”和“七星伴月”两个独特的景观。金坑（大寨）红瑶梯田，因出产金子得名，有三个观景点，分别为西山韶乐、大界千层天梯、金佛顶，三个景观点构成一个远离世俗的洞天福地。大界千层天梯可以看到层层的梯田似楼梯一样直砌云端好比登天的梯。西山韶乐景点可以看到兴安的猫儿山和龙胜各族自治县龙脊景区内海拔 1918 米的最高峰——福平包，可俯视 40 ～ 50 平方公里的梯田景观。金佛顶景点可以看到“雄鹰展翅”和“金线吊葫芦”及日落的景观。

（五）义江缘景区

位于素有风情长廊的桂林西北旅游线上，距市区 32 公里。这里聚集了苗、瑶、侗、壮等十多个少数民族，雄浑的大山中原始森林、高山瀑布、峡谷激流和火热的民俗风情交织在一起，形成桂林独特亮丽的旅游景观，有“桂林风情第一村”的美誉。 义江缘是一个以临桂文化为背景，桂西北少数民族风情为主题的大型景区。在这里，可以近距离领略桂西北特有的农家风貌、农耕文化和田园风光，也可领略到临桂八景之首的“义江风光”；可以和壮族歌仙对歌，聆听“侗族大歌”的天籁之音、感受瑶族长发的奇特风俗，还可游览义江两岸少数民族的各种风情、建筑景观。

（六）南溪山公园

位于桂林市区南，因南溪萦绕而得名。它有东西两峰，彼此并列，耸拔千尺，北面有峭壁，其山石洁白。雨后天晴，云雾初散，阳光照映在山石上，会反射出耀眼的光彩，在古代“南溪新霁”就是桂林八景之一。公园内有南溪山，山上有白龙洞、刘仙岩等多个岩洞。南溪河上还建有白龙桥，南溪山北溪边有白龙泉，为桂林名泉之一。南溪山两峰对峙，高突险峻，犹如两扇白色屏风，南溪河从山北穿公园潺流过。南溪山的最早开发者是唐宝历年间的桂管都防御观察使李渤，他酷爱此山的碧水幽林，今山洞中尚存其《留别南溪》诗的石刻。

（七）榕杉湖景区

榕杉湖景区位于桂林城中央，是一个水体相连的连心湖，以阳桥为界，东为杉湖，西名榕湖，因湖岸生长的榕树、杉树而得名。榕杉湖是最能体现“城在景中，景在城中”的山水格局。杉湖中坐落着一座日月双塔，日塔为铜塔，位于湖中心，高 41 米，共 9 层，月塔为琉璃塔，高 35 米，共 7 层。两塔之间以 18 米长的水下水族馆相连。整座铜塔涵盖了三项世界之最——世界上最高的铜塔，世界上最高的铜质建筑物，世界上最高的水中塔。榕湖上的北斗桥东连湖心岛，西连古南门，因桥形布局走向按北斗星分布而得名。桥面栏杆全部用房山高级汉白玉打制，是广西目前最长的汉白玉桥。

二、南宁游览区

南宁，简称邕，古称邕州，是广西壮族自治区首府，也是广西政治、经济、文化、交通中心。南宁是一座历史悠久的文化古城，自古就是我国南方的边陲重镇和著名商埠，现在则是一个以壮族为主的多民族聚居的现代化城市。南宁具有得天独厚的自然条件，四季常青，满城皆绿，有“绿城”的美誉。南宁有明山锦绣、望仙怀古、伊岭神宫、龙虎猴趣、邕江春泛、凤江绿野、九龙戏珠等景观。此外，南宁广西博物馆以拥有众多铜鼓而著名，目前世界上最大的铜鼓就在其中。

（一）大明山风景区

地处广西中部偏南的南宁市武鸣、上林、马山和宾阳四县交界处，是广西中部弧形山脉西翼的一组大山，主峰龙头山海拔 1 764 米，为桂中南最高峰。这里保留着大面积的自然生态系统，有植物 1 700 多种，珍稀动物 40 多种，是天然的动植物园。山中四季分明，景色迷人，以春岚、夏瀑、秋云、冬雪为胜，素有“广西庐山”之称，由于北回归线从此通过，又被称为北回归线上的绿色明珠。

（二）伊岭岩风景区

南宁市著名风景区，距南宁市区仅 21 公里。伊岭岩是一座典型的喀斯特岩溶洞，素有“地下宫殿”之美称，被誉为大自然艺术宝库。洞深 45 米，面积 24000 平方米，游程 1100 多米，共含 8 大景区、100 多个景点。洞内石笋、石柱、石幔、石花自成形象，惟妙惟肖，在洞中游览，宛如置身仙境，美不胜收。伊岭岩风景区的壮乡风情非常精彩，受当地民风民俗和壮族文化的熏陶，伊岭岩风景区在发展过程中形成了独特的历史文化和人文景观。

（三）花山风景名胜区

位于南宁市西南崇左市宁明、龙州两县境内，以大量的古代壮族的山崖壁画为主要特色，分布于 2800 多平方公里范围之内，大壁画有 64 处，最集中的是花山和明江。花山崖壁画的创作年代，为春秋战国时期，距今已 2000 多年了。花山临江的一幅画面全长约 200 米，高约 40 米，有各种人物图像 3100 余幅。人像最大的高达 3 米，最小的只有 30 厘米。这些崖壁画，或三五为组，或千百为群，多画在下临深渊、上难攀缘的河道拐弯绝壁之上，并有各种鸟兽和圆形图案。全部画像是用赭红色单线色勒，线条粗犷，形象传神。

（四）扬美古镇

位于南宁市的西南部，距离南宁市区 36 公里。扬美古镇始建于宋代，繁荣于明末清初。

扬美是南宁市明清古建筑保留得最为完整的地方，保留下来的文化遗产遍布全镇，以古镇、老街、碧水、金滩、奇石、怪树著称。现保留较为完整的景点有清代一条街、明代民居、魁星楼、黄氏庄园、古埠码头等。

三、北海游览区

北海，是中国古代“海上丝绸之路”始发港，是中国西部地区唯一的沿海开放城市，是中国西部唯一具备空港、海港、高速公路和铁路的城市，是享誉海内外的旅游休闲度假胜地。北海三面环海，风光旖旎，气候宜人，集海水、海滩、海岛、海鲜、海洋文化、海洋运动于一身，构成了一个完整的海洋旅游系列。市区内主要景点有北海银滩、涠洲岛、星岛湖、冠头岭国家森林公园、山口国家级红树林生态自然保护区、美人鱼国家自然保护区、国家级红树林自然保护区等。其中北海银滩有“天下第一滩”美誉，以“滩长、沙白、水净、浪软、无鲨鱼”而名扬天下，还拥有北海特有的珍珠文化和广西少数民族的特有风情。涠洲岛是中国最年轻的火山岛，也是广西最大的海岛。其沿海海水碧蓝见底，海底活珊瑚、名贵海产瑰丽神奇，种类繁多，这里堪称人间天堂。它与距离其东南方向约 9 海里处的斜阳岛合称为大小蓬莱。红树林是热带、亚热带海岸潮间带特有的胎生木本植物群落，素有“海上森林”之称，幽秘神奇、倚海而生，随潮涨而隐、潮退而现，是国家级重点保护的珍稀植物。红树胎生的方式非常特殊，红树种子成熟以后不掉落，而是在母树上发芽，向下伸展出幼根，将胎根暴长成茎，上端生出两片叶子，变成一棵幼树。

四、柳州游览区

又叫龙城，位于广西壮族自治区中北部，地形为“三江四合，抱城如壶”，所以又称“壶城”。柳州是山水景观独特的历史文化名城，至今已有 2000 多年的历史。

柳州市主要有鱼峰山、柳侯祠、大龙潭、马鞍山奇石市场等景区景点，以山清、水秀、洞奇、石美、林茂为特点，其中鱼峰山在柳州城区，相传为壮族歌仙刘三姐传歌处，现在仍然是壮族对歌的主要场所，因“山小而高，其形如立鱼”而得名。山上有清凉洞、玉洞、盘古洞、纯阳洞、阴风洞、蠡斯岩、三姐岩等七个溶洞，彼此贯通，洞内钟乳千奇百怪，更有元明以来的摩崖石刻 50 余处。柳侯祠风景区内有柳侯祠、柳侯衣冠冢、罗池、柑香亭等景点，多为纪念柳宗元所建，祠内的《韩文苏书柳事碑》，有“三绝碑”之誉。大龙潭风景区为柳州南郊一处天然山水园林，恬静优美。

柳州是一座壮族、汉族等 30 多个民族相聚而居的城市，其中壮族和侗族是柳州最古老的土著世居民族，他们分别属于先秦百越不同的越系分支后裔。柳州民族风情独具神韵，壮族的歌、瑶族的舞、苗族的节和侗族的楼，堪称柳州“民族风情四绝”。瑶族的民族歌舞，旋律、歌词、服装与舞姿、形象与道具均独具特色，民族色彩极为浓郁。拥有的 18 种舞蹈中尤以长鼓舞、捉龟舞、黄泥鼓舞、盘古兵舞、八仙舞、白马舞、狩猎舞、蝴蝶舞、三元舞、师公舞最为盛行。每年农历六月初六、七月初七、十月十六等瑶族节日都可以看到各种瑶舞的表演。苗族在漫长的历史中，孕育了众多的祭日、纪念日、丰收日，最后演化成民族节日。在诸如苗年节、芦笙节、拉鼓节、芒歌节、新禾节、斗马节等众多的节日里，总可以听到苗乡最动听的芦笙曲，欣赏到优美的芦笙舞表演。另外，苗族的挑花、刺绣、蜡染、织锦、首饰制作等工艺，瑰丽多彩，在国际上享有盛名。侗楼是独具特色的木建筑，它与侗家风雨桥都是侗族村寨醒目的标志，其高超的建筑技艺令人惊叹。此外，侗锦、侗布、挑花、刺绣以及银饰工艺品等，都充分表现了侗族多彩多姿的传统文化特色。

【知识链接】

程阳风雨桥

又叫永济桥、盘龙桥，位于广西壮族自治区柳州市三江侗族自治县县城古宜镇的北面20公里处，是广西壮族地区众多具有侗族韵味的风雨桥中最出名的一个，是全国重点文物保护单位。程阳风雨桥建于1916年，是侗寨风雨桥的代表作，也是目前保存最好、规模最大的风雨桥，集桥、廊、亭三者于一身，在中外建筑史上独具风韵。这座横跨林溪河的大桥，为石墩木结构楼阁式建筑，2台3墩4孔。墩台上建有5座塔式桥亭和19间桥廊，亭廊相连，浑然一体，十分雄伟壮观。桥面架杉木，铺木板，桥长64.4米，宽3.4米，高10.6米，桥的两旁镶着栏杆，好似一条长廊；桥中有5个多角塔形亭子，飞檐高翘，犹如羽翼舒展；桥的壁柱、瓦檐、雕花刻画，富丽堂皇。整座桥雄伟壮观，气象浑厚，仿佛一道灿烂的彩虹。它的建筑惊人之处在于整座桥梁不用一钉一铆，大小条木，凿木相吻，以榫衔接。全部结构，斜穿直套，纵横交错，却一丝不差。桥上两旁还设有长凳供人憩息。

五、桂东南游览区——桂平西山风景名胜区

位于广西壮族自治区东南部的桂平市区内。桂平西山以“石奇、树秀、茶香、泉甘”著名，这里峰峦嵯峨，数十乃至百余立方米的巨石叠嶂，中有怪石嶙峋，石径曲幽，石树参天，绿荫匝地，自然景观壮丽。西山景区历史悠久，是广西保存最完整的佛教圣地。景区内有著名的风云之旅——金田起义旧址、佛教圣地——龙华寺、山水之旅——大藤峡风景区、避暑天堂——龙潭国家森林公园、道教奇观——白石山风景区、奇异之旅——大平山风景区、岩月奇景——罗丛山风景区、璀璨明珠——北回归线标志园等景观，被称为“旧八景”，还有灵湖叠翠、险峰朝阳、虹桥鼎泉、龙亭观日、栈道悬碧、松海听涛、濂溪飞瀑、长峡会仙，被称为“新八景”。

六、桂西北游览区——百色乐业大石围天坑

乐业天坑群位于百色市乐业县同乐镇，在方圆不到20平方公里的崇山峻岭里，分布着24个天坑，是世界上最大的天坑群，目前已开发的有大石围天坑、白洞天坑、穿洞天坑等。其中大石围天坑为乐业天坑群中的代表，形成于大约6500万年以前，是一块鲜为

人知的秘境，集险、奇、峻、雄、秀、美于一体，是世界上罕见的旅游奇观。大石围地下洞口宽约20米，高约40米，地下溶洞中，巨大的石笋、石柱、石瀑、石帘等千姿百态，晶莹剔透，犹如一片巨大的宝藏，铺满晶莹闪烁的宝石，令人惊叹。洞中有两条宽7～13米的地下暗河，是广西目前河流量最大、流程最远的地下暗河之一，水流湍急，最神奇的是河水一热一冷。大石围天坑地下原始森林面积9.6万平方米，垂直深度613米，东西长600米，南北宽420米，容积约0.8亿立方米，其地下森林面积位居世界第一，深度位居世界第二，容积位居世界第三。原始森林底部地下溶洞高50～200米，宽70～150米，大石围天坑底部暗河下游6公里处，有一处宽30～50米，高约100多米的瀑布，被称为地下第一大型瀑布。站在大石围天坑的观景台，远眺前方峭壁，上面清晰地显现着一幅倒着的"中国地图"，整个"中国地图"的总面积约9600平方米，堪称"中国地图"之最。

[任务训练]

以小组的形式，通过教材或其他方式了解桂林山水，获得旅游景点信息，选出1名同学代表小组，以模拟导游员的形式进行讲解。

[任务评价]

表9－4－1 广西旅游区任务训练评价

评价指标	评价内容	组间互评				教师建议			
		A	B	C	D	A	B	C	D
导游仪容仪表	着装整洁大方得体，仪容仪表规范								
导游服务规范	服务讲解规范，合理运用态势语言								
导游对旅游景点介绍	推荐最佳旅游线路、经典景点								
	选择最佳介绍方法								
	突出核心介绍内容								
通用能力	与顾客之间的有效沟通								
	语言表达能力、应变能力								
努力方向：									

A：优秀　B：良好　C：一般　D：欠佳

[单元练习]

模拟训练

1. 以"壮美大瀑布、神奇喀斯特休闲度假之旅"为旅游主题，推荐贵州旅游景点。
2. 以"桂林—漓江—阳朔自然风光之旅"为旅游主题，设计一条合理旅游线路。
3. 以模拟导游的形式讲解丽江古城。

单元十　雪域高原、圣山圣湖、藏乡文化游——青藏旅游区

任务一　青藏旅游区旅游特色

本旅游区包括青海省和西藏自治区，地处我国西南边陲，西部和南部与印控克什米尔地区、印度、尼泊尔、不丹、缅甸相接壤，东部、北部与四川、甘肃、云南、新疆维吾尔自治区相邻，面积约195万平方公里。该区地处我国地势的第一阶梯，号称“世界屋脊”与“第三极”，特殊的地形地貌与独特的高原气候形成了本区独特的高原自然风光。区域内高山横亘，冰川广布，河湖众多，地热资源充足，气候高寒，天气变幻莫测，植被以高山草甸、草原和高寒荒漠为主，地理环境复杂严酷，人口稀少，原生性较强。本区受藏传佛教影响深远，宗教建筑叹为观止，藏族民风民俗纯真质朴、藏乡文化艺术精深久远，人文景观和自然景观相映成趣，旅游开发潜力巨大。

◆【任务目标】

根据本区的旅游特色，推荐本区旅游主题。

◆【任务分析】

要想推荐本区的旅游主题，首先要了解本区的地理环境，掌握本区旅游景观特色，了解本区特色旅游资源的类型、功能及成因。

◆【知识准备】

一、高原自然景观特色鲜明

（一）高山横亘、冰川广布

本区占据青藏高原的绝大部分，高原景观特色鲜明。境内地形复杂多样，既有巍峨高耸的大山，也有大小不一的盆地，既有起伏不平的高原丘陵，也有坦荡肥沃的草原，高原为主要地貌形态。在宽阔的高原内部横亘着诸多巨大山脉，构成了高原的基本骨架，区域平均海拔高于4000米，高山与极高山较为普遍，因高峻挺拔而被称为“世界屋脊”。代表性的山脉有阿尔金山、祁连山、昆仑山、唐古拉山、喀喇昆仑山、冈底斯山、念青唐古拉山、喜马拉雅山、横断山脉等。在高原内部山脉间还分布着辽阔的高原、盆地和

谷地，如藏北高原、青海高原、藏南谷地、柴达木盆地、西宁盆地等。盆地与谷地面积不大，却是人口、城镇集中、经济发达的地区。青藏高原还是世界中、低纬度的低温中心，现代冰川与冻土广泛分布，大面积冰川及广泛的积雪，形成了一座高山固体水库，夏季消融，补给河流，成为干旱地区的主要水源。山岳冰川种类齐全，形态丰富，冰蚀地貌和冰碛地貌分布广泛，地下还分布有面积广阔的多年冻土区，形成了冻土地貌。

（二）河湖众多，地热资源充足

本区是我国河流、湖泊最多的地区之一，高峻的地势使其成为亚洲和我国大江大河的源头。著名河流黄河、长江、澜沧江、金沙江、怒江、雅鲁藏布江主要源于此。本区湖泊数以千计，湖泊面积占全国湖泊面积的 1/3 以上，其中以内陆湖与咸水湖居多。代表性的湖泊有青海湖、扎陵湖、鄂陵湖、纳木错、羊卓雍错等。该区位于印度洋板块与亚欧板块的碰撞地带，形成了丰富的地热资源，拥有地球上已发现的 20 多种地热类型，如著名的羊八井就位于该区。

（三）独特的高原气候

高峻的地势形成了该区独特的高原气候，空气稀薄，气压较低，尘埃、水汽与氧气含量少；大气透明度高，日照时间长，辐射强烈，是全国太阳辐射总量、日照时数最多的地区，如拉萨享有“日光城”之称；气候寒冷，气温年较差小，日较差大，有“一年无四季，一天有四季”之称；干湿季分明，天气变化无穷，多大风、雷暴和冰雹天气。此外，由于海拔高度的影响，该区具有多种多样的区域气候及明显的垂直气候带。

（四）复杂多样的生物景观

由于地势和气候的影响，本区植被具有耐寒、耐干、耐盐、抗风的特征。地表景观主要表现为高山草甸、草原和高寒荒漠等景观。区内的原始森林主要分布在雅鲁藏布江流域、横断山区和青海省东南部，森林里分布有多种珍稀动植物，如冬虫夏草、雪莲、黑颈鹤、雪豹、白唇鹿、藏羚羊等，众多种类的野生动植物使空旷寂寞的高原充满了勃勃生机。

（五）奇特的自然景观

本区特殊的地域单元，加之受高度的影响，孕育了丰富的自然景观，区内高原广阔，山脉绵延，山峰高耸，银装素裹，湖泊众多，雪山倒映，蓝天白云，冰川林立，别有一番风姿。险峻的高峰是登山探险旅游的胜地，江河源头、众多湖泊是开展漂流等水景旅游活动的黄金地段，夏季草原秀美，气候凉爽，又是避暑佳处，独特的地貌形态、江河湖泊水文、冰川冻土及丰富的动植物资源又是科学考察的理想之所，也是观光、摄影、写生的绝佳胜地。

二、藏传佛教文化影响深远

藏传佛教是佛教传入西藏后在特殊的地理环境和历史背景下发展起来的佛教形式之一。7 世纪初，松赞干布统一全藏，建立吐蕃王朝，佛教开始在西藏一带传播，并与当地原始宗教——苯教相结合，形成了具有强烈地方色彩的藏传佛教，俗称“喇嘛教”，并演化出了一系列教派，其中黄教（格鲁派）在藏族地区影响最大。千百年来藏传佛教文化作为藏族文化的核心，深刻影响了藏族社会及生活的方方面面。这种文化影响的最大积淀就是该区拥有大量的宗教建筑、宗教艺术品、宗教文学与特殊的民风民俗，它们已成为藏族文化的重要组成部分，成为藏族文化的特色与魅力所在。如随着藏传佛教的传播，该区拥有诸多闻名于世的宗教建筑，以西藏自治区为例，全区拥有大小寺庙2000余座，有著名的宫堡式建筑群布达拉宫、唐代古刹大昭寺、高原夏宫罗布林卡、黄教名寺扎什伦布寺等世界上知名度很高的庙宇梵宫。这些宫、寺作为文化景观资源，具有浓厚的民族特色、宗教气氛和神秘的情趣。再如藏族节日也多与宗教有关，如燃灯节、藏历新年、雪顿节、沐浴节、旺果节、萨噶达瓦节、燃灯节、驱鬼节等。

三、浓郁的藏族风情与深厚的藏乡文化艺术

青藏旅游区是我国少数民族聚居的主要地区之一。青海省的少数民族主要有藏族、回族、蒙古族、土族、撒拉族、哈萨克族。西藏自治区的少数民族主要有藏族、门巴族、珞巴族、回族，其中藏族占全国藏族人口的45%。因此，藏族是该区少数民族中的主体民族。藏族人民在与严酷的自然环境斗争中，形成了具有强烈地域特色的民俗风情与文化艺术，特别是在文学、音乐、舞蹈、绘画、雕塑、建筑艺术等方面都有丰富的文化遗产。藏族礼节独特，有献哈达、磕头、鞠躬、敬酒、敬茶等。藏族禁忌较多，在行为、宗教、语言、食物及生产劳动等方面都有许多禁忌。藏族饮食与众不同，当地人民以肉制品为主食，喜欢喝酥油茶，吃糌粑，饮青稞酒。藏族人民能歌善舞，歌声高亢嘹亮，穿云裂石，舞蹈形式多样，舞姿豪迈舒展。缓慢时如鹰翔谷底，快舞时如鹰击长空，整个舞姿无拘无束，潇洒自如。藏族文学丰富多彩，在数量上居中国少数民族前列，如《格萨尔王传》是已知世界上最长的说唱史诗，《仓央嘉措情歌》已享誉世界。藏医药学是中华医学的重要组成部分，已有2000多年的历史，具有完整的理论体系、独特的治疗方法和浓郁的民族特色。在艺术方面，藏戏独具特色，它起源于8世纪藏族的宗教艺术，17世纪时从寺院宗教仪式中分离出来，逐渐形成以唱为主，唱、诵、舞、表、白、技等基本程式相结合的生活化表演。每年的“雪顿节”是藏戏班子纷纷演出的日子，故雪顿节有“藏戏节”之称。藏戏历史悠久，具有缜密的表演程式，在藏族人民精神生活中具有无法替代的地位。同时，藏戏的剧本也是藏族文学的一个高峰，它既重音律，又重意境，大量应用格言、谣谚和成语，甚至还在情节中穿插寓言故事，保留了藏族古代文学语言的精华。

四、特色鲜明的民间工艺品及风味美食

青藏旅游区地域辽阔，环境复杂，野生动植物资源丰富，藏族文化深厚，民族工艺品生产历史悠久，技术精湛，旅游商品具有浓厚的地方特色。代表性的特色商品有：昆仑山的彩石与软玉，塔里木盆地的盐雕，吉祥的五色哈达，金光闪闪的藏式金花帽，柔

软保暖的藏毯，五彩斑斓的酥油花，制作精美的唐卡，造型各异的藏银饰以及各种金银器，节大、疙瘩多的树节刻成的木碗，打制精细、锋利的藏刀等；有藏牦牛肉、青海湖湟鱼、西藏雪鸡等名贵食物；有猞猁皮、黑紫羔皮等名贵毛皮；有雪莲花、鹰香、贝母、高原丹参、熊胆、当归、人参果、雪灵芝、鹿青、天麻、冬虫夏草、藏红花等享誉国际的珍贵藏药。风味美食有糌粑、青稞酒、酥油茶、风干肉、牦牛肉、油炸青海湟鱼、酿皮、凉面、甜醅、酸奶、狗浇尿、羊杂碎、麻森、尕面片等。

【任务训练】

表10－1－1　青藏旅游区旅游主题

名称	推荐理由	根据主题推荐的旅游景区或景点

【任务评价】

表10－1－2　青藏旅游区旅游主题任务评价

评价指标	评价分值											
	自我评价				组间评价				教师评价			
	A	B	C	D	A	B	C	D	A	B	C	D
主题准确、鲜明												
推荐理由合理												
景点把握熟练												
团队合作												
总体印象												

A：优秀　B：良好　C：一般　D：欠佳

任务二　青海旅游区

青海省，因境内有国内最大的内陆咸水湖——青海湖而得名，简称青。位于中国西部，雄踞世界屋脊青藏高原的东北部，与甘肃省、新疆维吾尔自治区、西藏自治区、四川省相接壤。总面积 72.23 万平方公里，省会西宁。因是长江、黄河、澜沧江的发源地，又被称为“江河源头”“三江源”，素有“中华水塔”之美誉。青海省历史悠久，是中华民族文明的发祥地之一，其中昆仑文化是中华传统文化的根母文化，昆仑山也被誉为中华民族的“龙祖之脉”，中华民族的“文化坐标”，承载着中华民族的原始崇拜，演绎成中华民族共有的精神家园。青海省处于西北地区的核心部位，素有“天河锁钥”“海藏咽喉”“西域之冲”等称谓，自古以来就是东西文明交流的重要地区，是唐蕃古道、丝绸之路南线的必经之地。

大美青海地域辽阔、山川壮丽，集大江、大河、大山、大川、大草原、大湖泊于一体，多元景观、多元文化、多元历史和多元宗教在青海大集中，风俗淳朴、人民可爱、历史悠久、文化多元、古迹众多。这里有华夏最美的山峰、中国最美的湖泊、三江之水的真正源头、闻名世界的可可西里、穿越时空的唐蕃古道、异彩纷呈的民族歌舞……这些丰富的自然与人文景观构成了以西宁为中心的东部旅游区，以青海湖为中心的中部旅游区，以格尔木为中心的西部旅游区。

◆【任务目标】

1. 学生自行寻找青海旅游区游览图，根据下面旅游行程线路，在图中标注旅游线路。

“大美青海”5 日游：

D1: 北京乘飞机，前往大美青海的首府城市——西宁市，并前往塔尔寺参观；

D2: 西宁—青海湖：日月山、倒淌河、青海湖；

D3: 青海湖—祁连：卓尔山风景区；

D4: 祁连—门源—西宁：门源油菜花；

D5: 西宁—北京：水井巷、马步芳公馆，晚上抵达北京，结束愉快之旅。

2. 根据青海旅游区游览图，了解青海旅游区的主要旅游景区景点，并试着推荐几个旅游主题。

◆【任务分析】

要想了解青海旅游区的主要旅游景区景点，首先要了解青海旅游区的旅游特色，掌握青海旅游景区景点分布情况，熟悉各旅游景区景点的特点。

◆【知识准备】

一、以西宁为中心的东部旅游区

该区包括西宁市、海东市与黄南藏族自治州三地，城镇密集，湟水和黄河谷地农牧业相对发达，是开展黄河上游古文化、宗教朝圣、民族风情、森林游览的综合性旅游区。西宁曾为古丝绸南路和唐蕃古道的咽喉要地，中原文化和西域文化交流、融合的重要之地，也是联结中原与西部的重要城镇，河湟文化的发祥地之一。今天的西宁市为兰青铁路终点、青藏铁路和青藏公路起点，依然是通往青藏高原腹地的交通要冲。西宁周围群山环抱，冬无严寒，夏无酷暑，夏季平均气温 17℃～19℃，气候宜人，是消夏避暑胜地，有“中国夏都”之称。以西宁市为中心 200 公里范围内，荟萃了青海省旅游资源的精华。

（一）塔尔寺

位于西宁市西南 25 公里处的湟中县鲁沙尔镇，坐落在莲花山中，国家 AAAAA 旅游景区，中国西北地区藏传佛教的活动中心。相传为我国藏传佛教格鲁派创始人宗喀巴大师的诞生地，明朝建寺，距今已有 600 多年的历史。寺院依山而建，殿宇高低错落，交相辉映，气势壮观，有大小建筑 1000 多座，共 4500 多间殿宇僧舍。其中以大金瓦寺、大经堂、小金瓦寺等建筑最有名，殿内佛像造型生动优美，超然神圣。栩栩如生的酥油花、绚丽多彩的壁画和色彩斑斓的堆绣被誉为“塔尔寺艺术三绝”，寺内还珍藏了许多佛教典籍和历史、文学、哲学、医药、立法等方面的学术专著。每年举行的“四大法会”等佛事活动，更是热闹非凡，游人如潮。

（二）东关清真大寺

位于西宁东关大街路南侧，是西宁古城著名建筑，当地 10 多万穆斯林进行宗教活动的中心，西北地区大清真寺之一，与西北地区著名的西安化觉寺、兰州桥门寺、新疆喀什艾提尕尔清真寺并称为西北四大清真寺，寺院占地面积 13602 平方米。清真大寺建于明洪武年间，历史上曾经多次遭到破坏。该寺建造雄奇，坐西面东，正门为典型的融塔、墙、殿为一体的伊斯兰建筑，礼拜大殿却是中原风格的建筑物，兼有中国古老的建筑艺术和伊斯兰教建筑特色，雕梁彩檐、金碧辉煌，大殿内宽敞、高大、明亮，可以同时容纳 3000 多名穆斯林进行礼拜。

（三）丹噶尔古城

位于西宁市湟源县，始建于明洪武年间，有 600 多年的历史。黄土高原与青藏高原在这里结合，农耕文化与草原文化在这里相交，唐蕃古道与丝绸南路在这里穿越，众多民族在这里集聚，当年为唐王朝与吐蕃设立在青藏高原上第一个“茶马互市”，明清时成为当时西北地区最大的贸易集散地，国内外商人纷至沓来进行商业贸易和金融业务，丹噶尔也因此享有“茶马商都”“海藏咽喉”“小北京”的美称，名扬四海。丹噶尔古城还是宗教圣地，古城内著名的寺院有东科尔寺、城隍庙、金佛寺、火祖阁、玉皇庙、关帝庙、财神庙、北极山群庙、清真寺等，这些寺院庙宇建筑宏伟，布局严谨，镂刻精致，壁画精美，同时把儒、道为核心的汉文化，以藏传佛教为核心的藏文化和伊斯兰教为核心的回族文化展现得淋漓尽致。

（四）互助土族故土园

位于海东市互助土族自治县。土族是青海省独有的少数民族之一，互助是我国唯一的土族自治县，土族信仰藏传佛教，能歌善舞，服装等富有民族特色。互助土族故土园景区集土族民俗、宗教朝圣、森林旅游和自然风光于一体，具有浓郁的民情民风和山川秀美的特色。主要景点有北山国家森林公园、土族风情园、佑宁寺、明鼓楼等。在这里既可感受到群峰巍峨，山清水秀，高原特色突出的自然景观，也可观赏到土族安召舞、轮子秋、土族婚礼、篝火晚会等表演项目，品尝到土族风味餐饮与特色小吃，体验到土族别具一格的待客方式以及“二月二擂台会”“六月六花儿会”“丹麻会”以及观经等民间传统节庆活动。

（五）坎布拉国家森林公园

位于黄南藏族自治州尖扎县坎布拉乡境内，以奇特的丹霞地貌景观、悠久的宗教文化、多彩的植物景观和碧波荡漾的李家峡水库而闻名。坎布拉丹霞地貌以奇峰、方山、洞穴、峭壁为其主要地貌特征。在这些造型地貌中，以“仙女聚会”“强起岗”“南宗沟”的风光最具有代表性。坎布拉是藏传佛教的重要复兴基地，是藏传佛教前弘期和后弘期两个阶段的重要标志。清代，尖扎一带宁玛派宗教领袖藏欠·班玛仁增在这群峰之间主持修建了南宗寺与南宗尼姑寺等寺院，使这里成为青海省内显、密、僧、尼并存的唯一法地。坎布拉气候温湿，植物生长茂盛，四季常青，邻近的李家峡水库库区人工湖面积达 32 平方公里，湖水碧波荡漾和周围群山绿树相得益彰，构成了一幅完美的山水画。

二、以青海湖为中心的中部旅游区

该区包括海北、海南、果洛三大藏族自治州在内的青海省中部广大地区。这里既有美丽富饶的青海湖区、祁连山的雪峰冰川、日月山名胜，又有扎陵湖、鄂陵湖湿地和唐蕃古道、藏族风情。

（一）青海湖

位于青海省东北部的青海湖盆地内，面积达 4583 平方公里，既是中国水容量最大的内陆湖泊，也是中国最大的咸水湖，国家 AAAAA 级旅游景区。湖的四周被巍巍高山所环抱，从山下到湖畔，则是广袤平坦、苍茫无际的千里草原，构成了一幅山、湖、草原相映成趣的壮美风光和绮丽景色。青海湖中有 5 个小岛，其中鸟岛最引人注目，另外，环青海湖还有二郎剑景区、沙岛景区、金沙湾景区与仙女湾景区。

（二）日月山与倒淌河

日月山，因山体呈现红色，古代称为“赤岭”。位于青海湖东南，是青海内外流域水系的分水岭，又是青海农区和牧区的分界线，也是游人进入青藏高原的必经之地，故有“西海屏风”“草原门户”之称。现在山隘上尚立有“日月山”三字的青石碑，山顶修有遥遥相望的日亭和月亭。站在山顶，向东眺望，一派田园风情；向西看，碧波荡漾的青海湖，海心山明丽动人，与田园秀色迥然不同，故有“登上日月山，又是一重天”的赞誉。

倒淌河位于日月山西边脚下，天下河水往东流，偏有此河向西淌，所以人们称此河为“倒淌河”。关于倒淌河的来历，民间有许多传说。据地质学家考察，2亿多年前由于地壳运动，高原隆起，青海湖成为完全闭塞的湖，使本来外泄的河水只好转过方向向西流去。

（三）高原原子城

位于海北藏族自治州海晏县西海镇。20世纪50年代这里曾是我国创建的第一个核武器研制基地和生产基地，研制组装成功了中国首枚原子弹和氢弹，如今已成为旅游景区。景区自然风光、人文景观和民俗文化旅游资源浑然一体。景区四面环山，中部开阔平坦，水草丰美，牛羊成群，帐篷点点，一派自然牧场风光。这里有保持着昔日风采的核基地办公楼、试验场和厂房车间，张爱萍将军题字的“中国第一个核武器研制基地”纪念碑，两弹元勋王淦昌、邓稼先等生活居住过的“专家楼”，中国第一颗原子弹、氢弹启运上车的火车站“上星站”以及集中体现我国核武器发展史的“两弹”纪念馆和纪念园；有反映西部音乐文化艺术的王洛宾音乐艺术馆，象征民族团结的十一世班禅纪念塔，体现藏民族民俗文化的达玉民俗村，西北地区最大的帐房度假村；有自驾车、露营基地，以及CS实战游戏军事旅游体育项目和民族竞技体育旅游项目等，吸引着大批中外旅游者来此观光探秘。

（四）金银滩草原

位于海北藏族自治州海晏县境内，草原牧草肥美、牛羊肥壮，人们以金银遍地来形容这片美丽而富饶的土地，故得名“金银滩”。金银滩草原拥有著名的金滩、银滩大草原，每年7～9月，草原上鲜花盛开，百鸟飞翔，牛羊成群，景色宜人。金银滩草原还是世界名曲《在那遥远的地方》的诞生地；还曾是鲜为人知的神秘禁区，它孕育了新中国第一颗原子弹、氢弹，是中国第一个核武器研制基地。

（五）门源油菜花

位于海北藏族自治州的门源县，西起浩门河畔的青石嘴，东到大通河畔的玉隆滩，北到与甘肃省交界的冷龙岭，南至高峻的大坂山，绵延几十公里。该地种植小油菜已有1800多年的历史，是北方小油菜的发源地，青海省及西北地区的主要油料产区。每年7月是花开季节，门源的油菜花竞相怒放，宛如金黄的大海，花景与当地的蓝天白云、高山流水、林海草原和独有的民居、蜂农等交相辉映，变幻出一道道独具特色的迷人风光。每年7月18～25日，门源举办油菜花文化旅游节，该节已成为青海省内外颇有影响力的节日。

（六）祁连山风景区

位于牛心山的西北部，距祁连县城约10公里，为国家级自然生态保护区，集原始森林、高山草原、雪山冰川、珍奇动植物于一体，拥有原始森林1万公顷、高山草原3万公顷、现代冰川10平方公里。原始森林是青海省较大的林区之一，分布有云杉、圆柏、杨树等林木，鞭麻、黑刺、山柳等灌木，马鹿、雪鸡、岩羊、林麝等珍稀动物。祁连山草原被评选为“中国最美的六大草原”之一，祁连山冰川宽阔，长年不溶化，祁连山的雪线之上，常常会出现逆反的生物奇观。在浅雪的山层之中，有名为雪山草甸植物的蘑菇状蚕缀、珍贵药材高山雪莲，以及一种生长在风蚀岩石下的雪山草。此外景区还有骊靬古城、炒铁台、蛤蟆泉等人文景观。

（七）扎陵湖与鄂陵湖

位于黄河源头的玛多县境内，距玛多县城40多公里，是黄河源头两个最大的高原淡水湖泊，素有“黄河源头姊妹湖”之称。扎陵湖东西长，南北窄，酷似一只美丽的大贝壳。鄂陵湖位于扎陵湖之东，东西窄，南北长，犹如一个大大的宝葫芦。鄂陵湖的面积比扎陵湖大100平方公里，蓄水量是扎陵湖的一倍多。扎陵湖和鄂陵湖海拔4300多米，是名副其实的高原湖泊。

三、以格尔木为中心的西部旅游区

该区包括海西蒙古族藏族自治州、玉树藏族自治州等在内的广大青海西部地区，自然风光以荒、野为特色。

（一）可可西里自然保护区

位于青藏高原西北部，夹在唐古拉山和昆仑山之间，是长江的主要源区之一。可可西里自然保护区是目前世界上原始生态环境保存最完美的地区之一，最后一块保留着原始状态的自然之地，也是目前中国建成的面积最大、海拔最高、野生动物资源最为丰富的自然保护区之一。保护区地势高峻，平均海拔高度在5000米以上，自然条件恶劣，气候干燥寒冷，严重缺氧和缺淡水，人类无法长期居住，因此被称为“生命的禁区”。然而这里却给高原野生动物创造了得天独厚的生存条件，成为“野生动物的乐园”，野牦牛、藏羚羊、野驴、白唇鹿、棕熊等青藏高原上特有的野生动物生活得怡然自得。其中藏羚羊被称为可可西里的骄傲，是中国特有的物种，国家一级保护动物。

（二）三江源自然保护区

位于青藏高原的腹地、青海省南部，因属长江、黄河、澜沧江（湄公河）三大水系发源地而得名，总面积为30.25万平方公里，是中国面积最大的自然保护区，素有中华水塔的美誉。保护区内巴颜喀拉山、可可西里山、阿尼玛卿山及唐古拉山脉横贯其间，这些山海拔在5000～6000米，高大山脉的雪线以上分布有终年不化的积雪，雪山冰川广布，是中国冰川集中分布地之一。保护区内河流密布，湖泊、沼泽众多，是世界上海拔最高、面积最大、湿地类型最丰富的地区。保护区内分布有大量珍稀的野生动物，高寒物种资源丰沛，是世界高海拔地区生物多样性最集中的地区，也是我国目前最大的集环保、科研、旅游为一体的国家级自然保护区。保护区同时还汇集了藏传佛教、唐蕃古道、玉树歌舞、赛马节等博大精深的宗教文化和多姿多彩的民俗风情、节庆活动。

（三）嘉纳石经城

俗称嘉那嘛呢，位于离玉树州府所在地结古镇3公里的新寨村，海拔3600多米。嘉那嘛呢石经城相传由藏传佛教高僧嘉那活佛创建。据有关史料记载，嘉那活佛是康巴人，他曾修行在峨眉山和五台山，后周游并朝拜藏族聚居区各圣地。200多年前来到新寨村时，发现了自然显现六字真经的一块嘛呢石，遂以此为缘住在该村，同僧俗群众一起刻凿嘛呢石度过了一生。现嘛呢石堆东西长283米，南北宽74米，高2.5米，有20多亿块嘛呢石，上面均镌刻着佛像或经文，最常见的是藏文六字箴言。嘉那嘛呢石刻经文数量之多、雕刻持续时间之长、规模之大，世所罕见，堪称世界之最。

（四）昆仑山

昆仑山，亚洲中部大山系，中国西部山系的主干。西起帕米尔高原东部，横贯新疆、西藏间，伸延至青海境内，全长约2500公里，平均海拔5500～6000米。昆仑山有名峰、灵泉，还曾有道观寺庙以及终年积雪。昆仑山口则是高原风光的一大代表，也是进藏公路必经的地方。这里有终年不化的冻土冰丘，群山连绵起伏，自然景象壮观。玉虚峰和玉珠峰亭亭玉立，终年银装素裹，云雾缭绕，形成闻名遐迩的昆仑六月雪奇观；昆仑泉近昆仑河，泉眼周围有石块修葺，终年喷涌着约20℃的温水，汇入河中。泉水甘美，可直接饮用。昆仑山也是一座文化名山，嫦娥奔月、女娲补天、精卫填海、蟠桃盛会、大禹治水、后羿射日等众多神话传说都与昆仑山有关。明代末期昆仑山是道教昆仑派的道场所在地，昆仑山道教文化是华夏民族文化的远古部分，昆仑山曾以“帝之下都，百神之所在”流传于世，近年来，越来越多的海内外教徒来此寻祖。

（五）柴达木盆地

地处青海省西北部，盆地四周被昆仑山、阿尔金山、祁连山所环抱，为典型的断层陷落盆地。盆地西高东低，西宽东窄，略呈三角形，面积257768平方公里，是全国第三大盆地。盆地中间分布着许多盐湖和盐沼，盐矿资源储量丰富，此外还有丰富的有色金属、黑色金属、稀有金属资源、石油和天然气资源等，因为被誉为“聚宝盆”。柴达木盆地气候干燥，狂风肆虐，形成了世界闻名的雅丹地貌，有着中国规模最大的雅丹群，雅丹地貌层层叠叠，形态各异，另外大漠日出、海市蜃楼等奇观，也给游客以无限遐想。

（六）察尔汗盐湖

位于柴达木盆地的中南部，格尔木市和都兰县境内，距格尔木市60公里，海拔2650米，东西宽300公里，南北长25公里，面积5800多平方公里。盐湖蕴含着丰富的食盐、钾、镁，是柴达木盆地最大的盐湖，也是中国和世界上最大的盐湖，号称盐湖之王。同时，它也是中国钾肥的主要产地。察尔汗盐湖地处戈壁湖面板结成了厚厚的盐盖，异常坚硬，著名的青藏铁路、敦格公路和我国最大的钾肥厂察尔汗钾肥厂，都修建在察尔汗盐湖上。察尔汗盐湖上一切绿色植物均难以生长，但却孕育了晶莹如玉、变化万千的神奇盐花，或形如珍珠、珊瑚，或状若亭台楼阁，或像飞禽走兽，一丛丛、一片片、一簇簇地立于盐湖中，把盐湖装点得美若仙境。盐湖上的万丈盐桥将盐湖从中间劈成两半，“桥”上路面光滑平坦，山色湖光相映，景致很美，堪称举世无双，令人惊叹不已。

（七）茶卡盐湖

位于海西蒙古族藏族自治州乌兰县茶卡镇附近，茶卡盆地的西部，湖面东西长15.8公里，南北宽9.2公里，呈椭圆形，总面积105平方公里，相当于16个杭州西湖一样大。茶卡盐湖是柴达木盆地有名的天然结晶盐湖。古往今来，茶卡盐湖就因盛产“大青盐”而久负盛名。茶卡盐湖是固液并存的卤水湖，盐湖水域宽广，银波粼粼。在茶卡盐湖，游客可以乘小火车深入湖中观光，可以观看现代化大型采盐船采盐时喷水吞珠的壮丽场景，可以欣赏盐湖日出和晚霞的绚丽画卷，可以透过清盈的湖水，观赏形状各异、正在生长的栩栩如生的朵朵盐花，还可以领略到涨潮后湖面上留下的滚滚盐涛奇观。

【任务训练】

以小组的形式，通过教材或其他方式了解青海旅游景点，获得旅游景点信息，以“大美青海环湖游”为旅游主题，推荐旅游景点。每组选出1名同学代表小组阐述任务完成的过程，讲解推荐的旅游景点及推荐的理由。

【任务评价】

表10－2－1 青海旅游区任务训练评价

评价指标	评价分值											
	自我评价				组间评价				教师评价			
	A	B	C	D	A	B	C	D	A	B	C	D
景点推荐												
推荐理由												
阐述过程												
讲解水平												
团队合作												
总体印象												

A：优秀　B：良好　C：一般　D：欠佳

任务三　西藏旅游区

西藏自治区，简称藏，省会拉萨。位于中国的西南边陲，青藏高原的西南部。面积122.84万平方公里，约占中国领土总面积的1/8，仅次于新疆维吾尔自治区。南边和西部与缅甸、印度、不丹、尼泊尔、印控克什米尔地区相接壤，是中国西南边陲的重要门户，战略位置十分重要。西藏被称为宗教圣地，藏族基本上是一个全民信仰藏传佛教的民族，只有部分群众信仰苯教、天主教。西藏不仅有世界屋脊奇异的地质地貌和独特的自然风光，还有寺庙、宫殿、园林、城堡、藏族风情等别具一格的社会人文景观。旅游资源以其雪山、冰川、高峰、峡谷、热泉、牧场、寺庙和灿烂的宗教艺术、藏族风情为主要特色。全区形成了以拉萨、日喀则为中心的藏中旅游区，以昌都、林芝为中心的藏东旅游区，以阿里地区为主体的藏西旅游区。

◆【任务目标】

1. 学生自行寻找西藏旅游区游览图，根据下面旅游行程线路，在图中标注旅游线路。

西藏朝圣之旅7日游：

D1：拉萨市内：布达拉宫、大昭寺、八廓街；

D2：拉萨—林芝八一镇：米拉山口、措姆吉日景区；

D3: 八一镇周边：雅鲁藏布大峡谷，南迦巴瓦主峰等；

D4: 八一镇—拉萨：尼洋河风光带，米拉山口；

D5: 拉萨周边：藏北草原，纳木错；

D6: 拉萨—日喀则：羊卓雍错，卡惹拉冰川，江孜古堡；

D6: 日喀则—拉萨：扎什伦布寺，雅鲁藏布江河谷。

2. 根据西藏旅游区游览图，了解西藏旅游区的主要旅游景区景点，并试着推荐几个旅游主题。

◆【任务分析】

要想了解西藏旅游区的主要旅游景区景点，首先要了解西藏旅游区的旅游特色，掌握西藏旅游景区景点分布情况，熟悉各旅游景区景点的特点。

◆【知识准备】

一、以拉萨、日喀则为中心的藏中旅游区

本区包括拉萨、日喀则和山南三地市及其所辖地域。旅游资源丰富多彩，旅游业发达。

（一）拉萨市

拉萨在藏语中为“圣地”或“佛地”之意，位于西藏自治区东南部，雅鲁藏布江支

流拉萨河北岸，是西藏自治区的首府、政治、经济、文化与宗教中心。早在 7 世纪，松赞干布统一西藏部落建立吐蕃王朝后就定都于此，已有 1300 多年的历史，为国家历史文化名城。拉萨名胜古迹众多，文物荟萃，其中以布达拉宫、罗布林卡、大昭寺、小昭寺、哲蚌寺、色拉寺、甘丹寺最使中外游人关注。

1. 布达拉宫

国家 AAAAA 级旅游景区，坐落在拉萨市西北海拔 6000 米的红山（藏语称玛布日山）上，是我国著名的宫堡式建筑群。传说这座辉煌的宫殿缘起于 7 世纪，是吐蕃王松赞干布为迎娶唐朝文成公主而建。布达拉宫是历代达赖的冬宫，宫宇叠砌、迂回曲折，同山体有机地融合，主楼有 13 层，高 110 米，木石结构，宫殿顶盖镏金铜瓦，宏伟壮丽，金碧辉煌，体现了藏式建筑的鲜明特色和汉藏文化相融的风格，堪称藏族古建筑艺术的精华。整体建筑主要由东部的白宫、中部红宫和西部白色的僧房组成。白宫是达赖喇嘛生活起居和处理政务的地方；红宫是佛殿及历代达赖喇嘛灵塔殿，共有 8 座存放各世达赖喇嘛法体的灵塔，其中以五世达赖喇嘛灵塔殿为最大；僧房是为达赖喇嘛服务的亲信喇嘛居住的地方。几百年来，布达拉宫收藏和保存了大量极为丰富的历史文物，有 2500 多平方米的壁画、近千座佛塔、甘珠尔经、上万幅唐卡、贝叶经等珍贵的经文典集，以及明清两代皇帝封赐达赖喇嘛的金册、金印、玉印和大量的金银工艺品。1994 年 12 月，布达拉宫被联合国教科文组织批准列入《世界遗产名录》。

2. 罗布林卡

位于拉萨市西郊，布达拉宫西侧约 2 公里的拉萨河畔，俗称拉萨的颐和园，在藏语中译为“宝贝园林”，汉译为珍珠花园，是历代达赖喇嘛的夏宫。罗布林卡始建于 18 世纪，以后陆续增建，全园面积约 36 万平方米。每当夏日来临，达赖喇嘛便从布达拉宫转移到罗布林卡办公，处理政务和进行宗教活动。其建筑以格桑颇章、金色颇章、达登明久颇章为主体，有房屋 374 间，是西藏人造园林中规模最大、风景最佳、古迹最多的园林，园内除珍藏有大量的文物和典籍外，还有各类植物 100 余种，有拉萨地区常见花木，取自喜马拉雅山南北麓的奇花异草，从内地移植或从国外引进的名贵花卉，堪称高原植物园，现已被辟为人民公园。2001 年 12 月，罗布林卡作为布达拉宫建筑群的扩展项目被联合国教科文组织批准列入《世界遗产名录》。

3. 大昭寺

位于拉萨老城区的中心位置，始建于 647 年，是藏王松赞干布为纪念文成公主入藏而建的，后经历代修缮增建，形成庞大的建筑群，建筑面积达 25100 余平方米，国家 AAAAA 旅游景区。大昭寺是西藏现存最辉煌的吐蕃时期建筑，也是西藏现存最古老的土木结构建筑，融合了藏、唐、尼泊尔、印度建筑风格，成为藏式宗教建筑的千古典范。寺院共有 20 多个殿堂。主殿高 4 层，大殿正中供奉文成公主从长安带来的释迦牟尼 12 岁时等身镀金铜像。两侧配殿供奉松赞干布、文成公主、尼泊尔尺尊公主等塑像。2000 年 11 月大昭寺作为布达拉宫世界遗产的扩展项目被联合国教科文组织批准列入《世界遗产名录》。

4．甘丹寺

位于拉萨达孜县境内拉萨河南岸海拔3800米的旺波日山上，是格鲁派六大寺中地位最特殊的一座寺庙。它由藏传佛教格鲁派创始人宗喀巴于1409年亲自筹建，并位居格鲁派六大寺院之首，而且是最早的一座，与哲蚌寺、色拉寺合称“拉萨三大寺”，被誉为格鲁教派的祖庭。寺庙傍山而立，群楼重叠，巍峨壮观。整座建筑群由佛殿、喇章宫殿、僧院扎仓和米村及其附属建筑单元组成。甘丹寺中藏有丰富珍贵的历史文物，有1757年清代乾隆皇帝赐予该寺镶满金银珠宝、书有汉满蒙藏四种文字的盔甲，国家特级文物、纯金汁书写而成的藏文《大藏经》中的整套《甘珠尔》佛经，由十六罗汉和四大天王等组成的整套24幅缂丝唐卡“唐绣”，这些文物都展示出明清两代中央政府和西藏地方之间的亲密关系。

5．哲蚌寺

位于拉萨市西北5公里的山坡上，为中国藏传佛教格鲁派六大寺之一，与甘丹寺、色拉寺合称拉萨三大寺。整个寺院规模宏大，鳞次栉比的白色建筑群依山而建，层层叠叠铺满山坡，远望好似巨大的米堆，故名哲蚌。哲蚌，藏语意为“米聚”，象征繁荣。寺内有教学、教仪、教管、杂务部等，并设有扎仓（经学院），西藏众多的名僧大都曾在此学经，最鼎盛时有僧众近万人。现在寺内的主要建筑有措钦大殿、洛色林扎仓、葛丹颇章、甲央拉康等，大都是明清两代陆续修建的。寺院的主要建筑——大经堂雄伟壮观，有183根立柱，柱上的雕刻十分精美，还有精美的织绣经幢、挂幢、唐卡（卷轴画）以及佛像、壁画等加以修饰，同时可以容纳8000人诵经。寺内还保存有大量藏族的古代文献和经籍，1982年列为全国重点文物保护单位。

6．色拉寺

位于拉萨北郊3公里处的色拉乌孜山麓。全称“色拉大乘寺”，藏传佛教格鲁派六大主寺之一。明永乐十七年（1419年）由宗喀巴弟子兴建。全寺依山而建，规模宏伟，略次于哲蚌寺。寺内藏有大量的珍贵文物和工艺品，有皇帝御赐的佛经、佛像、法器、僧衣、绮帛、金银器等。其中以金汁书写的大藏经和明清两代的卷轴画最为著名。

7．八廓街

位于古城拉萨的中心，是拉萨保留最完整的街道。外形呈圆形，仿佛是一座巨大的时钟，辉煌壮丽的大昭寺就是钟轴，八廓街就是藏传佛教信徒转经最主要的线路。八廓街还是拉萨经济、文化、民族手工艺乃至西藏风土人情的集结地，沿街布满了手工艺品商店和摊点，旅游商品琳琅满目，是旅行者到拉萨必去之地。

8．羊八井

位于拉萨市西北91.8公里的当雄县盆地，以地热资源闻名，有规模宏大的温泉、热泉、沸泉、喷泉、热地、间歇喷泉、水热爆炸穴，热水上升的间歇喷气井、热水塘、热水沼泽，以及罕见的爆炸泉和间歇温泉，总面积超过7000平方米，温泉数量居全国之冠。羊八井温泉矿物质含量高，浸泡洗浴可治疗多种疾病。

9．羊卓雍错

位于雅鲁藏布江南岸、山南浪卡子和贡嘎县境内，总面积638平方公里，大约是杭州西湖的70倍，是喜马拉雅山北麓最大的内陆湖，西藏三大圣湖之一。羊卓雍错集高原湖泊、雪山、岛屿、牧场、温泉、野生动植物、寺庙等多种景观为一体，湖泊、雪峰与蓝天融为一体，景色如画，仿如置身人间仙境让人流连忘返。作为圣湖，每年虔诚的佛教徒都要绕湖一圈，祈求佛祖保佑。此外它还可帮助人们寻找达赖喇嘛的转世灵童。

10．纳木错

位于拉萨市以北当雄县和那曲地区班戈县之间。湖的外形近似长方形，东西长70多公里，南北宽30多公里，面积1920多平方公里，湖面海拔4718米，是中国第二大咸水湖，也是世界上海拔最高的咸水湖。它的东南部是雄伟壮丽、终年积雪的念青唐古拉山，北侧和西北侧是起伏和缓的藏北高原，湖四周环绕着广阔的草原。圣洁的天湖像一面巨大的宝镜，镶嵌在藏北的草原上。纳木错的湖水多为冰雪融化后的纯净之水，湖水湛蓝明净。湖周的雪山，倒映湖中，庄严肃穆，风景秀丽。纳木错湖意为天湖、灵湖或神湖，是藏传佛教的著名圣地，相传为密宗本尊胜乐金刚的道场，信徒们尊其为四大威猛湖之一。每到羊年，这里都会出现僧俗信徒们前往转湖的盛况。

（二）日喀则旅游区

日喀则市地处西藏西南部、雅鲁藏布江及其主要支流年楚河的汇流处，为西藏第二大城市。藏语意为“水土肥美的庄园”，距今已有600多年的历史，为历代班禅驻留之所，1986年被国务院命名为国家级历史文化名城。日喀则地区旅游资源丰富，高山雪峰最为集中，包括珠穆朗玛峰在内的海拔超过7000米以上的山峰有12座，名胜古迹有扎什伦布寺、夏普寺、萨迦寺、白居寺和江孜宗山炮台等，形成了以宗教、探险、科考为主的旅游区。

1．扎什伦布寺

位于日喀则市城西的尼色日山坡上，是日喀则地区最大的寺庙，为班禅四世及以后历代班禅喇嘛驻锡之地，全国重点文物保护单位之一。其与拉萨的“三大寺”甘丹寺、色拉寺、哲蚌寺以及青海的塔尔寺和甘肃的拉卜楞寺并列为格鲁派的“六大寺”。扎什伦布寺占地面积15万平方米，全寺分为宫殿（班禅拉丈）、勘布会议（后藏地方政府最高机关）、班祥灵塔殿、经学院四部分，共有经堂57间，房屋3600间，整个寺院依山而筑，殿宇依次递接，疏密均衡，和谐对称。全寺最宏伟的建筑为大弥勒殿和历世班禅灵塔殿。其中弥勒佛大殿高近30米，建筑面积近800平方米，殿室分为莲花宝座殿、腰部殿、胸部殿、面部殿和冠部殿五大层。殿内供有世界最大的镀金强巴铜坐佛像。历世班禅灵塔大小不一，以十世班禅的灵塔最为豪华。扎什伦布寺除了藏有价值连城的佛像、佛塔、唐卡等外，还珍藏有手写的贝叶经和用金粉抄写的《甘珠尔》《丹珠尔》，明清时代的各种瓷器、珐琅器、玻璃器等珍稀文物，这些都是研究西藏各个历史时期政教和社会发展的无价之宝。

2. 卡惹拉冰川

位于浪卡子县和江孜县交界处，距离江孜县城71公里。卡若拉冰川是乃钦康桑大雪山的组成部分，乃钦康桑大雪山是西藏中部四大雪山之一，山体雄伟，顶部尖锥突兀，坡岭沟壑间终年积雪发育了多条冰川。卡若拉冰川是其中面积最大的一条冰川，面积达9.4平方公里。由于长年受公路上车尘的覆盖，此冰川整体呈黑白分层形态。卡若拉冰川是著名电影《红河谷》《江孜之战》《云水谣》的外景拍摄地。因此，很多旅行者都会在这里观赏冰川的壮观，赞叹大自然的魅力。

3. 江孜古堡

位于江孜县城里，因古堡所在的石山叫宗山。宗山古堡遗址矗立在江孜古城中央的悬崖峭壁上，海拔为4020米，在年楚河平原中央显得非常雄伟峻峭，几乎成为江孜县城的标志物。江孜雄踞要冲，它南通尼泊尔、锡金、印度，东控拉萨，北扼日喀则，是喜马拉雅山和冈底斯山之间的一条孔道，是南亚通往西藏的必经之地，自古以来就是兵家必争之地。1903年冬天，英国侵略军从亚东进犯江孜，遭到西藏军民的顽强抵抗。英军死伤惨重，被迫逃跑。1904年4月，英军再次攻打江孜，他们凭借先进的武器，滥杀无辜，西藏军民在宗山上用土制枪炮顽强抵抗两个多月，终因清政府的腐败无能、武器落后及火药库意外爆炸，弹尽粮绝，抗英勇士全部壮烈牺牲，谱写了一曲英勇悲壮的爱国主义赞歌，江孜因此以“英雄城”闻名中外。江孜宗山古堡至今仍保留着1904年江孜军民保卫祖国领土的抗英炮台和宗土崖殉国纪念碑，电影《红河谷》真实地再现了这段历史。

4. 珠穆朗玛峰

位于中国和尼泊尔两国边界上，其北坡在我国西藏境内，南坡在尼泊尔境内，海拔8844.43米，是喜马拉雅山脉的主峰，也是世界上最高的山峰。山体呈巨型金字塔状，地形极端险峻，环境异常复杂，峰顶的最低气温常年在－34℃左右。山上一些地方常年积雪不化，冰川、冰坡、冰塔林随处可见。峰顶空气稀薄，经常刮七八级大风，有时甚至达到十二级。自1921年第一支英国登山队攀登珠峰以来，珠峰就成为世界登山探险家和科学家所向往的地方。1994年珠穆朗玛峰晋升为国家级自然保护区，主要保护对象为高山、高原生态系统，是研究高原生态地理、板块运动和高原隆起及环境科学、社会科学等学科的宝贵的研究基地。

二、以昌都、林芝为中心的藏东旅游区

昌都地区，西藏东大门，茶马古道要地，康巴文化的发祥地，素有“藏东明珠”的美称。唐代，昌都地区为吐蕃王国的一部分，明清以后统称此地为康藏地区，现为西藏自治区所属的一个地级区。

林芝地区，西藏自治区的一个地级区，位于雅鲁藏布江中下游，行署驻地八一镇，为新兴工商业、园林城市，被称为西藏的江南、高原明珠，风景名胜十分独特。

（一）雅鲁藏布大峡谷

大峡谷北起米林县的大渡卡村（海拔2880米），南到墨脱县巴昔卡村（海拔115米），长504.9公里，平均深度5000米，最深处达6009米，是世界第一大峡谷。大峡谷核心无人区河段的峡谷河床上有罕见的四处大瀑布群，其中一些主体瀑布落差都在30～50米。峡谷具有从高山冰雪带到低河谷热带季雨林等9个垂直自然带，聚集了多种生物资源。整个峡谷地区冰川、绝壁、陡坡、泥石流和巨浪滔天的大河交错在一起，惊险异常。

（二）南迦巴瓦峰

南迦巴瓦峰是林芝地区最高的山，海拔 7782 米。巨大的三角形峰体终年积雪，云雾缭绕有“冰山之父”的美誉。由于南峰所在的雅鲁藏布大峡谷地区地质构造复杂，板块构造运动强烈，造成南峰地区山壁耸立、地震、雪崩不断，攀登难度极大。南迦巴瓦峰山脚处温泉众多，植物异常繁密，是理想的疗养胜地。南迦巴瓦峰也是西藏最古老的佛教“雍仲苯教”的圣地，有“西藏众山之父”之称。

（三）巴松错

位于距林芝地区工布江达县 50 多公里的巴河上游的高峡深谷里，又名错高湖，藏语中是“绿色的水”的意思，湖面海拔 3700 多米，湖面面积达 6000 多亩，是红教的一处著名神湖和圣地。巴松错景区集雪山、湖泊、森林、瀑布、牧场、文物古迹、名胜古刹为一体，景色四时不同，名类野生珍稀植物汇集，有“小瑞士”美誉。

（四）墨脱

墨脱县是林芝地区下辖的一个县，位于西藏东南部，雅鲁藏布江下游，平均海拔 1200 米，最低海拔 115 米，面积 31394.67 平方公里。境内的居民主要为门巴族和珞巴族。雅鲁藏布大峡谷主体段在该县境内。

墨脱县属喜马拉雅山东侧的亚热带湿润气候区，并分布有热带雨林。这里是西藏高原海拔最低、环境最好的地方，也是西藏最温和、雨量最充沛、生态保存最完好的地方。与西藏其他地区相比，墨脱县境内四季如春，气候条件优良。境内仅高等植物就有 3000 多种，竹类植物有 10 多种，野生兰科植物 80 多种。进入墨脱县，在几小时内便可领略到从高山寒带到热带雨林那千姿百态、丰富多彩的自然景观，被誉为“西藏的西双版纳”。

三、以阿里地区为主体的藏西旅游区

本区以阿里地区为主体，是西藏“象雄文化”的发源地，有神秘古远的古格遗风、独特的风土民情。

（一）班公错

位于阿里地区日土县城西北约 12 公里处，属中国日土县与克什米尔交界处的“国际湖泊”，呈东西走向，约 4/5 的长度和面积在中国西藏的阿里境内，剩下的 1/5 则在克什米尔。湖面海拔 4240 米，湖中有 10 多个大小不等的岛屿，岛上有各种鸟类 20 多种，数量最多时可达数万只，为世界上海拔最高的鸟岛。班公错最为奇特的是作为一个内陆湖，其由东向西水中含盐量不同，湖水东淡西咸，位于日土县境内的为淡水，西部与克什米尔交界处为咸水。

（二）玛旁雍错

位于阿里地区普兰县城东35公里、冈仁波齐峰之南。湖泊呈“鸭梨”形，北宽南窄，湖水碧透清澈，透明度14米，是中国目前实测透明度最大的淡水湖。藏地称其为“圣湖”，每到夏秋季佛教徒扶老携幼来此“朝圣”，在“圣水”里沐浴净身以延年益寿。玛旁雍错享有“世界江河之母”的美誉，唐朝高僧玄奘在《大唐西域记》中称为“西天瑶池”的地方。

（三）冈仁波齐峰

屹立于阿里地区普兰县境内，绵延于中、印、尼三国边境，海拔6638米，是中国冈底斯山脉主峰，中国最美的、令人震撼的十大名山之一，素有“阿里之巅”的誉称。冈仁波齐峰孕育了250多条冰川，带来了大量水源，是恒河、印度河和雅鲁藏布江等大江大河的发源地。冈仁波齐峰也是世界公认的神山，同时被印度教、藏传佛教、古象雄佛法“雍仲苯教”以及古耆那教认定为世界的中心。

（四）古格王国遗址

位于阿里地区札达县境内，占地约18万平方米，是一座庞大的西藏宗堡式古建筑群。古格王朝于10世纪前半期开始建立，先后世袭了16个国王，其王宫城堡也是从10世纪开始不断扩建并达到全盛，于17世纪吐蕃王朝瓦解后结束。王朝遗址建筑共有房屋洞窟300余处、佛塔（高10余米）3座、寺庙4座、殿堂2间及地下暗道2条，分上、中、下三层，依次为王宫、寺庙和民居。外围建有城墙，四角设有硼楼，整个建筑规模宏大，布局严谨，气势雄伟。遗址中保存较好的寺庙建筑有红殿、白殿和度母殿。殿内四壁都画满了精美的壁画，画风粗犷，颜色厚重，虽经历多年却色彩依旧亮丽。这些记录古格王统世系、反映古格地区政治、经济活动以及文化风情的壁画在整个西藏地区绝无仅有，颇具观赏和考古价值。

【任务训练】

以小组的形式，通过教材或其他方式了解西藏旅游景点，获得旅游景点信息，以“西藏朝圣游”为旅游主题，推荐旅游景点。每组选出1名同学代表小组阐述任务完成的过程，讲解推荐的景点及理由。

【任务评价】

表10－3－1 西藏旅游区任务训练评价

评价指标	评价分值											
	自我评价				组间评价				教师评价			
	A	B	C	D	A	B	C	D	A	B	C	D
景点把握												
阐述过程												
讲解水平												
团队合作												
总体印象												

A：优秀　B：良好　C：一般　D：欠佳

【单元练习】

模拟练习

青藏公路起于青海省西宁市，止于西藏拉萨，是世界上海拔最高、线路最长的柏油公路，也是目前通往西藏里程最短、路况最好且最安全的公路，被称为“世界屋脊上的苏伊士运河”。请根据青藏旅游区旅游特色为青藏线自驾游的驴友们推荐一些知名景点，并查阅相关资料，为他们提供一些旅游注意事项。

单元十一　奇山阔海、热带侨乡、岭南文化游
——闽粤琼旅游区

任务一　闽粤琼旅游区旅游特色

本旅游区包括福建、广东和海南三省，地处我国东南沿海，海岸线绵长曲折，岛屿众多；北回归线穿过本区，热带南亚热带湿润季风气候显著；地貌以低山丘陵为主，福建素以“八山一水一分田”概括其地表形态，广东则山川纵横陆海相荡，海南岛则中间高四周低。多样的地貌、广阔的海域、湿热的气候，丰茂的植被构成了本区特有的奇山阔海，南国风光。

本区岭南文化（广府文化、潮汕文化和客家文化）独具一格，同时具有开放包容、兼容并蓄的特点。

闽粤琼旅游区为我国著名侨乡，也是我国改革开放的前沿，独特的区位优势、高速发展的经济、优美的城市风光，使得本区成为我国的旅游热区之一。

◆【任务目标】

掌握本区旅游特色，推荐本区旅游主题。

◆【任务分析】

要掌握本区旅游特色，推荐本区的旅游主题，首先要了解本区的自然与人文环境特征，掌握各旅游景点特色，了解本区主要旅游资源的类型、功能及成因。

◆【知识准备】

一、区位独特，旅游胜地

闽粤琼位于我国东南部，临南海、东海海域，地处热带南亚热带，具备丰富的水热条件，形成碧海连天，青山秀水的南国海韵，对内陆居民有强大吸引力；本区接近东南亚国家与地区，毗邻香港、澳门、台湾，文化上同根同源，吸引了大批华侨华人港澳台同胞，回国观光、寻根祭祖、投资经商，成为本区一大特色。

二、自然奇景，毓秀东南

（一）地貌类型多样，构成本区奇特山水

1. 海岸地貌

本区有众多的优良港湾，现代旅游的“3S”在这里得到集中体现，海口、三亚、厦门、汕头、珠海、深圳都是著名的滨海旅游地；海岸类型多样，有水天一色的沙砾质海岸，更有南方独有的红树林海岸、珊瑚礁海岸，这些动植物繁茂生长的深度正在人体经受水压范围之内，因此成为潜水观光旅游的胜地。

2. 丹霞地貌

丹霞地貌主要分布在中国、美国西部、中欧和澳大利亚等地，以中国分布最广。广东省韶关市东北的丹霞山以赤色丹霞为特色，由红色沙砾陆相沉积岩构成，是世界“丹霞地貌”命名地，在地层构造、地貌发育和环境演化等方面的研究在世界丹霞地貌区中最为详尽和深入。本区著名的丹霞地貌有福建泰宁大金湖、武夷山，广东仁化丹霞山、坪石镇金鸡岭、南雄市苍石寨、平远县南台石和五指石等地。

【知识链接】

丹霞地貌

属于红层地貌，所谓“红层”是指在中生代侏罗纪至新生代第三纪沉积形成的红色岩系，一般称为“红色沙砾岩”。丹霞地貌是20世纪30年代以丹霞山为代表而命名的一类地貌类型。形成丹霞地貌的岩层是一种在内陆盆地沉积的红色屑岩，后来地壳抬升，岩石被流水切割侵蚀，山坡以崩塌过程为主而后退，保留下来的岩层就构成了红色山块。

3. 花岗岩地貌

花岗岩山丘大多具有山体挺拔、沟谷深邃、岩石裸露、弧形岩壁、球状风化的特征。区内海南“天涯海角”、大洲岛、五指山，福建平潭半洋石帆、太姥山、清源山、鼓浪屿、广东罗浮山都属于花岗岩地貌。

此外本区还有漳州滨海火山国家地质公园、肇庆七星岩岩溶地貌等类型。

（二）热带亚热带气候特征显著，植被茂盛，生物多样

本区年平均气温在20℃以上，年降水量1400~2000毫米。全年常夏无冬，春秋相连，一年四季皆适于旅游。自然植被类型丰富，有大面积热带雨林、季雨林和亚热带常绿阔叶林，保存了大批古老种属如苏铁、银杏、紫杉、罗汉松、木兰等植物；还有许多名贵动物如角怪、坡鹿、海南猕猴等。本区现拥有国家森林公园59个、国家级自然保护区35个、国家级风景名胜区27个，在全国首屈一指，具有发展生态旅游的良好条件。

三、人文胜迹，文化记忆

（一）历久弥新的“海上丝路文化”

“海上丝绸之路”是我国古代对外海上贸易的通道，不仅运输丝绸，还运输瓷器、五金、糖等出口货物，以及宝石、药材、香料等进口货物，是我国古代海道交通的大动脉。广州、泉州、福州、漳州都是主要港口，遗存大量海上丝路旅游资源，如泉州祈风阁、伊斯兰圣墓等。

（二）光辉灿烂的南越文化

广东地处亚热带的南岭之南，依山傍海，河汉纵横。生活在这里的古南越人是一个海洋民族，具有喜流动、不保守的个性，因此形成了区别于内陆文明或河谷文明的南越文化。南越王墓出土了大量海生动物遗骨和捕鱼加工工具，说明古南越人对渔业生产、海洋规律的掌握。现代广东人以“会吃”名扬天下，并形成了“八大菜系”之一的粤菜，古越人就有遗留在东莞虎门的贝丘遗址，吃剩下的贝壳竟然积贝成丘。

（三）魅力无穷的客家文化

从西晋至唐宋时期，由于战乱饥荒等，居住在黄河流域的汉人数次从北方南迁，抵达闽、粤、赣三地交界处，在数千年与当地居民的交流融合中，逐渐形成了一支既不同于中原汉人，又区别于当地土著居民的特殊群体——客家人，形成了独具特色的客家文化。为了防止盗贼打劫和猛兽袭击，建造了独具特色的可以御外凝内的客家民居，以土楼、围龙屋最为典型，充分体现了客家人聚族而居的民俗风情；在饮食习惯方面，在长期的历史演变中形成了独具特色的客家菜系和风味小吃，梅菜扣肉、盐焗鸡、糯米饭、烧卖等都是久负盛名的客家美食；客家话是客家人保存古汉语文化的最明显标志，也是研究古代汉语的活化石。

（四）开放进取的侨乡文化

海外华侨华人，足迹遍布世界各地。在目前5000多万华侨华人中，祖籍广东、福建的有3000多万人，占总数的2/3，广东福建是中国侨乡文化的典型代表。由于接触西方资本主义较早，侨乡具有开放性、包容性、创新性、与时俱进等鲜明特点，这些地区的人们具有强烈的商品意识和竞争意识，形成了敢于冒险的侨乡创业文化。

（五）特色鲜明的妈祖文化

妈祖文化的发源地在福建莆田，肇于宋、成于元、兴于明、盛于清、繁荣于近现代，属于海洋文化的一个分支。历史上宋代出使高丽、元代海运漕运、明代郑和下西洋、清代复台定台等一系列重大事件都与妈祖文化有着不可分割联系。古人就是借助妈祖为精神支柱而战胜海上的千灾万劫，完成了对外交流、海上交通贸易、沿海港口开发以及祖国统一。

【知识链接】

妈祖庙

妈祖，又称天妃、天后、天上圣母、娘妈，是历代海洋贸易者、船工、海员、旅客、商人和渔民共同信奉的神，尤其是在福建、广东、海南、台湾、东南亚中有广泛的妈祖信仰，许多沿海地区均建有妈祖庙。妈祖的真名为林默，小名默娘，故又称林默娘。林默生平乐善好施，经常上山采药为民治病，尤其热心救助海难。28岁那年，她为了救助海难，羽化成仙，常显灵海上，帮助商人及渔民消灾解难。人们为了纪念林默，在湄洲岛上立庙祭祀。湄洲妈祖庙始建于宋雍熙四年（987年），明洪武七年（1374年）增建寝殿、香亭、鼓楼、山门，清康熙二十二年（1683年）重修扩建钟鼓楼、梳妆楼等。湄洲妈祖庙是全世界2000多座妈祖庙（宫）的祖庙，是建设年代最久远的妈祖庙。

四、民族风情，多姿多彩

福建以汉族为主，少数民族散杂居，世居的少数民族有畲族、回族、满族、蒙古族等，其中畲族人口全国最多。福建与台湾隔海峡相望，妈祖、陈靖姑、保生大帝、清水祖师、蛇王等民间信仰在海峡两岸影响很大。黎族是海南岛上最早的居民，“玩隆闺”“打柴舞”是黎族传统习俗。海南岛苗族来自大陆，“三月三”是海南岛各族人民的狂欢节。

五、物华天宝，特色鲜明

本区盛产热带亚热带水果，荔枝、香蕉、菠萝、龙眼号称“南国四大果品”。福建名产有乌龙茶、武夷岩茶、闽西八大干、橄榄、福橘、桂圆干、荔枝、芙蓉李、茉莉花茶等；工艺品有福州脱胎漆器、寿山石雕、厦门漆线雕塑、木画、木雕、纸伞、贝雕、瓷器等；广东特色美食有广式月饼、马蹄糕、萝岗糯米糍、糖不甩、汕头牛肉丸、深井烧鹅、厚街腊肠、广东凉茶等；著名工艺品有广彩、广绣、广雕、枫溪陶瓷、麦秆贴画、潮州抽纱、金漆木雕、潮绣、端砚、织金彩瓷、石湾美术陶瓷等；海南特产非常丰富，椰子系列食品、槟果、波罗蜜、番荔枝、红毛丹、胡椒、腰果、咖啡豆等；工艺品有牛角雕、藤器、海南红豆、根雕、椰雕、珊瑚盆景、黎锦等。

【任务训练】

表11－1－1　闽粤琼旅游区旅游主题

名称	推荐理由	根据主题推荐的旅游景区或景点

[任务评价]

表11－1－2　闽粤琼旅游区旅游主题任务评价

评价指标	评价分值											
	自我评价				组间评价				教师评价			
	A	B	C	D	A	B	C	D	A	B	C	D
主题准确、鲜明												
推荐理由合理												
景点把握熟练												
团队合作												
总体印象												

A：优秀　B：良好　C：一般　D：欠佳

任务二　福建旅游区

福建，简称“闽”，省会福州，位于我国东南沿海，东隔台湾海峡与台湾省相望。福建境内峰岭耸峙，丘陵连绵，河谷、盆地穿插其间，素有“八山一水一分田”之称，森林覆盖率居全国首位，陆地海岸线长达 3752 公里，港湾众多，岛屿星罗棋布。现有世界文化与自然双遗产武夷山、世界文化遗产福建土楼、世界自然遗产与世界地质公园泰宁，世界地质公园宁德白水洋、太姥山、白云山，以及海上花园温馨厦门、温泉古都福州、海上丝路文化泉州、朝圣妈祖平安湄洲、成功起点光辉古田、滨海火山日出东山、东海麒麟神奇平潭等独具特色的旅游品牌。福建文化旅游资源灿烂多元，悠久的历史孕育了闽南文化、客家文化、妈祖文化、闽越文化、朱子文化、海上丝绸之路文化等六大精品文化，以及茶文化等一批内涵深刻、特色鲜明的地域文化。福建宗教多元，佛教、道教、伊斯兰教等遗址广为分布，侨乡文化色彩浓厚。“山海一体，闽台同根，民俗奇异，宗教多元”构成福建旅游鲜明特色。

◆【任务目标】

1. 学生自行寻找福建旅游区游览图，根据下面旅游行程线路，在图中标注旅游线路。

福建亲子游 9 日游：

D1: 福州：三坊七巷、鼓山；

D2: 福州—屏南：白水洋、鸳鸯溪；

D3: 屏南—武夷山：天游峰、九曲溪、大红袍；

D4: 武夷山—泰宁：大金湖；

D5: 泰宁—连城：冠豸山；

D6: 连城—龙岩：永定土楼；

D7: 永定—厦门：鼓浪屿、南普陀寺；

D8: 厦门—泉州：清源山、闽台缘博物馆；

D9: 泉州—湄洲岛—福州。

2. 根据福建旅游区游览图，了解福建旅游区主要旅游景区景点的位置及特色。

◆【任务分析】

要掌握福建各旅游景区的特色就要对景区自然与文化概况有所了解；在对重要景区熟悉的基础上，结合福建省区域概况，归纳旅游主题。

◆【知识准备】

一、　闽东北游览区

以福州为中心，包括宁德、莆田地区的景区景点。

（一）榕城福州

福建省省会，位于闽江下游沿岸，背山、依江、面海，地理环境优越，气候宜人，有“江南胜地”的美誉。福州有着2200多年的历史，是国家级历史文化名城。代表性景点有世界文化遗产地“三坊七巷”，地标性景点“三山两塔”，国家级风景名胜区鼓山。要体会老福州韵味则去“双杭”，即上下杭。福州也是全国三大温泉区之一，有“温泉之城”的雅称。

1．三坊七巷

三坊七巷历史文化街区，占地约40公顷，是鼓楼区南后街两旁从北至南依次排列的坊巷总称，“三坊”即衣锦坊、文儒坊、光禄坊，“七巷”即杨桥巷、郎官巷、塔巷、黄巷、安民巷、富巷、吉庇巷，坊巷内保存有200余座古建筑，被誉为“中国明清古建筑博物馆”，是中国都市仅存的一块“里坊制度活化石”。

三坊七巷一直是“闽都名人的聚居地”，林则徐、沈葆桢、严复等大量对当时社会乃至中国近现代进程有着重要影响的人物皆出自于此。景点有林觉民·冰心故居、严复故居、林则徐纪念馆、二梅书屋、寿山石雕刻艺术馆、小黄楼（中国涉台楹联博物馆）、林聪彝民居（福州漆艺博物馆）等。

2．鼓山风景区

鼓山位于福州市东约9公里处，是福州市郊的最高峰，海拔925米，山上胜迹众多，林壑幽美，引人入胜。鼓山是福州佛教圣地，全山以位于鼓山半山腰的千年古刹涌泉寺为中心，游客至此常有“进山不见寺，进寺不见山”的感慨。鼓山向西有洞壑数十景，其中以十八景最为著名；向东有回龙阁、灵源洞等20多景；向北有大顶峰、白云洞等45景；向南有罗汉台、香炉峰等50多景，这些景点多数为花岗岩山体经过多年的风化、剥蚀、崩塌、堆积形成。自宋以来，文人墨客在山中留下各种字体石刻549段，现存题刻最早的是灵源洞东壁宋庆历六年（1046年）蔡襄等人的题名，其文曰“邵去华、苏才翁、郭世济、蔡群谟庆历丙孟秋八日游灵源洞”共二十四字，楷字，字径40厘米。

3．太姥山

位于闽浙边界的福鼎市境内，国家AAAAA级景区，有“海上仙都”的美称。太姥山是一处以花岗岩峰林岩洞为特色，融山、海、川、岛和人文景观于一体的风景旅游胜地，观赏面积92.02平方公里、保护面积200平方公里，拥有太姥山岳、九鲤溪瀑、福瑶列岛、晴川海滨四大景区和瑞云古刹、翠郊古民居两处独立景点。

4．西禅寺

位于福州市西郊怡山，原名长庆寺。古刹大门坊柱上镌刻一副楹联：“荔树四朝传宋代，钟声千古响唐音。”这是清代周莲撰写的联句，点明“西禅寺”是唐朝的古寺。西禅寺内有天王殿、大雄宝殿、法堂、藏经阁、玉佛楼及客堂、禅堂、方丈室等建筑，还有唐七星井、《唐福州延寿禅院故延圣大师塔内真身记》碑、五代慧棱禅师舍利塔、清康熙御笔《药师经》清代壁画等。玉佛楼为1979年增建，内供两尊自缅甸请来的玉佛：一尊为卧佛，长3.7米；另一尊为坐佛，高2.95米。西禅寺在新加坡、马来西亚、越南等地还设有分院，这是其他寺庙少见的。

5．白水洋·鸳鸯溪景区

位于屏南县境内，国家AAAAA级旅游景区、国家地质公园，总面积66平方公里，分为白水洋、宜洋、刘公岩、太堡楼、鸳鸯湖五大景区，融溪、峰、岩、瀑、洞、湖等山水景观为一体。每年秋分至次年清明，数以千计的鸳鸯不惜千里从北方飞回此地过冬，数百只中华猕猴常年栖息于溪畔林间，景区中还有白鹇、云豹、蟒蛇、穿山甲等10多种国家二级以上保护动物，被誉为“天然动植物园”“爱侣胜地”“鸳鸯故乡”“猕猴乐园”。白水洋景区是目前世界唯一的“浅水广场”，其平坦的河床长约2公里，最宽处182米，总面积达8万平方米，一石而就，河床布水均匀，净无沙砾，人行其上，水仅没踝，阳光下波光潋滟，一片白炽，因而得名白水洋。鸳鸯溪（宜洋）景区，在白水洋的下游，因每年有数千对的鸳鸯从北方到此过冬，故称鸳鸯溪。景区森林茂密，峡谷纵向深度500多米，横向跨度最窄处仅1米，融秀溪、峡峰、怪岩、奇洞、雄瀑、诡云、朦雾、古道、险栈、珍禽异兽于一体，构成一幅立体式的百里画廊。同时，也是我国瀑布最多的景区，其中百丈漈水帘洞、小壶口瀑布、鼎潭仙宴谷为国家特级景点，是人们登山、探幽、休闲、旅游的胜境。

6．湄洲岛

位于莆田市中心东南42公里，是莆田市第二大岛，全岛南北纵向狭长，形如蛾眉而得名，被誉为“南国蓬莱”，是妈祖文化的发祥地。湄洲岛包括大小岛、屿、礁30多个，有扣人心弦的湄屿潮音、“东方夏威夷”九宝澜黄金沙滩、“小石林”鹅尾怪石等风景名胜。湄洲岛是妈祖的故乡，这里的妈祖庙尊称为“天后宫湄洲祖庙”。此庙创建于宋雍熙四年（987年），即林默逝世的同年，后经历代扩建，日臻雄伟。湄洲祖庙是全世界华籍海员顶礼膜拜和海内外同胞神往的圣地。每逢农历三月二十三妈祖生日和九月初九妈祖忌日，庙宇内外，人山人海，香火鼎盛。

二、　闽西游览区

（一）武夷山

位于武夷山市城南15公里处，主要景区方圆70平方公里，平均海拔350米，属典型的丹霞地貌，素有“碧水丹山”“奇秀甲东南”之美誉，是首批国家级重点风景名胜区之一，于1999年12月被联合国教科文组织列入《世界遗产名录》，荣膺“世界自然与文化双重遗产”。景区内主要风景有“六六奇峰翠插天”的三十六峰、“三三秀水清如玉”的九曲溪、七十二洞穴和九十九座山岩。武夷山的三十六峰中最著名的是大王峰、玉女峰和天游峰。其中天游峰位于九曲溪北，每当雨后乍晴或晨曦初露之时，登峰巅，望云海，犹如大海的波涛，变幻莫测，宛如置身于蓬莱仙境，遨游于天宫琼阁，故名“天游”，被认为武夷第一胜地，登上天游峰就能观赏九曲山水全景。

武夷山麓中有众多的清泉、飞瀑、山涧、溪流。其中最具诱惑的是九曲溪。丹崖碧水、一溪九曲、曲曲景异，武夷山众多山景都列在溪水边，乘木筏游览水景山景时还可以看到悬放在悬崖峭壁上的船形棺木，那是古越族一个支族的“悬棺葬”遗物，距今有4000多年的历史。

（二）泰宁大金湖

位于福建西北三明市泰宁县，AAAAA级景区，世界地质公园，是一个以青年期丹霞地貌为主体，兼有花岗岩、火山岩、构造地质地貌等多种地质遗迹，自然生态良好，人文景观丰富的综合性地质公园，涵盖金湖、上清溪、状元岩、猫儿山、泰宁古城等五大景区。其中金湖风景名胜区，距县城8公里，因地处金溪上游，富含沙金而得名。景区总面积136平方公里，其中水域面积26平方公里，全长62公里，有“百里金湖”之称。金湖景观资源十分丰富，可概括为72峰、36岩、18洞、5泉、2瀑之美景，189个景点、49处胜景，具有幽、秀、奇、绝的特色风格和山清、水秀、石美、洞奇、峰怪“五绝”特点，是度假避暑、休养旅游、科考科普、水上运动的理想胜地。特别是甘露寺、水上一线天、幽谷迷津、天工佛像、天然摩崖石刻等绝世奇观，令人叹为观止。

（三）玉华洞

位于将乐县城东南5公里的天阶山下，面积43平方公里，因洞内岩石光洁如玉，华光四射而得名，是福建省最大的石灰岩溶洞。全洞总长约6公里，有“琼楼玉宇”“渴龙饮水”“朝天曙色”“蓬莱翠”“雄鹰独立”“风飘泪烛”等166景，均为石灰岩溶蚀而成。进口为“一扇风”，风声不止，出口是“五更天”，可以使人体验到由昏暗转为光亮的景色。

（四）冠豸山

冠豸山以其主峰形似古代獬豸冠而得名，与武夷同属丹霞地貌，被誉为“北夷南豸，丹霞双绝”。景区位于连城县城之东1.5公里处，“平地兀立，不连岗自高，不托势自远”，方圆123平方公里，由冠豸山、石门湖、竹安寨、旗石寨、九龙湖五个游览区组成，目前可游览的景观有40余处，摩崖石刻39处，另有规模壮观的亭、阁、寺庙、书院、山房等10余处。冠豸山景观有“三绝”：竹安寨景区的“寿星石 ” “水门墙”与冠豸山景区“照天烛”。

三、闽南游览区

（一）福建土楼

主要分布在永定、南靖等地。福建土楼产生于宋元，成熟于明末、清代和民国时期。永定县拥有圆土楼360座，方土楼4000多座。其中，洪坑土楼群距县城45公里，有著名的土楼王子“振成楼”；初溪土楼群有已届600“高龄” 最古老的集庆楼和最年轻的善庆楼等。南靖县土楼有800多座，著名的有田螺坑土楼群、河坑土楼群等。

福建土楼是世界独一无二的大型民居形式，被称为中国传统民居的瑰宝，2008年列入《世界遗产名录》。福建土楼以分布广、保存完好而著称，是客家文化的象征，故又称“客家土楼”。土楼大小不一，形状各异，除常见的圆形、方形外，还有椭圆形、五凤形、半月形、扇形、交椅形、曲尺形等。建筑材料以土、木、石、竹为主，利用将未经焙烧的按一定比例的沙质黏土和黏质沙土拌和而成，用夹墙板夯筑而成的两层以上的房屋。

（二）海上花园城市——厦门

厦门地处中国东南沿海，福建省东南部、九龙江入海处。背靠漳州、泉州平原，其东南濒临东海，濒临台湾海峡，面对金门诸岛，与台湾宝岛和澎湖列岛隔海相望。西、北分别与漳州、泉州两市接壤。远古时，因为白鹭栖息之地，厦门岛又故而称“鹭岛”。著名景点有鼓浪屿、集美归来堂、万石植物园、厦门大学、华侨大学、海沧大桥、同安影视城、厦门园博园、南普陀寺等。

1. 鼓浪屿

鼓浪屿原名圆沙洲、圆洲仔，因海西南有海蚀洞受浪潮冲击，声如擂鼓，明朝雅化为今名。它位于厦门市西南，与厦门隔海相望，仅 1000 米之遥，面积只有 1.78 平方公里，气候宜人，并且保留着许多近代欧式建筑，有“万国建筑博览会”之誉。鼓浪屿景点众多，有日光岩、菽庄花园等。

2. 南普陀寺

位于厦门岛五峰山下，与厦门大学相邻，是福建千年古刹，为闽南佛教圣地之一。始建于唐代，该寺以奉祀观音为主，又位于我国佛教四大名山之一浙江普陀山之南，故称南普陀。寺内主要建筑有天王殿、大雄宝殿、大悲殿、藏经阁等，各殿供奉弥勒、三世尊佛、千手观音、四大天王、十八罗汉，藏经阁珍藏佛教文物丰富多彩，有经典、佛像、宋代铜钟、古书，其中以明万历年间血书《妙法莲花经》和何朝宗名作白瓷观音等最为名贵。每年农历的二月十九日、六月十九日、九月十九日，寺内均会举行盛大活动。

（三）漳州游览区

漳州地处“闽南金三角”，是著名的“鱼米花果之乡”，素有“海滨邹鲁”的美誉。漳州系历史文化名城，是闽南文化的发祥地之一，历史上人才会集，俊贤辈出，走出了林语堂、黄道周等文化名人，是一处集观光、休闲、度假、健身为一体的海峡西岸旅游胜地。

漳州滨海火山国家地质公园位于漳浦县前亭镇——龙海市隆教乡滨海一带，是中国唯一的滨海火山地质地貌风景旅游区。景区内有两座神奇的火山岛——林进屿和南碇岛，林进屿是由火山岩（玄武岩）组成的似椭球形岛屿，2000 多万年前的古火山口、16 处的火山喷气口群及几千平方米的铆钉状气孔柱群，构成了国内罕见的古火山岛景观；南碇岛呈椭球形，整个岛由源于地下 70 ～ 130 公里处的 140 多万根巨型柱状节理玄武岩组成，是目前世界上拥有最多柱状玄武岩的滨海火山岛。

（四）泉州游览区

泉州又称鲤城、刺桐城、温陵，是我国著名的侨乡和台胞祖籍地。地处福建东南部，与台湾隔海相望，是古代“海上丝绸之路”的起点，宋、元时期泉州港被誉为“东方第一大港”，与埃及的亚历山大港齐名。泉州是国务院首批公布的24个历史文化名城之一，文化积淀深厚，素有“世界宗教博物馆”“光明之城”的美誉。

1. 洛阳桥

原名“万安桥”，位于泉州东郊的洛阳江上。它与北京的卢沟桥，河北的赵州桥，广东的广济桥并称为中国古代四大名桥。洛阳桥是中国现存最早的跨海梁式大石桥，也是世界桥梁筏形基础的开端。它是宋代泉州太守蔡襄主持修建的，初建时石桥跨江接海，工程规模巨大，结构和工艺技术高超。现桥长73.29米、宽4.5米、高7.3米，有44座船形桥墩、645个扶栏、104只石狮、1座石亭、7座石塔。桥亭附近立有历代碑刻，有“万古安澜”等宋代摩崖石刻；桥北有昭惠庙、真身庵遗址；桥南有蔡襄祠，著名的蔡襄《万安桥记》宋碑，即立于祠内，被誉为书法、记文、雕刻“三绝”。

2. 清源山风景名胜区

位于泉州市北郊，海拔572米，山脉绵延20公里，象形岩石，千姿百态，有“闽海蓬莱第一山”之美誉，是泉州四大名山之一。总面积62平方公里，由清源山、九日山、灵山圣墓三大区域构成。清源山有许多别名，历史上因泉眼众多名“泉山”，城因山得名“泉州”；山高入云又名“齐云山”；位于市区北郊故名“北山”；因山峰鼎峙故又称“三台山”。清源山自然景色秀丽，人文景观荟萃。经过了历代开发，山上留下了大量文物古迹，现存完好的有宋、元时期石雕造像7处9尊，历代摩崖石刻近700方，元、明两代花岗岩仿木结构的石室多处。著名景点有老君造像、九日山祈风石刻、伊斯兰圣墓、“行香碑”等。其中最负盛名的老君造像，系全国最大的、雕刻年代最早、艺术价值最高的道教石雕。

3. 清净寺

也称圣友寺，位于泉州市。该寺创建于北宋大中祥符二年（1009年），是仿照叙利亚大马士革伊斯兰教礼堂的建筑形式建造的，占地面积约2500平方米，是阿拉伯穆斯林在中国创建的现存最古老的伊斯兰教寺，也是我国现存最早、最古老的具有阿拉伯建筑风格的伊斯兰教寺，是全国重点文物保护单位。清净寺是我国与阿拉伯各国人民友好往来和文化交流的历史见证。

4. 崇武古城景区

位于泉州市惠安县东南海滨（崇武镇），濒临台湾海峡，全国重点文物保护单位，是一处集滨海风光、历史文物、民俗风情雕刻艺术于一体，非常具有代表性和影响力的旅游胜地，泉州市十佳旅游景区景点和福建省12个旅游精品工程之一，历来被世人称为“天然影棚”“南方北戴河”。崇武古城由江夏侯周德兴在明洪武二十年（1387年）经略海防时为抵御倭寇所建，是我国仅存的一座比较完整的石头城，也是我国海防史上一个比较完整的史迹。

[任务训练]

以小组的形式，通过教材、网络或其他方式尽可能了解福建旅游景点，获得旅游信息，选出小组最喜欢的旅游景点。每组选出同学代表，阐述小组任务完成的过程，并讲解旅游景点。

[任务评价]

表11－2－1　福建旅游区任务训练评价

评价指标	评价分值											
	自我评价				组间评价				教师评价			
	A	B	C	D	A	B	C	D	A	B	C	D
景点把握												
阐述过程												
讲解水平												
团队合作												
总体印象												

A：优秀　B：良好　C：一般　D：欠佳

任务三　广东旅游区

广东省，简称“粤”，省会广州。它是中国大陆南端沿海的一个省份，位于南岭以南，南海之滨，与香港、澳门、广西、湖南、江西和福建接壤，与海南隔海相望。广东国家级历史文化名城有6处，即广州、潮州、肇庆、佛山、梅州、海康。全省以广州和深圳为两大游览中心，分为“一区四线”：一区指广东、深圳、珠海三城连线的珠江三角旅游区，有虎门销烟池、孙中山故居等。四线指潮州、梅州、汕头连线的东线，为客家文化和潮汕文化；湛江、茂名连线的西线，为热带海滨风光；粤北线连接韶关、仁化、九泷十八滩、南华寺、丹霞山等景区景点；西江线连接佛山祖庙、石湾美陶、肇庆七星岩、鼎湖山、南海西樵山、江门圭峰等景区景点，形成生态、博古旅游区。

◆【任务目标】

1. 学生自行寻找广东旅游区游览图，根据下面旅游行程线路，在图中标注旅游线路。

广东自驾9日游

D1: 广州：花城广场、越秀公园、陈家祠堂；

D2: 广州—佛山：西樵山、南风古灶、佛山祖庙；

D3: 佛山—肇庆：鼎湖山、七星岩；

D4: 肇庆—开平碉楼—珠海：情侣路；

D5: 珠海—深圳：锦绣中华、世界之窗或欢乐谷；

D6: 深圳—惠州：罗浮山；

D7: 惠州—梅州：梅州市梅县区雁南飞茶田度假村；

D8: 梅州—仁化：丹霞山；

D9: 韶关—广州：岭南园林。

2. 根据广东旅游区游览图，了解广东旅游区的主要旅游景区景点位置及特色。

◆【任务分析】

要想了解广东旅游区的主要旅游景区景点，首先要了解广东旅游区的旅游特色，掌握广东旅游景区景点分布情况，熟悉各旅游景区景点的基本特点。

◆【知识准备】

一、　珠江三角洲游览区

（一）广州游览区

广州，简称穗，别称羊城、穗城、花城，古称番禺或南海。地处中国南方，广东省南部，珠江三角洲的北缘，濒临南中国海，珠江入海口，毗邻港澳，海上丝绸之路的起点，被称为中国的“南大门”。广东省省会，是全国著名的华侨之乡，也是全国华侨最多的大城市。广州有着2200多年的文明历史，并在近代史上声名显赫，素以名胜古迹众多而闻名，主要有镇海楼、南越王墓、陈家祠、六榕寺、光孝寺、黄埔军校旧址等景点。白云山、越秀公园、流花湖公园、麓湖等自然景观各具特色，与历史景观共同构成了广州市区丰富多彩的景观群。同时，广州还是美食的天堂，色、香、味、形俱全的粤菜及中外各色风味饮食，为广州带来“食在广州”的美称。

1．广州塔

广州新电视塔，昵称小蛮腰，位于广州市海珠区赤岗塔附近，广州塔塔身主体高454米，天线桅杆高146米，总高度600米。广州塔是中国第一高电视塔，世界第二高电视塔，天线桅杆488米处设有户外摄影观景平台，是世界最高的户外观景平台。塔身顶部450～454米处设有摩天轮，是世界最高摩天轮。广州塔有5个功能区和多种游乐设施，包括户外观景平台、高空横向摩天轮，极速云霄极限游乐项目，有2个观光大厅，有悬空走廊，天梯，4D和3D动感影院，中西美食，会展设施，购物商场及科普展示厅。花城广场灯光音乐会在每年春节期间举办，以广州塔为中心，珠江两岸和新中轴线夜景为背景，联动花城广场现场音乐，上演大型城市灯光表演，打造节日视觉盛宴。

2．越秀山

位于广州市北，为白云山余脉，因有越王台故址而得名。主要风景点有五羊山、镇海楼。镇海楼坐落在越秀山小蟠龙冈上，是广州标志性建筑之一。该楼又名“望海楼”，因当时珠海河道甚宽，故将“望江”变为“望海”，又因楼高5层，故又俗称“五层楼”。楼前碑廊有历代碑刻，右侧陈列有12门古炮。五羊山在公园西部的山冈上。岗顶矗立着一座高达11米的五羊石像。传说古时周代有5个仙人各骑口衔六枝谷穗的羊降临楚庭（广州古名），把谷穗赠给邑人，并祝人们永无饥荒，仙人言毕隐去，羊化为石。五羊石像就是艺术家们根据这个神话而创作的。这就是为什么广州用“羊城”和“穗”为代称和简称的由来。五羊像用花岗石雕制，造型含蓄而富有诗意，被人们视为广州的标志。

3．陈家祠堂

是中国清代宗祠建筑。原称陈氏书院，在广州市中山七路。该祠规模宏大，装饰华丽，是广东地区保存较完整的富有代表性的清末民间建筑。始建于清光绪十六年（1890年），建成于光绪二十年（1894年），占地面积1.5万平方米。其主体建筑呈四方形，是一组五座三进、九堂六院，共19座建筑组成的院落式艺术建筑群，建筑面积6400平方米。整座建筑规模宏大，厅堂轩昂、庭院幽雅，既体现了我国古代建筑的传统风格，又具有我国南方建筑的鲜明特色，被誉为“岭南建筑艺术的一颗明珠”。

4．白云山

位于广州市北郊，因主峰摩星岭常被白云所掩盖而得名。山上遍植花果树木，并在山中建有人工湖——麓湖，湖光山色，风光秀丽，现为白云山公园。白云山风景区从南至北共有 7 个游览区，依次是：麓湖游览区、三台岭游览区、鸣春谷游览区、摩星岭游览区、明珠楼游览区、飞鹅岭游览区及荷依岭游览区，区内有 3 个全国之最的景点，分别是：全国最大的园林式花园——云台花园、全国最大的天然式鸟笼——鸣春谷、全国最大的主题式雕塑专类公园——雕塑公园。

5. 从化温泉

位于从化市温泉镇，距广州市 75 公里，是广东省名闻遐迩的风景区和疗养胜地。分为温泉游览区和天湖游览区两部分。温泉游览区共有泉眼 13 处，分布在河东、河西两岸。明清两代已经开发利用此地温泉，称为“岭南第一泉”。泉水无色无味，水质晶莹含有钙、镁、钾、二氧化硅和氡等元素。泉水最低温度 36℃，最高温度达 71℃。从化温泉对各种关节炎和皮肤、消化器官、神经系统等疾病有辅助疗效。天湖游览区在温泉西部，景色以山林瀑布为主。

（二）深圳游览区

深圳，别称鹏城，地处广东省南部，珠江三角洲东岸，与香港一水之隔。深圳是中国改革开放建立的第一个经济特区，中国改革开放的窗口，已发展为有一定影响力的国际化城市，创造了举世瞩目的“深圳速度”，同时享有“设计之都”“钢琴之城”“创客之城”等美誉。城市标志性景观有深圳市民中心、地王大厦；特色景观有“一街两制”中英街、知名文化品牌“大芬油画”村、观澜湖高尔夫球会等；最负盛名的是锦绣中华与世界之窗。

1. 深圳华侨城旅游度假区

坐落在深圳湾畔，首批国家 AAAAA 级旅游景区，以锦绣中华、中国民俗文化村、世界之窗、欢乐谷四大主题公园为核心，深圳华侨城旅游度假区形成了中国最具规模和实力的主题公园群。

锦绣中华是中国最早的文化主题公园，是目前世界上面积最大、内容最丰富的实景微缩景区。园中的82个景点均按中国版图位置分布，大都按1∶15复制。其中有5万多个栩栩如生的陶艺小人和动物点缀在各景点，生动再现了我国的历史文化及民俗风情。

世界之窗位于南山区深圳湾社区深南大道，以弘扬世界文化为宗旨，把世界奇观、历史遗迹、古今名胜、民间歌舞表演汇集一园，营造了一个精彩美妙的世界。世界之窗景区按五大洲划分，与世界广场、世界雕塑园、国际街、侏罗纪天地共同构成千姿百态、美妙绝伦、让人惊叹的人造主题公园。

深圳欢乐谷是华侨城集团新一代大型主题乐园，占地面积 35 万平方米，是一座融参与性、观赏性、娱乐性、趣味性于一体的中国现代主题乐园。全园共分九大主题区：西班牙广场、魔幻城堡、冒险山、欢乐时光、金矿镇、香格里拉 · 雪域、飓风湾、阳光海岸，以及独具特色的玛雅水公园，有 100 多个老少皆宜、丰富多彩的游乐项目。

中国民俗文化村，占地 20 多万平方米，是中国第一个荟萃各民族民间艺术、民俗风情和民居建筑于一园的大型文化旅游景区，内含 22 个民族的 25 个村寨，均按1∶1的比例建成。通过民族风情表演、民间手工艺展示、定期举办大型民间节庆活动，多角度、多侧面地展示出我国各民族原汁原味、丰富多彩的民风民情和民俗文化，让游客充分感受中华民族的灵魂和魅力。

2．东部华侨城

坐落于深圳市大梅沙，占地近 9 平方公里，由华侨城集团斥资 35 亿元精心打造，是国内首个集休闲度假、观光旅游、户外运动、科普教育、生态探险等主题于一体的大型综合性国家生态旅游示范区，主要包括大峡谷生态公园、茶溪谷休闲公园、云海谷体育公园、大华兴寺、主题酒店群落、天麓大宅等六大板块，体现了人与自然的和谐共处。东部华侨城还精心打造了《天禅》《天机》《天音》《天籁》等多台文化演艺项目，每年的春夏秋冬，还会分别推出“山地采茶节”“山海放歌节”“国际茶艺节”“山地祈福节”等主题活动，为广大游客带来无限精彩。

（三）西樵山

位于广东省佛山市南海区的西南部，是广东四大名山之一，国家AAAAA级旅游景区。西樵山是一座熄灭了千万年的古火山，直径 4 公里，占地 13.6 平方公里，主峰大科峰海拔 344 米。西樵山风景资源丰富，名胜古迹众多。西樵山林深苔厚，郁郁葱葱，洞壁岩缝，储水丰富，古人赞之为“谁信匡庐千嶂瀑，移来一半在西樵”。西樵山素有“珠江文明的灯塔”的美誉，明清时期，以湛若水、何白云、康有为为代表的一大批文人学子隐居西樵，探求理学，使西樵山获得了“南粤理学名山”的雅号。

（四）肇庆游览区

肇庆市属珠江三角洲，西靠桂东南，珠江主干流西江穿境而过，北回归线横贯其中。肇庆市是中国第三批国家级历史文化名城，已有 2200 多年的历史，被誉为岭南文化的发祥地。梅庵、德庆学宫、肇庆古城墙、七星岩摩崖石刻、德庆悦城龙母祖庙是国家级重点文物保护单位。代表性的自然景观有鼎湖山、七星岩等。

1．鼎湖山

是岭南四大名山之首，距肇庆城区东北 18 公里，位于多是沙漠和干草原的北回归线上，所以鼎湖山又被称为“北回归线上的绿宝石”。它与丹霞山、罗浮山、西樵山合称为广东省四大名山。景区内林壑幽深，泉溪淙淙，自然风光迷人，有飞来潭、白鹅潭、日僧荣睿碑亭、白云寺、庆云寺、水帘洞等胜景。

2．七星岩

位于肇庆市区北约 4 公里处，景区由五湖、六岗、七岩、八洞组成，面积 8.23 平方公里，湖中有山，山中有洞，洞中有河，景在城中不见城，美如人间仙境。七星岩以喀斯特溶岩地貌的岩峰、湖泊景观为主要特色，七座排列如北斗七星的石灰岩岩峰巧布在面积达 6.3 平方公里的湖面上，20 余公里长的湖堤把湖面分割成五大湖，被誉为“人间仙境”“岭南第一奇观”。主要景点有水月宫、石室岩、玉皇阁、龙宫殿等。

（五）罗浮山

位于惠州博罗县长宁镇境内，又名东樵山，国家AAAA级景区，国家级重点风景名胜区，中国十大道教名山之一，为道教十大洞天之第七洞天，七十二福地之第三十四福地。景区总面积260平方公里，内有大小山峰432座，飞瀑名泉980多处，洞天奇景18处，石室幽岩72个。主峰飞云顶，海拔1281米。罗浮山山势雄浑，风光秀丽，气候宜人，是避暑胜地。史学家司马迁把罗浮山比作“粤岳”，所以罗浮山素有“岭南第一山”之美称。

（六）开平碉楼

开平碉楼，是集防卫、居住和中西建筑艺术于一体的多层塔楼式建筑，其特色是中西合璧的民居，有古希腊、古罗马及伊斯兰等风格多种。2007年 “开平碉楼与古村落”正式列入《世界遗产名录》。

开平碉楼为多层建筑，墙体厚实坚固，窗户开口小，都有铁栅和窗扇，外设铁板窗门，碉楼上部的四角，一般都建有突出悬挑的全封闭或半封闭的角堡（俗称“燕子窝”），角堡内开设了向前和向下的射击孔，可以居高临下还击进村之敌。开平碉楼的造型变化主要在于塔楼顶部，比较美观的有中国式屋项、中西混合式屋顶、古罗马式山花顶、穹顶、美国城堡式屋顶、欧美别墅式房顶、庭院式阳台顶等形式。开平碉楼的上部造型，分为柱廊式、平台式、退台式、悬挑式、城堡式和混合式等；下部形式都大致相同，只有大小、高低的区别。最高的碉楼是赤坎乡的南楼，高达七层。

旅游文化区景点包括立园、 自力村碉楼群、 马降龙碉楼群、锦江里、 赤坎古镇 、南楼和开元塔。锦江里瑞石楼，是中西建筑风格完好结合的典型，也是开平现存最高、最美的碉楼，有“开平第一楼”之称。

【知识链接】

岭南四大园林

指佛山市顺德区的清晖园、佛山市禅城区的梁园、番禺的余荫山房和东莞的可园四座古典园林。清晖园是一处始建于明代的古代园林建筑，整个园林以尽显岭南庭院雅致古朴的风格而著称，园中有园，景外有景，步移景换，并且兼备岭南建筑与江南园林的特色；梁园是佛山梁氏宅园的总称，主要由“十二石斋”“群星草堂”“汾江草庐”“寒香馆”等不同地点的多个群体的精华部分组成，规模宏大，主体位于松风路先锋古道；余荫山房，又名余荫园，位于广东番禺南村镇东南角，建于清同治年间，距今133年，以“小巧玲珑”的独特风格著称于世，赢得园林艺术的极高荣誉；东莞可园，可园占地面积约有2200平方米，外缘呈三角形，园内有一楼、六阁、五亭、六台、五池、三桥、十九厅、十五间房，其名多以“可”字命名，其建筑是清一色的水磨青砖结构，可园运用了江南造园艺术，小中见大，暗中通明、高低回转，趣味无穷。

二、　粤北游览区

（一）丹霞山

位于韶关市仁化县，古人取其“色渥如丹，灿若明霞”之意称其为丹霞山，国家AAAAA级旅游景区。丹霞山景区方圆180平方公里，整体呈现一种红层峰林式结构，赤壁丹崖是其最基本的形态特征，不同体量和不同形态的赤壁丹崖组成了大小石峰、石堡、石墙、石柱600多座，主峰巴寨海拔618米，有“中国红石公园”之称。全区分5个游览区：长老峰游览区由三级绝壁和三级崖坎构成三个最典型的赤壁丹霞景观层次，以历史悠久、宗教文化、丹霞地貌为亮点；翔龙湖游览区，自然景观有三涧、六峡、九洞、十八峰；阳元石游览区因天下第一奇石阳元石而得名；锦江游览区，8公里水路风景长廊，美不胜收；巴寨景区当地人俗称大石山，造型状物变化万千，是丹霞地貌最典型、最完美的代表。

（二）连州地下河

位于清远连州市区以北26公里的东陂镇，它藏在山势雄竣的大口岩溶洞中，是一个大型的地下暗河溶洞。上下共分三层，全长1860米，可供游览面积达4.3万平方米。洞内四季气温常年保持在18℃左右，空气新鲜，冬暖夏凉。地下暗河位于下层，水流由北向南，蜿蜒曲折十八弯，经过三个峡谷“龙门峡”“莲花峡”“香蕉峡”，穿过四座山头的底部，河道水面平静，流速缓慢，最宽处有10米，最窄处仅1.6米，水深1～7米，沿河两岸布满石钟乳、石英、石柱、石花、石幔等，形态万千。而陆地第二层和第三层则有佛光普照、东陂马蹄、关公神像、伊甸园等景点。

三、　粤东游览区

以汕头、梅州、潮州为中心，潮汕文化与客家文化鲜明的旅游区域，民风古雅，遗存丰富。

（一）客都—梅州

梅州，位于广东省东北部，地处闽、粤、赣三省交界处，全国重点侨乡，梅州是客家人比较集中的聚居地之一，被誉为“世界客都”。市内“中国客家博物馆”，是国内唯一展示客家文化的专题博物馆；雁南飞茶田景区是全国农业旅游示范点。

（二）汕头游览区

位于广东省东部，韩江三角洲南端，是全国主要港口城市、中国最早开放的经济特区、海西经济区重要组成部分，素有“岭东门户、华南要冲”之称。汕头华侨众多，与海外交往密切，人多地少，潮汕文化如潮州话、潮剧、潮乐、潮州菜和工夫茶等享誉海内外。汕头是“中国优秀旅游城市”，全市共有旅游景点20多处，有礐石风景区、澄海塔山风景区、莲花峰风景区、南澳生态旅游区、中信高尔夫海滨度假村、陈慈黉故居、青云岩风景区、北回归线标志塔、汕头方特欢乐世界等。

（三）潮州游览区

潮州市是国家历史文化名城，潮州文化的重要发源地，潮州文化内涵丰富，主要包含潮州方言、潮剧、潮州音乐、潮州工艺、潮州木雕、潮绣、潮州大锣鼓等。潮州饮食最为出名的是潮州菜和潮州工夫茶。潮州列入国务院全国重点文物保护单位的有广济桥、许驸马府、开元寺、韩文公祠、己略黄公祠、笔架山宋窑遗址、道韵楼等。

【任务训练】

以小组的形式，通过多种方式了解广东旅游景点，获得旅游景点信息，设计3个广东旅游主题。每组选出3名同学讲解旅游主题中的主要旅游景点。

【任务评价】

表11－3－1　广东旅游区任务训练评价

评价指标	评价分值											
	自我评价				组间评价				教师评价			
	A	B	C	D	A	B	C	D	A	B	C	D
主题设计												
阐述过程												
讲解水平												
团队合作												
总体印象												

A：优秀　B：良好　C：一般　D：欠佳

任务四　海南旅游区

海南省，简称琼，位于中国最南端，包括海南岛和中沙、西沙、南沙群岛及其周围广阔的海域，全省陆地总面积 3.54 万平方公里，其中海南岛陆地面积 3.39 万平方公里，海域面积约 200 万平方公里，是我国仅次于台湾岛的第二大岛，中国最小的陆地省，省会为海口市。

海南是中国唯一的热带岛屿省份，中国最受欢迎的热带滨海度假胜地。这里四季无冬，阳光充沛，空气清新，水质纯净，堪称人间天堂、南海明珠。海南旅游资源丰富：在海南岛长达 1823 公里的海岸线上，海岸带景观丰富，当今国际旅游者喜爱的阳光、海水、沙滩、绿色、空气 5 个要素，海南环岛沿岸均兼而有之；山岳、热带原始森林众多，最著名的有乐东尖峰岭、昌江霸王岭、陵水吊罗山和琼中五指山等 4 个热带原始森林区；大河、瀑布、水库风光秀美；火山、溶洞、温泉形态各异；五公祠、东坡书院、宋氏祖居等古迹名胜熠熠生辉；黎族、苗族、回族等世居海南岛的少数民族敦厚的民风民俗和独特的生活习惯，使海南的社会风貌独特而多彩；热带作物及田园风光极大地丰富了自然景观。

◆【任务目标】

1. 学生自行寻找海南旅游区游览图，根据下面旅游行程线路，在图中标注旅游线路。

椰风海韵休闲 5 日游：

D1: 海口—兴隆：博鳌亚洲论坛成立会址、兴隆热带植物园、南湾猴岛；

D2: 三亚：天涯海角、南山文化旅游区、亚龙湾；

D3: 三亚：分界洲岛、呀诺达热带雨林区、槟榔谷黎苗文化旅游区 ；

D4: 三亚—海口：东山岭、文笔峰盘古文化旅游区；

D5: 海口：雷琼海口火山群世界地质公园、五公祠。

2. 根据海南旅游区游览图，了解海南旅游区的主要旅游景区景点位置及特色。

◆【任务分析】

要想了解海南旅游区的主要旅游景区景点，首先要了解海南旅游区的旅游特色，掌握海南旅游景区景点分布情况，熟悉各旅游景区景点的特点。

◆【知识准备】

一、琼南游览区

位于海南岛最南端，以三亚市为中心，以椰风海韵为特色，是海南省最具旅游吸引力的区域。

（一）亚龙湾国家旅游度假区

位于三亚市东南 28 公里处，是海南最南端的一个半月形海湾，海南名景之一，国家级旅游度假区，有着“天下第一湾”的美誉。亚龙湾三面青山围绕，拥有蓝蓝的天空、明媚温暖的阳光、清新湿润的空气、连绵起伏的青山、千姿百态的岩石、原始幽静的红树林、波平浪静的海湾、清澈透明的海水、洁白细腻的沙滩以及五彩缤纷的海底景观等。在 8 公里长的海岸线上椰影婆娑，生长着众多奇花异草和原始热带植被。亚龙湾集中了现代旅游 5 大要素：海洋、沙滩、阳光、绿色、新鲜空气于一体，呈现明显的热带海洋性气候，全年平均气温 25.5℃，冬季海水最低温度 22℃，适宜四季游泳和开展各类海上运动。

（二）天涯海角游览区

位于三亚市区西郊 23 公里处，是海南一个富有神奇色彩的游览胜地。这里海水澄碧，烟波浩瀚，帆影点点，椰林婆娑，奇石林立水天一色。海湾沙滩上大小百块石耸立，“天涯”“海角”“南天一柱”巨石突兀其间，昂首天外，峥嵘壮观。

（三）南山文化旅游区

位于三亚南山，距市区 40 公里，国家 AAAAA 级景区。南山文化旅游区共分为三大主题公园：

南山佛教文化园是一座展示中国佛教传统文化，能够启迪心智、教化人生的园区。其主要建筑有南山寺、南海观音佛像、观音文化苑、天竺圣迹、佛名胜景观苑、十方塔林与归根园、佛教文化交流中心、素斋购物一条街等。

中国福寿文化园是一座集中华民族文化精髓，突出表现和平、安宁、幸福、祥和之气氛的园区。

南海风情文化园，充分发挥了南山一带蓝天碧海、阳光沙滩、山林海礁等景观的独特魅力，突出展现了中国南海之滨的自然风光和黎村苗寨的文化风情，同时兼容一些西方现代化文明的园区，主要建筑有滑草场、滑沙场、黎苗风情苑、神话漫游世界、黄道婆纪念馆、海洋公园、海底世界、花鸟天堂等。

（四）大小洞天风景区

位于三亚市区以西 40 公里的南山西南隅，总面积为 22.5 平方公里，是一个以古崖州文化为脉络，汇聚中国传统的道家文化与龙文化，融滨海风光、科普教育、民俗风情、休闲度假于一体的国际化旅游风景区。大小洞天风景区以其秀丽的海景、山景和石景号称琼崖第一山水名胜。风景区内至今仍有“小洞天”“钓台”“海山奇观”“仙人足”“试剑峰”等历代诗文摩崖石刻。

（五）鹿回头公园

位于三亚市南 3 公里处，是海南岛最南端的山头。这座山三面临海，状似坡鹿，高 275 米，登上鹿回头山顶，三亚市全景尽收眼底。主景点“鹿回头”雕塑根据海南黎族一个美丽的爱情传说而建造，高 15 米，是海南全岛最高雕塑，并成为三亚市的城雕，三亚因此被称为“鹿城”。

（六）海南呀诺达雨林文化旅游区

位于三亚市保亭黎族苗族自治县，国家AAAAA级景区，距三亚市35公里，是中国唯一地处北纬18°的真正热带雨林，被称为中国钻石级雨林景区。景区集热带雨林、峡谷奇观、流泉叠瀑、黎峒风情、热带瓜果、南药、温泉多种旅游资源于一身。呀诺达热带雨林景区主要由经石峡、梦幻谷、黎锦苑、山盟海誓、快乐体验、热带瓜果乡、雨林水族馆、欢乐雨林“呀诺达”大型演艺和综合服务区九个主题景观区组成。

（七）海南槟榔谷黎苗文化旅游区

位于保亭县与三亚市交界的甘什岭自然保护区境内，国家AAAAA级景区。槟榔谷因其两边森林层峦叠嶂，中间是一条延绵数公里的槟榔谷地而得名。景区由非遗村、甘什黎村、谷银苗家、田野黎家、《槟榔·古韵》大型实景演出、兰花小木屋、黎苗风味美食街七大文化体验区构成，风景秀丽。景区内还展示了十项国家级非物质文化遗产，其中包含世界非物质文化遗产“黎族传统纺染织绣技艺”。槟榔谷还是海南黎、苗族传统“三月三”“七夕嬉水节”的主要活动举办地之一，是海南民族文化的“活化石”。

二、琼东游览区

以海口为集散中心，包括海口、文昌、琼海、万宁、陵水等地景点，万泉河、博鳌、兴隆热带植物园、分界洲岛最具吸引力。

（一）海口游览区

海口，别称“椰城”，海南省省会，位于海南岛北端。旅游景点有五公祠、秀英古炮台、金牛岭公园、桂林洋海滨旅游区、琼台书院、假日海滩、海南热带野生动植物园、东寨港红树林旅游区、冯小刚电影公社、骑楼历史文化街区等。

1．五公祠

位于海口市，始建于明万历年间，占地面积99亩，主要由五公祠、苏公祠、伏波祠、观稼堂、学辅堂、洗心轩和五公祠陈列馆组成，人们习惯以“五公祠”统称。五公祠为该建筑群的主体建筑，是一座二层木质结构、单式斗拱的红楼，占地面积560平方米，楼高10米，人称“海南第一楼”。该楼始建于清光绪十五年（1889年），是为纪念唐宋两代被贬谪来琼的李德裕（唐朝宰相）、李纲和赵鼎（均为宋朝宰相）、李光和胡铨（均为宋朝的大学士）五位历史名臣而建的，由于人们景仰先贤“五公”而得名。

2．雷琼海口火山群世界地质公园

位于海口市西南石山镇，国家AAAA级景区。雷琼海口火山群世界地质公园属地堑一裂谷型基性火山活动地质遗迹，主体为40座火山构成的第四纪火山群，火山类型齐全、多样，几乎涵盖了玄武质火山喷发的各类火山，火山地质景观极为丰富。园区在火山锥、火山口及玄武岩台地上发育热带雨林为代表生态群落，植物有1200多种，果园与火山景观融为一体，为热带城市火山生态的杰出代表。园区总面积108平方公里，保存有千百年来人们利用玄武岩所建的古村落、石屋、石塔和各种生产、生活器具，记载了人与石相伴的火山文化脉络，被称为中华火山文化之经典。

3．东寨港国家级自然保护区

位于海南省东北部，处于海口市和文昌市的交界处，属湿地类型自然保护区，主要保护对象有沿海红树林生态系统，以水禽为代表的珍稀濒危物种及区内生物多样性。红树林是热带和亚热带海岸特殊的森林植物群落，中国仅在南方少数省区的沿海有所分布。东寨港及其附近的海滩上尚保存有面积较大、生长良好的红树林，且红树林树种之多，为中国之最。

（二）琼海游览区

1．万泉河风景名胜区

万泉河全长163公里，是海南岛第三大河，发源于五指山。上游两岸，峰连壁立，乔木参天，有“琼安橡胶园”和琼崖龙江革命旧址、石虎山摩崖石刻等自然历史人文景观；中下游从石壁至椰子寨一带，河水温顺平缓，在流经琼海市区时，在河心形成一个沙洲岛，构成“河中岛，岛中湖”的奇妙佳景；万泉河出海口集三河（万泉河、龙滚河、九曲江）、三岛（东屿岛、沙坡岛。鸳鸯岛）、两港（博鳌港、潭门港）、一石（砥柱中流的圣公石）等风景精华于一地，既有海水、沙滩、红礁、林带，又有明媚阳光、新鲜空气、清柔流泉，是目前世界河流出海口自然风光保护最好的地区之一。

2．博鳌亚洲论坛国际会议中心

坐落在东屿岛上，是博鳌亚洲论坛年会的永久性会址，是诠释博鳌文化的所在地。景区里宏伟气派的现代建筑、智能化的会议设施、动静相宜的高尔夫球场、河海交融的旖旎风光、古老动人的美丽传说，演绎着人与自然的和谐。

（三）万宁游览区

万宁市位于海南岛东南部沿海，山清水秀，景色宜人，既有丰富的自然景观，又有文物古迹、革命遗址等人文景观。有以“海南第一山”之美称的东山岭，有“热带花果园”之美誉的兴隆温泉旅游区，以及世界上唯一的岛屿型猕猴自然保护区南湾猴岛。

1．东山岭风景区

位于万宁市万城镇以东2公里处，因3峰并峙，形似笔架，历史上又叫笔架山，是海南开发较早的旅游景点之一，素有“海南第一山”之称。景区自然风光秀丽，景物得天独厚，人文景观奇特。山上丹崖翠壁，泉丰林秀；石景遍布，佳致迭出；奇岩异洞，各具姿态。岭上最著名的佳景有八大处：“正笏凌霄”“七峡巢云”“蓬莱香窟”“仙舟系缆”“碧水环龙”“瑶台望海”“冠盖飞霞”“海眼流丹”。

2．兴隆温泉景区

兴隆温泉景区位于万宁市东郊兴隆华侨农场。万宁兴隆温泉号称“世界少有，海南无双”，富含矿物成分，温度高达80℃，有极强疗养功效，对皮肤病、关节炎和神经衰弱等有治疗作用。附近有兴隆热带花园、热带植物园和东南亚风情村等休闲观光景点。

3. 兴隆热带植物园

位于海南兴隆华侨旅游经济区内，是海南最早对外开放参观的热带植物园。植物园占地 600 多亩，划分为五大功能区：植物观赏区、试验示范区、科技研发区、立体种养区和生态休闲区。园中收集有 12 类植物，收集保存有 2300 多种独具特色的热带、亚热带作物种子，是一座集科研、科普、生产、加工、观光和种质资源保护为一体的综合性热带植物园。

（四）陵水游览区

1. 分界洲岛

位于海南陵水县东北部海面上，是中国首家海岛型国家 AAAAA 级景区。小岛以东北向西南长条状横卧在蓝色大海中，远看呈马鞍形，面积约 0.34 平方公里，海拔最高为 99.5 米。分界洲岛是海南南北气候的分界线，是海南岛黎族、苗族、回族等少数民族区域与汉族区域重要的人文分界线，是琼南与琼北的自然地理边际线，是旧时北边的琼州府境与南边的崖州府境管辖地的分界地，也是现今陵水县与万宁市两地的行政分界点。分界洲岛为游客不仅提供潜水，海钓等常规的海洋项目，还提供与众多海洋动物亲密互动的机会，有中国唯一一艘海底观光潜水艇，海洋文化馆等。

2. 南湾猴岛

位于陵水新村港码头对岸的南湾半岛，面积 100 公顷，1965 年在岛上建立了猕猴保护区，也是世界上唯一的岛屿型猕猴自然保护区。南湾猴岛景区四季绿树葱葱，风光秀丽迷人，拥有最具海南特色的洁净迷人的沙滩，妩媚多姿的椰树，白浪翻扬的天然海滨浴场，色彩斑斓的珊瑚礁群。岛上现有猕猴 29 群，共 1800 多只，有四群已被驯化，可供游人观赏逗乐。

三、琼中游览区

五指山位于海南岛中部，是海南第一高山，海南岛的象征。该山峰峦起伏呈锯齿状，形似五指，故得名。五指山中的最高峰为“二指”，海拔 1876 米，区内遍布热带原始森林，海南主要的江河皆从此地发源，五指山以其独特的热带自然景观、独特的气候条件和独特的民族风情闻名中外。

四、琼西游览区

东坡书院位于海南省儋州市，原名载酒堂，是北宋大文豪苏东坡的讲学场所。东坡书院始建于北宋绍圣四年（1097 年），占地 46.8 亩，建筑面积 3800 平方米，土木结构，坐东北向西南，有前门、大殿、载酒亭、载酒堂、东坡祠、东西厢房（现为书画廊）、尊贤堂、钦帅堂、望京阁、迎宾堂、陈列馆等主要建筑物及东坡讲学彩雕群像、春牛石雕、东坡铜像、钦帅井和碑刻等。东坡书院集文献、楹联、碑刻、雕塑、器具、井泉、书画为一体，享有“天南名胜”之美誉。

[任务训练]

以小组的形式，通过教材或其他方式掌握海南旅游景点，获取旅游景点信息，以“海岛风光”为旅游主题，推荐旅游景点。每组选出 1 名同学代表小组阐述任务完成的过程，并讲解旅游主题中的主要旅游景点。

[任务评价]

表11－4－1 海南旅游区任务训练评价

评价指标	评价分值											
	自我评价				组间评价				教师评价			
	A	B	C	D	A	B	C	D	A	B	C	D
景点推荐												
推荐理由												
阐述过程												
讲解水平												
团队合作												
总体印象												

A：优秀　B：良好　C：一般　D：欠佳

[单元练习]

1．搜集本区 AAAAA 级旅游景区和世界遗产的基本资料，用表格形式总结出来，并且在地图上用“★”标示地理位置。

表11－4－2 闽粤琼旅游区AAAAA级旅游景区和世界遗产地

基本信息 / 景区名称	所在地市	评定时间	主要特点	重点景点

2. 以“福山福水福建游”为旅游主题，设计福建旅游线路。

3. 以“侨乡文化”为旅游主题，设计闽粤两省旅游线路。

单元十二　港澳台旅游区

任务一　港澳台旅游区旅游特色

本区包括香港特别行政区、澳门特别行政区和台湾省。本区位于我国大陆东南部，是我国面向世界、沟通海外的重要窗口。本区山地资源丰富，海岸线曲折，地理位置优越。由于行政管理体制及发展历程上的特殊性，本区呈现出东方传统与西方文化荟萃的特点，从而造就了独一无二的旅游风情。

◆【任务目标】

根据本区的旅游特色，推荐本区旅游主题。

◆【任务分析】

要想推荐本区的旅游主题，首先要了解本区的地理环境，掌握本区旅游景观特色，了解本区特色旅游资源的类型、功能及成因。

◆【知识准备】

一、优美丰富的海洋旅游资源

本区面临浩瀚的太平洋，拥有许多优良的海港，如香港特别行政区的维多利亚海港、澳门特别行政区的内外港口、台湾省高雄港和基隆港等，这些著名的港口，不仅是繁忙的海上贸易基地，也是当地旅游观光的组成部分。本区海滨旅游资源丰富，如香港特别行政区南部的浅水湾，是优美的风景区和著名的海水浴场；澳门特别行政区的黑沙海滩，沙黑、细、匀，是著名的天然海滨浴场；台湾省海岸线漫长，北部和南部海岸地形形态丰富优美，西部海岸沙滩绵长，东部海岸断崖壁立千仞，是本区海滨旅游资源最丰富的旅游地。

二、多彩迷人的亚热带风光

港澳台旅游区地跨亚热带。港澳地区属亚热带海洋性季风气候，天气晴朗温和，偶有寒流和台风，夏长冬短，四季游人不断，以秋季最旺。台湾省属于亚热带—热带海洋性季风气候，平原地区长夏无冬，气候宜人，是一个适合全年旅游的好地方；山区垂直分布带完整而明显，水热条件丰富，山地森林茂密，生物多样，加上千姿百态的飞泉流瀑，使很多山脉成为著名的旅游胜地，如玉山、阿里山等。

三、中西交融的文化

港澳台旅游区自古就是我国领土不可分割的一部分，但三地在历史发展过程中，都曾被外国殖民者统治。在被殖民地统治的过程中，本地文化与外来文化冲突、融合，最终形成以中国传统文化为内核，以中西文化交融为特色的文化形态。

本区既有古老宅院，也有现代高楼大厦；既有中式建筑，也有西式楼房；既有明、清的古庙，也有欧陆式的古亚教堂。东方与西方、传统与现代的建筑风格并存，使这些城市别具情调，其中最典型的是已经列入世界文化遗产的澳门历史街区。

本区既重视中华民族的传统节日，如春节、清明节、端午节、中秋节、重阳节等，“洋”节也有许多，如圣诞节、复活节等。

本区长期中外商民杂处，各种宗教并存，教堂寺庙并立。

四、娱乐购物的天堂

本区拥有世界一流、设施完备的休闲娱乐场所。香港特别行政区购物点林立，商品种类包罗万象，堪称购物天堂。澳门特别行政区除了闻名于世的博彩业外，购物商品种类繁多，从国际知名品牌到风味小吃，琳琅满目，应有尽有。台湾省各地购物商圈发展完善，可满足不同族群的消费习惯。

[任务训练]

表12－1－1　港澳台旅游主题评价

名称	推荐理由	根据主题推荐的旅游景区或景点

[任务评价]

表12－1－2　港澳台旅游区旅游主题任务评价

评价指标	评价分值											
	自我评价				组间评价				教师评价			
	A	B	C	D	A	B	C	D	A	B	C	D
主题准确、鲜明												
推荐理由合理												
景点把握熟练												
团队合作												
总体印象												

A：优秀　B：良好　C：一般　D：欠佳

任务二　香港旅游区

香港特别行政区地处中国华南地区，珠江口以东，南海沿岸，北接广东省深圳市，西接珠江，与澳门特别行政区、广东省珠海市以及中山市隔着珠江口相望，其余两面与南海邻接，全境由香港岛、九龙半岛、新界等3大区域组成，素有“东方之珠”“美食天堂”“购物天堂”等美誉，也是全球最富裕、经济最发达和生活水准最高的地区之一。香港特别行政区作为我国特别行政区和国际自由贸易港，是举世闻名的动感之都。在这里可以欣赏东西合璧、新旧互映的城市风格及园林风景，品尝世界各地的美味佳肴，购买时尚便宜的商品，欣赏东西方文化艺术，参加各种有趣的娱乐活动，等等。

◆【任务目标】

1. 学生自行寻找香港旅游区游览图，根据下面旅游行程线路，在图中标注旅游线路。

“炫香港”快乐行

D1: 北京—香港：浅水湾、海洋公园、赤柱市场、维多利亚港；

D2: 香港：宋城、黄大仙祠、天坛大佛、迪士尼乐园、星光大道、旺角弥敦道；

D3: 香港：太平山、杜莎夫人蜡像馆、铜锣湾；

D4: 香港—北京：金紫荆广场、香港赛马博物馆。

2. 根据香港旅游区游览图，了解香港旅游区的主要旅游景区景点。

◆【任务分析】

要想了解香港旅游区的主要旅游景区景点，首先要了解香港旅游区的旅游特色，掌握香港旅游景区景点分布情况，熟悉各旅游景区景点的特点。

◆【知识准备】

一、香港岛游览区

（一）浅水湾

位于香港岛太平山南面，依山傍海，海湾呈新月形，号称“天下第一湾”，也有“东方夏威夷”之美誉，是香港最具代表性的海湾。浅水湾坡缓滩长，波平浪静，水清沙细，沙滩宽阔洁净而水浅，且冬暖夏凉，水温在16℃～27℃，历来是香港人消夏弄潮的胜地，也是游人必至的著名风景区。浅水湾的秀丽景色，使它成为港岛著名的高级住宅区之一，区内遍布豪华住宅，这些依山傍水的建筑，构成了浅水湾独特的景区，令人流连忘返。

（二）海洋公园

位于香港岛南区的黄竹坑，是一座集海陆动物、机动游戏和大型表演于一身的世界级主题公园，是东南亚最大的海洋主题消闲中心。它依山傍海，共分八个区域，包括亚洲动物天地、梦幻水都、威威天地、热带雨林天地、海洋天地、山上机动城、急流天地及动感天地，是香港居民最佳消闲去处，更是游客必到之地。海洋公园内游人可利用登山缆车和室内扶手电梯往来公园各个景点。

（三）金紫荆广场

位于香港会展中心的新翼海旁的博览海滨花园内，为纪念香港回归祖国而设立，是香港回归中国的重要地标。在金紫荆广场飘扬着中华人民共和国国旗及香港特区区旗，每天上午 8 时举行升旗仪式，晚 6 点举行降旗仪式。此处也是欣赏“幻彩咏香江”的最佳观赏点。金紫荆铜像高 6 米，1997 年 7 月 1 日香港特别行政区成立，中央政府把一座金紫荆铜像赠送香港，正式名称为“永远盛开的紫荆花”，寓意香港永远繁荣昌盛。在金紫荆广场一角还矗立着高 20 米的香港回归纪念碑，与金紫荆铜像遥相呼应。纪念碑由 206 块石板层叠而成，每块石板代表 1842 ～ 2047 年的每个年份。广场附近还有一条长 400 米的海滨长廊，游客可无拘无束地漫步其间或附近的草地，观看维多利亚港两岸景色。在长廊上，设有数以千计的手掌印模，供游客签名留念。海滨长廊还设有 70 座 4 米高的三角形灯箱以作照明。灯箱点缀在一条长达 1 公里的路线上，时而穿过步行道，时而穿过草地，一直伸延到从长廊入口处，形成一条独特的灯饰走廊，非常美观。

（四）香港赛马博物馆

位于香港跑马地马场快活看台 2 楼。赛马是香港人最喜爱的运动项目，至今已有 100 多年的历史，香港赛马博物馆就是为了香港赛马会、赛马活动和马会的慈善事业而建设的。博物馆设有 8 个展览厅和 1 个可容纳 84 人的电影院和礼品廊。各展馆的主题包括香港的赛马历史、快活谷、沙田马场的发展史、几匹一代名驹的资料和三届马王禄怡的骨架，电影院定期放映有关赛马的短片，以便让参观者对香港赛马历史有更深入的认识。

（五）太平山

位于香港岛西部，是香港岛中央山脉的主峰，是香港岛最高的山峰。香港开埠以后，定名维多利亚峰，民间俗称为扯旗山，山顶依地势可再被细分为扯旗山、炉峰峡、歌赋山和奇力山。山顶是香港的主要旅游景点之一，香港的壮丽美景可尽收眼底，而晚上来到此地，从山上俯瞰世界著名的香港夜景，可感受香港动感之都的魅力。太平山山顶是香港旅游区的主要旅游景点之一，设有多座户外观景台，包括部分免费和收费的香港市区最高的观景台在内。

（六）维多利亚港

位于香港岛和九龙半岛之间，是亚洲的第一、世界第三大海港。由于港阔水深，为天然良港，香港亦因而有“东方之珠”“世界三大天然良港”“世界三大夜景”之美誉。维多利亚港一直影响香港的历史和文化，主导香港的经济和旅游业发展，是香港成为国际化大都市的关键之一。维多利亚港两岸的夜景是世界知名的观光点之一，由于香港岛和九龙半岛高楼大厦满布，入夜后万家灯火，相互辉映，香港的夜景因而与日本函馆和意大利那不勒斯并列“世界三大夜景”。

二、九龙游览区

（一）星光大道

位于梳士巴利花园南端至新世界中心，是香港尖沙咀海岸的一段海滨长廊，以香港电影业发展史及旨在表扬幕后巨星和幕后电影工作者成就为主题，从香港艺术馆旁伸延至新世界中心对开。香港星光大道整体仿照好莱坞星光大道，为了表扬香港电影界的杰出人士而修建。获嘉许及表扬的电影工作者，由香港电影金像奖协会及其属会（包括电影双周刊）以投票方式选出。此后，香港电影金像奖协会将定期选出新增获嘉许名单。全长 440 米，星光大道地面装嵌了多名电影名人的牌匾，当中部分有名人打手印。大道入口处亦设有金像奖铜像及一个供表演活动的小舞台。大道沿途有小食亭、纪念品小卖亭、一些与电影相关的雕塑和休憩座椅。此外，一些穿上滚轴溜冰鞋的星光大使在大道上穿梭来往，为游人提供迅速的协助及服务。在星光大道漫步，游客可以从容地欣赏香港著名的维多利亚港景色、香港岛沿岸特色建筑物以及香港崭新的多媒体灯光音乐会演“幻彩咏香江”。

（二）黄大仙祠

位于九龙黄大仙竹园村，原名啬色园，是香港九龙有名的胜迹之一，最著名的庙宇之一。黄大仙祠的建筑雄伟，金碧辉煌，极尽中国古典庙宇的特色。庙宇占地 18000 多平方米，除主殿大雄宝殿外，还有三圣堂、从心苑等。黄大仙祠内的九龙壁仿照北京九龙壁而建，其中的牌坊建筑最具特色，充分表现中国传统文化。相传祠内所供奉的黄大仙是“有求必应”的，十分灵验，该祠也是香港唯一一所可以举行道教婚礼的道教庙宇。

三、新界游览区

（一）香港迪士尼乐园

位于新界大屿山，占地 126 公顷，于 2005 年 9 月 12 日正式开幕，由香港政府及华特迪士尼公司联合经营的香港国际主题乐园有限公司建设及营运，是全球第 5 座、亚洲第 2 座，中国第 1 座迪士尼乐园。乐园分为 7 个主题园区，分别为美国小镇大街、探险世界、幻想世界、明日世界、玩具总动员大本营、灰熊山谷及迷离庄园，其中灰熊山谷和迷离庄园为全球独有。园区内设有主题游乐设施、娱乐表演、互动体验、餐饮服务、商品店铺及小食亭。此外，乐园每天晚上会呈献巡游表演节目及烟花会演。

（二）天坛大佛

位于海拔 482 米的大屿山木鱼峰上， 是全球最高的户外青铜坐佛。这尊由宝莲禅寺筹建，历时 12 年落成的庄严宏伟大佛，寓意香港稳定繁荣，国泰民安，世界和平。天坛大佛由中国航天科技部设计和制作，佛像身高 23 米，连莲花座及基座总高约 34 米，重 250 吨，由 202 块青铜焊接而成，被誉为尖端科技与东方艺术的结晶。从木鱼山脚登上天坛底座，有260级石级。底座仿北京天坛圆丘而建，故名天坛大佛。内部结构分功德堂、展览厅和纪念堂3层。天坛大佛是香港旅游区重要的地标，吸引众多中外信徒和游客前来朝拜参观。

【任务训练】

以小组的形式，通过教材或其他方式了解香港旅游区旅游景点，获得旅游景点信息，选出小组最喜欢的旅游景点。每组选出1名同学代表小组阐述任务完成的过程，讲解选出的旅游景点。

【任务评价】

香港旅游区任务训练评价

评价指标	评价分值											
	自我评价				组间评价				教师评价			
	A	B	C	D	A	B	C	D	A	B	C	D
景点把握												
阐述过程												
讲解水平												
团队合作												
总体印象												

A：优秀　B：良好　C：一般　D：欠佳

任务三 澳门旅游区

澳门位于广东省珠江口西侧，北邻广东省珠海市，西与珠海市的湾仔和横琴对望，东与香港隔海相望，南临中国南海。1553年，葡萄牙人取得澳门居住权，1887年12月1日，葡萄牙正式通过外交文书的手续占领澳门并将此辟为殖民地。1999年12月20日中国政府恢复对澳门行使主权。经过400多年欧洲文明的洗礼，东西方文化的融合共存使澳门成为一个风貌独特的城市，留下了大量的历史文化遗迹。澳门是一个国际自由港，是世界人口密度最高的地区之一，也是世界四大赌城之一。其著名的轻工业、旅游业、酒店业和娱乐场使澳门长盛不衰，成为全球最发达、富裕的地区之一。澳门历史城区于2005年7月15日正式成为联合国世界文化遗产。

◆【任务目标】

1. 学生自行寻找澳门旅游区游览图，根据下面旅游行程线路，在图中标注旅游线路。

“澳门八景”游

D1：普济寻幽、灯塔松涛、卢园探胜、三巴圣迹；

D2：妈阁紫烟、镜海长虹、龙环葡韵、黑沙踏浪。

2. 根据澳门旅游区游览图，了解澳门旅游区的主要旅游景区景点。

◆【任务分析】

要想了解澳门旅游区的主要旅游景区景点，首先要了解澳门旅游区的旅游特色，掌握澳门旅游景区景点分布情况，熟悉各旅游景区景点的特点。

◆【知识准备】

一、普济禅院

位于澳门美副将大马路，又名观音堂，澳门最大的禅院，近现代历史和文化事件的见证地。禅院具有中国名山古刹的特色，禅院的第一重是大雄宝殿，第二重是长寿佛殿，第三重是观音殿。大殿的西侧依次为天后殿、地藏殿、语清殿、龙华堂、静乐堂和祖师堂。大殿的东侧依次为关帝殿、客堂、檀越堂。再向东伸展还有报恩堂、斋堂、方丈室、藏经阁等。院后还有广阔幽深的后花园，是一座颇具规模，港澳罕有的佛寺建筑群。除极具历史和艺术价值的建筑和雕塑之外，禅院还藏有不少珍贵经卷，以及名家留下的字画，均为澳门重要的文物。

二、东望洋山

俗称松山，是澳门半岛最高山冈，高海拔93米，南连若宪山，清代时山上广种青松，数年后满山皆是松林，东望洋山从此被称为万松岭，简称松山。东望洋山主要的景点有松山灯塔、圣母雪地殿教堂、炮台、防空洞等。松山灯塔是我国沿海以及远东地区的第一座灯塔，塔高 13 米，于此远眺，澳门全景及珠江口的壮丽景色尽收眼底。

三、卢廉若公园

古称娱园，又称卢家花园，位于澳门半岛的中部，东望洋山的北麓，罗利老马路与荷兰园马路的交界处，是澳门特别行政区唯一的一座江南园林式公园。卢园原是澳门富商卢廉若的私人花园，原名“娱园”，园内亭台楼阁、池塘桥榭、人工飞瀑和曲径回廊分布有致，颇具苏州狮子林的格局。全园以“春草堂”水榭厅为建筑主体，通过堂前水面周围的石径将各景点连成一体。园内景点分布得当，景色错落有致。

四、大三巴牌坊

位于澳门半岛大巴街附近的小山丘上。大三巴牌坊是圣保禄教堂的前壁遗迹，是澳门著名的名胜。建筑糅合了欧洲文艺复兴时期与东方建筑的风格而成，体现出东、西方艺术的交融，该壁形似内地的牌坊，因其历经风雨侵蚀而不倒，被人们视为“奇迹”。雕刻精细，巍峨壮观，由三至五层构成三角金字塔形，无论是牌坊顶端高耸的十字架，还是铜鸽下面的圣婴雕像和被天使、鲜花环绕的圣母塑像，都充满着浓郁的宗教气氛，给人以美的享受。牌坊上各种雕像栩栩如生，堪称“立体的圣经”。游览大三巴牌坊，除欣赏巍峨壮观的前壁之外，壁上精致的浮雕及其意义也是值得仔细观赏体会的。

五、妈阁庙

坐落在澳门半岛的西南方，是澳门特别行政区最古老的庙宇，初建于明弘治元年(1488 年)，距今已有 500 多年的历史。妈阁庙原称妈祖阁，俗称天后庙，主要建筑有大殿、弘仁殿、观音阁等殿堂。庙内主要供奉道教女仙妈祖，又称“天后娘娘”“天妃娘娘”，妈阁庙背山面海，景色清幽，历来香火鼎盛，紫烟弥漫，是一座富有中国文化特色的古建筑。

六、镜海长虹

“镜海”本是澳门的古地名之一，又泛指澳门岛与氹仔岛之间的海面。“镜海”上架起两座大桥——澳氹大桥和友谊大桥，大桥跨度很大，两桥似“长虹”横跨“镜海”，是澳门极为壮观的一处美景。入夜后，桥灯吐亮，如连串明珠，把海面装点得十分璀璨。

七、龙环葡韵住宅式博物馆

位于氹仔岛，是以海边马路的五幢葡萄牙式住宅为主的博物馆。龙环是氹仔岛的旧称，在岩边碎石马路旁有五幢 1921 年建造的葡式建筑物，原为澳葡官员的私宅，后改为“住宅博物馆”。五幢葡萄牙式住宅分别为土生葡人之家、海岛之家、葡萄牙地区之家、展览馆、迎宾馆。馆中陈列许多中葡古旧家具及富有艺术价值的美术作品，从中可以窥见葡萄牙人的家庭风貌。

八、黑沙海滩

位于路环岛南部，海湾呈半月形，坡度平缓，黑沙海滩宽约1公里，沙细而匀，呈黑色，故有黑沙海滩之名。这里滩面宽阔，可容万人踏浪和游泳，是澳门地区最大的天然海滨浴场。附近有一片松林；苍翠茂密；旁边建有宽广的停车场、公共汽车站及各式小食店。

【任务训练】

以小组的形式，通过教材或其他方式了解澳门旅游区旅游景点，获得旅游景点信息，选出小组最喜欢的旅游景点。每组选出1名同学代表小组阐述任务完成的过程，讲解选出的旅游景点。

【任务评价】

澳门旅游区任务训练评价

评价指标	评价分值											
	自我评价				组间评价				教师评价			
	A	B	C	D	A	B	C	D	A	B	C	D
景点把握												
阐述过程												
讲解水平												
团队合作												
总体印象												

A：优秀　B：良好　C：一般　D：欠佳

任务四　台湾旅游区

台湾省自古以来就是祖国不可分割的一部分。位于中国大陆东南沿海的大陆架上，扼西太平洋航道的中心，是中国与太平洋地区各国海上联系的重要交通枢纽。东临太平洋，东北邻琉球群岛，南界巴士海峡与菲律宾群岛相对，西隔台湾海峡与福建省相望，总面积约 3.6 万平方公里，包括台湾岛及兰屿、绿岛、钓鱼岛等 21 个附属岛屿和澎湖列岛 64 个岛屿。台湾岛是中国第一大岛，70% 为山地与丘陵，平原主要集中于西部沿海，地形海拔变化大，地处热带及亚热带气候之交界。壮丽的海洋、高耸的山岳、多样的自然生态与独特的人文风情，构成了独一无二的美丽台湾。

◆【任务目标】

1. 学生自行寻找台湾旅游区游览图，根据下面旅游行程路线，在图中标注旅游线路。

五光十色台湾环岛 8 日游

D1：北京—台北：101 大楼、士林官邸、台北夜市；

D2：台北—台中：台北“故宫博物院”、野柳地质公园；

D3：台中—南投—嘉义：日月潭、中台禅寺；

D4：嘉义—高雄：阿里山、驳二艺术特区、高雄港；

D5：高雄—垦丁—台东：垦丁公园；

D6：台东—花莲：石梯坪风景区、北回归线标志塔；

D7：花莲—台北：太鲁阁风景区、西门町商圈；

D8：台北—北京：台北中山纪念馆。

2. 根据台湾旅游区游览图，了解台湾旅游区的主要旅游景区景点。

◆【任务分析】

要想了解台湾旅游区的主要旅游景区景点，首先要了解台湾旅游区的旅游特色，掌握台湾旅游区景区景点分布情况，熟悉各旅游景区景点的情况。

◆【知识准备】

一、台北游览区

台北游览区指台湾岛北部，以台北市为中心，包括基隆、新竹、桃园、宜兰等市县所辖的区域，以火山地貌、温泉疗养、山湖胜景、文物古迹为主要特色。

（一）101 大楼

位于台北市信义区，为台湾省第一高楼，曾于 2004 年 12 月 31 日 ~ 2010 年 1 月 4 日间拥有世界第一高楼的纪录。101 大楼是全球最高绿建筑及环地震带最高建筑物。此外，大楼内拥有全球最大的阻尼器以及全球起降速度最快的电梯。101大楼有地上101层、地下5层，其中B1至4楼共有5层购物中心，89楼为室内观景层，91楼为室外观景台。

（二）台北中山纪念馆

位于仁爱路四段，为纪念孙中山先生百年诞辰而兴建。孙中山先生是中国民主革命的先行者，中华民国的缔造者，是中国现代史上的一位杰出人物。台北中山纪念馆的平面是长为100米的正方形，高度30.4米，每边由14支灰色大柱，以黄色屋顶采顶起翘角像大鹏展翼的形状，为仿中国宫殿式建筑，巍峨雄伟。平面分成前后两大部分，前为中山雕像纪念堂，后为表演厅，馆内四大展览室装饰精美，设计新颖。此外，馆内的表演厅、灯光、音响设备一流，经常举办高水准的音乐会。馆外有中山公园环绕，还有九曲桥、池塘、假山、柳树等景色点缀。台北中山纪念馆成为市民户外活动、休闲，以及欣赏艺术、文化演出的综合性场所。

（三）士林官邸

位于台北市士林区福林路，早期属日本占领时代总督府园艺所用地，后成为蒋介石、宋美龄的官邸，分为平地区和山区，也是台北市第一座生态公园。士林官邸由外而内共分为外花园、内花园、正房几个区域；温室盆栽区及玫瑰园，是蒋夫人宋美龄最喜爱的花园；西式庭园中浪漫美好的风光，是新人婚纱照最常取景的地方；中式庭园里的拱桥、曲池、流水等东方庭园造景，则令人仿佛置身古代中国。其他如园艺馆、新兰亭、凯歌堂等，都是十分具有特色的建筑。

（四）台北“故宫博物院”

位于台北市郊阳明山脚下双溪至善路2段221号，始建于1962年，是仿照北京故宫样式设计建筑的宫殿式建筑，原名中山博物院，后改为“故宫博物院”，是著名的历史与文化艺术史相结合的博物馆。台北“故宫博物院”建筑为中国宫殿式建筑，共4层，白墙绿瓦，院前广场耸立由6根石柱组成的牌坊，气势宏伟，整座建筑庄重典雅，富有民族特色。台北“故宫博物院”藏品包括清代北京故宫、沈阳故宫和原热河行宫等处旧藏之精华，以及海内外各界人士捐赠的文物精品，共约60万件，分为书法、古画、碑帖、铜器、玉器、陶瓷、文房用具、雕漆、珐琅器、雕刻、杂项、刺绣及缂丝、图书、文献等14类。博物院维持有5000件左右的书画、文物展出，并定期或不定期地举办各种特展。馆内的展品每3个月更换1次。

（五）阳明山风景区

位于台北盆地的东北方，整个公园主要以大屯山和七星山火山群为中心，因此各种特殊的火山地形景观及地质构造，便成为本区的一大特色。由于阳明山公园气候分属亚热带与温带，温暖而潮湿，加之火山地质构造的影响，本区的动、植物种类丰富，并自成一个生态体系。蝴蝶则是本区数量及种类最多的动物资源，约有133种，阳明山因而成为台湾北部主要的赏蝶去处。目前公园内规划有冷水坑、擎天岗、龙凤谷硫磺谷、小油坑、大屯自然公园、二子坪等游憩区，并包括阳明山公园、竹子湖、蝴蝶花廊、于右任墓园、七星公园、马槽七股、中正山、纱帽山等景点。此外，为了方便游客深入寻访自然之美，阳管处特别规划了人车分道系统以及 12 条自导式步道，供民众放慢脚步、细心游览园区的自然景观和生态。

（六）北投风景区

位于台北市北郊，为台湾省北部著名温泉区。泉水主要来自地热谷及行义路底的龙凤谷，水温 85℃左右，属硫黄泉，不能饮用，但可用来煮蛋及番薯等。北投温泉被纱帽山、大屯山、七星山系所环抱，常年冒着硫磺的烟雾，拥有丰富的温泉资源，而享有“温泉乡”的盛名。泉质多属于硫矿泉，拥有白磺、青磺、铁矿泉等，泉温 55℃ ~ 58℃，对于皮肤病、关节炎有不错的疗效。

（七）野柳地质公园

位于新北市万里区，野柳是突出海面的岬角（大屯山系），长约 1700 米，为台湾省北部著名的地质公园。受造山运动的影响，深埋海底的沉积岩上升至海面，产生了附近海岸的单面山、海蚀崖、海蚀洞等地形，海蚀、风蚀等在不同的岩层上作用，形成蜂窝岩、豆腐岩、蕈状岩、姜状岩，风化窗等世界级的岩层景观。野柳地质公园内可概分为三区，第一区属于蕈状岩、姜石的主要集中区；第二区的地景与第一区相似，皆以蕈状岩及姜石为主，但数量比第一区少，著名的女王头、龙头石与金刚石皆位于本区；第三区是野柳另一侧的海蚀平台，平台一侧紧贴峭壁，另一侧底下则是急涌的海浪，在这里可看到不少怪石散置期间，其中，较特殊的有二十四孝石、珠石、玛伶鸟石等。野柳地质公园以其独特的地形地貌吸引着游客，号称“世界十大最美海岸之一”。

二、台湾中西部旅游区

本区以台中为中心，是台湾地形变化最典型的地区，以山岳风景著称。

（一）日月潭

位于阿里山以北、能高山以南的南投县鱼池乡水社村，是台湾省最大的天然淡水湖泊。日月潭四周群山环抱，潭水清澈晶莹，湖面辽阔，群峰倒映湖中，犹如画中的美景。中间有一个小岛，远看好像浮在水面上的一颗珠子，所以被叫作“珠子屿”，现在也叫拉鲁岛。以这个岛为界，湖的北半部分圆圆的像太阳，湖的南半部分弯弯的像月牙，这就是日月潭名字的来源。玄光寺，为纪念唐玄奘法师而兴建，玄光寺离潭只有十多米，供奉玄奘灵骨，玄光寺的建筑采用唐式，因临潭而建，可以就近欣赏日月潭的涵碧秀水。

（二）中台禅寺

位于南投县埔里镇一新里，将艺术、学术、宗教和文化融为一体，是一座融合中西方建筑特色的现代化寺院。其主体建筑以石材为主，象征修行的坚固和永恒不变。由侧面看主体建筑，仿佛是一位在青山中禅坐的行者，从正面看外观则像蓄势待发的喷射机，象征禅宗“顿悟自心，直了成佛”的无上心法，设计兼具时代开创新意与绵长的禅宗古意，包括禅堂、四天王殿、菩萨殿、三世佛殿、讲堂、知客室、大寮、斋堂等。

（三）阿里山

位于嘉义市东方75公里，地处海拔2000米以上，是台湾省著名旅游风景区，东面靠近台湾省最高峰玉山。阿里山区植被丰富，从亚热带的阔叶林到寒带的针叶林都有，红桧、台湾扁柏、台湾杉、铁杉及华山松称为“阿里山五木”，阿里山的千年桧木群是台湾省最密集的巨木群。阿里山景观多元，高山铁路、森林、云海、日出及晚霞号称“阿里山五奇”，此外尚有三代木、妹妹潭、慈云寺、受镇宫、高山博物馆、树灵塔、琴山河合博士旌功碑等名胜。

（四）玉山

位于台湾省中部，横跨南投、嘉义、花莲及高雄四县，总面积约达105491公顷，是典型的亚热带高山地质，其地形以高山及河谷为主。主峰海拔3997米，不仅是台湾岛最高山峰，也是中国东部最高峰。玉山虽然身居热带和亚热带，但冬季常积雪，色白如银，浑然如玉，故名玉山。山地多森林，目前仍有原始森林分布，材用、药用和化工用植物资源丰富。玉山以奇峰、云瀑、林涛、积雪而闻名。

（五）北港妈祖庙

又名朝天宫、天后宫，位于台湾省西部云林县北港镇，是现在台湾省妈祖庙中规模最大的一座，相传创建于清康熙三十三年（1694年）。是年，佛教临济宗第三十四代僧树璧奉迎福建湄洲祖庙的妈祖神像到台湾，在笨港（即今北港）登岛。树璧初抵时，租借简陋民房，供奉神像。康熙三十九年，编竹葺茅，成一小祠。雍正八年（1730年），易茅为瓦，焕然一新，其后又多次修葺，香火愈盛。

三、台湾南部游览区

台湾南部游览区以台南、高雄为中心，主要风景区有以台南市为中心的历史古迹区、以高雄为中心的风景游览区、以热带景观和独特的海滨风光为特色的恒春半岛。

（一）安平古堡

安平古堡古称“奥伦治城”“热兰遮城”“安平城”“台湾城”，最早建于1624年，是台湾地区最古老的城堡。1662年，郑成功攻下“热兰遮城”，顺利将荷兰人驱逐出台湾，建立了台湾历史上第一个汉人政权。郑氏同时也将该城改为“安平城”，这就是现今“安平古堡”这个名称的由来。郑氏王朝三代统治者均驻居此城，故又叫“王城”。自建城以来，曾经是荷兰人统治台湾的中枢也曾经是郑氏王朝三代的宅第。清同治年间古城被英舰大炮所摧，经整修后，虽不复旧观，但仍保持古朴典雅的风韵。古堡中，有一片红砖砌成的残壁城垒，就是300多年前古城仅存的遗迹。

（二）西子湾风景区

位于高雄市西侧，北靠万寿山，南隔高雄港与旗津半岛相望，是一处以黄澄沙滩、碧蓝海水浴场、迷人的夕阳美景及天然礁石闻名的风景区。西子湾风景区包括西子湾海水浴场、海滨公园、蒋公纪念馆等。西子湾海水浴场极富热带气息，浴场海滩平坦，白沙细软，高大挺拔的椰林，迎风摇曳，充满了南洋风情。

（三）驳二艺术区

位于高雄市盐埕区大勇路，前身为港口仓库，“驳二”是指第二号接驳码头，原本是普通的港口仓库用于存放鱼粉和糖，2000 年后转型成为以创新、实验、前卫为理念打造的艺术展示区，在特区旁有长长的自行车道，竖立着许多可爱的巨型公仔。驳二艺术特区还经常举办各种独具个性的艺术展、画展、雕塑展和音乐会，成为台湾南部的实验创作场所。

（四）垦丁公园

位于屏东县境内、台湾省最南端的恒春半岛上。公园陆地范围包括龟山至红柴台地崖与海滨地带、龙銮潭、猫鼻头、南湾、垦丁森林游乐区、鹅銮鼻、东沿太平洋岸经佳乐水，北至南仁山区等区域；海域范围包括南湾海域及龟山经猫鼻头、鹅銮鼻北至南仁湾间，距海岸 1 公里内海域等区域。公园分为植物景观与人工建筑融合的游赏区域、特有的地形景观和植物景观、原始珊瑚礁雨林带等三区域。鹅銮鼻灯塔是台湾最南端的灯塔，猫鼻头为恒春半岛向巴士海峡延伸而出的突兀点，其外形状如蹲伏的猫，因而取其名，是台湾海峡和巴士海峡的分界点。

四、台湾东部游览区

本区包括台东和花莲两个县，自然旅游资源十分丰富，以惊险壮丽的断崖幽谷最为突出。

（一）太鲁阁公园

位于台湾岛东部，地跨花莲县、台中县、南投县三个行政区。园内有台湾省第一条东西横贯公路通过，称为“中横公路系统”。公园拥有雄伟壮丽、几近垂直的峡谷和高山景观，著名景点有长春祠、燕子口、靳珩公园、九曲洞、慈母桥、天祥、流芳桥、大禹岭、布洛湾、绿水合流步道、清水断崖步道、白杨步道、豁然亭步道、莲花池步道、黄金峡谷等。

（二）北回归线标志塔

北回归线横过台湾省的澎湖、嘉义、南投、花莲四县，在台湾岛的东、西两面各立碑志，西标志碑就是嘉义北回归线标志碑，东标志碑则建在花莲县。嘉义的北回归线标志碑建于清光绪三十四年（1908 年），是我国最早建立的北回归线标志碑。花莲北回归线标志塔位于花莲县丰滨乡静浦村，东临太平洋，圆柱形，灯塔状，一柱擎天，颇为壮观。标志塔的南北两面，上刻“北回归线”字样，圆柱中间有纵向狭长细缝，北回归线正从这里通过。

（三）清水断崖

位于花莲县北部，是崇德、清水、和平等山临海悬崖所连成的大块大石崖，断崖形状如鞘，绝壁万丈，脚下白浪滔天，前后绵亘达 21 公里，地质以片麻岩和大理岩为主，成 90° 角直插入太平洋，高度均在 800 米以上。临崖远眺，碧波万顷；俯视则惊涛骇浪，夺人心魄。清水断崖为太平洋西岸大海崖区，号称世界第二大断崖。

五、本岛附属岛屿旅游区

台湾岛的附属岛屿澎湖列岛、钓鱼岛、赤尾屿、兰屿、绿岛等，以海岛风光为特色，其中大部分发展成为台湾省著名的旅游地。

（一）澎湖列岛

澎湖列岛位于台湾岛西部的台湾海峡，是台湾海峡东南部 64 个岛屿的总称。它们都属火山岛，由玄武岩组成，环以珊瑚礁，大部海拔 30 ～ 40 米，最高的岛屿海拔 79 米。其中，以澎湖、渔翁、白沙三岛最大。

（二）兰屿

兰屿是台湾省东部的一个小岛。因岛上安山岩含大量硫化铁而呈赤红色，远望如红色人头，故旧称“红头屿”；又因岛上盛产名贵的蝴蝶兰，后改名为兰屿。兰屿与鼓浪屿、江心屿、东门屿并称“中国四大名屿”。

（三）绿岛

绿岛位于台东东方约 33 公里的太平洋上，岛身呈不等边四角形，南北长约 4 公里，东西宽约 3 公里，面积约 16 平方公里，为台湾省第四大附属岛。绿岛旧称“鸡心屿”“青仔屿”“火烧岛”，是个山丘纵横的火山岛。主要景点有绿岛公园、南寮湾、绿岛灯塔、观音洞、龟湾等。

【任务训练】

以小组的形式，通过教材或其他方式了解台湾旅游区旅游景点，获得旅游景点信息，以“美丽宝岛行”为旅游主题，推荐旅游景点。每组选出 1 名同学代表小组阐述任务完成的过程，讲解推荐的旅游景点及推荐的理由。

【任务评价】

台湾旅游区任务训练评价

评价指标	评价分值											
	自我评价				组间评价				教师评价			
	A	B	C	D	A	B	C	D	A	B	C	D
景点推荐												
阐述过程												
讲解水平												
团队合作												
总体印象												

A：优秀　B：良好　C：一般　D：欠佳

[单元练习]

模拟训练

模拟场景：2016年暑假期间，风云旅行社前台接待员小李，接待了一位40岁左右的中年男子，想利用暑假期时间和妻子带着8岁的儿子去港澳旅游，让小李推荐值得游玩的地方。

角色：小组成员分别扮演前台接待员、顾客。

要求：作为风云旅行社前台接待员小李，规范完成对这位从事教师职业的40岁左右的中年男子暑假期间去港澳旅游的接待任务。

根据情境表演，按照以下要求，做好组间互评，听取老师的建议。

模拟训练评价

评价项目	评价内容	组间互评				教师建议			
		A	B	C	D	A	B	C	D
旅行社前台接待人员仪容仪表	着装整洁大方得体、仪容仪表规范								
旅行社前台接待人员礼仪规范	服务礼貌用语规范，规范运用态势语言								
接待人员对旅游景点介绍	推荐最佳旅游线路、经典景点								
	选择最佳介绍方法								
	突出核心介绍内容								
通用能力	与顾客之间的有效沟通								
	语言表达能力、应变能力								
努力方向：									

A：优秀　　B：良好　　C：一般　　D：欠佳

参考文献

[1] 李娟文，刘名俭．中国旅游地理 [M]. 大连：东北财经大学出版社，2008.

[2] 王瑜，王勇．中国旅游地理 [M]. 北京：中国林业出版社，2008.

[3] 罗兹柏，张述林．中国旅游地理 [M]. 天津：南开大学出版社，2000.

[4] 吴国清．中国旅游地理 [M]. 上海：上海人民出版社，2001.

[5] 吴玲，王世瑛．中国旅游地区概况 [M]. 北京：旅游教育出版社，2006.

[6] 王勇，李连慧，杨祖高．中国旅游地理 [M]. 北京：对外经济贸易大学出版社，2006.

[7] 梁明珠，吕鹤剑．中国旅游地理 [M]. 广州：广东旅游出版社，2006.

[8] 扎西．圣地之旅：一生要去的 36 个心灵震撼之地 [M]. 北京：九州出版社，2005.

[9] 王越．美丽福建 [M]. 北京：蓝天出版社，2014.

[10] 董恒年．美丽广东 [M]. 北京：蓝天出版社，2014.

[11] 张妙弟．美丽海南 [M]. 北京：蓝天出版社，2014.

策划编辑：段向民
责任编辑：张芸艳
责任印制：冯冬青
封面设计：何　杰

图书在版编目（CIP）数据

中国旅游地理 / 姚雪峰，郭艳萍主编． -- 北京 ：
中国旅游出版社，2016.9（2023.2 重印）
全国重点旅游院校“十三五”规划教材
ISBN 978-7-5032-5672-1

Ⅰ．①中… Ⅱ．①姚… ②郭… Ⅲ．①旅游地理学－
中国－高等学校－教材 Ⅳ．①F592.99

中国版本图书馆 CIP 数据核字（2016）第 219273 号

书　　名：中国旅游地理

作　　者：姚雪峰　郭艳萍　主编
出版发行：中国旅游出版社
（北京静安东里6号　邮编：100028）
http://www.cttp.net.cn　E-mail:cttp@mct.gov.cn
营销中心电话：010-57377108，010-57377109
读者服务部电话：010-57377151
排　　版：北京旅教文化传播有限公司
经　　销：全国各地新华书店
印　　刷：河北省三河市灵山芝兰印刷有限公司
版　　次：2016年9月第1版　2023年2月第5次印刷
开　　本：787毫米×1092毫米　1/16
印　　张：17.25
字　　数：400千
定　　价：39.80元
I S B N　978-7-5032-5672-1